U0791556

美国所得税政策与纳税操作实务

杨 华 编著

中国财经出版传媒集团
经济科学出版社
Economic Science Press

图书在版编目（CIP）数据

美国所得税政策与纳税操作实务/杨华编著. --北京：经济科学出版社，2023.2（2024.12 重印）
ISBN 978-7-5218-4538-9

Ⅰ.①美… Ⅱ.①杨… Ⅲ.①所得税-税收政策-研究-美国②所得税-税收管理-研究-美国 Ⅳ.①F817.123.2

中国国家版本馆 CIP 数据核字（2023）第 032489 号

责任编辑：庞丽佳　黎子民　李　桐
责任校对：刘　娅
责任印制：邱　天

美国所得税政策与纳税操作实务
杨　华　编著
经济科学出版社出版、发行　新华书店经销
社址：北京市海淀区阜成路甲 28 号　邮编：100142
总编部电话：010-88191217　发行部电话：010-88191522
网址：www.esp.com.cn
电子邮箱：esp@esp.com.cn
天猫网店：经济科学出版社旗舰店
网址：http://jjkxcbs.tmall.com
固安华明印业有限公司印装
710×1000　16 开　19.75 印张　290000 字
2023 年 2 月第 1 版　2024 年 12 月第 2 次印刷
ISBN 978-7-5218-4538-9　定价：78.00 元
（图书出现印装问题，本社负责调换。电话：010-88191545）

声　明

本书仅供学习交流使用，相关内容不代表任何官方机构的立场，不得作为最终纳税、报税的依据。本书所有内容基于作者对相关文献、法律文书、IRS公报等理解的基础上进行翻译和总结归纳，作者已尽一切努力核实、验证文中相关表述的完整性和准确性。由于作者水平有限，本书错漏及缺点在所难免，恳请读者批评指正。企业、个人如在实务中遇到涉及美国所得税的复杂事项，请以美国IRS官网（https：//www. irs. gov）最新公告为处理依据，或咨询专业注册会计师、税务师、法律专家意见，本书作者亦欢迎就相关问题进行讨论、学习，作者邮箱：ustaxreader@ 163. com。

目　录

第一章

美国所得税政策发展历史概述

所得税作为美国目前最主要的政府收入来源，起源于19世纪中叶，经历了战时临时开征阶段、合法性争议阶段、正式立法阶段及近现代税收阶段。

一、战时临时开征阶段

所得税在美国正式出现是因战时财政收入需要而开征的。在此之前政府收入主要来源于保护性关税，通过对进口商品征收高额关税保护国内工业发展。美国联邦政府正式成立（1776年）之后，1789年首部宪法通过后制定的第一部法律即1789年关税法案（Tariff Act of 1789），其中明确指出关税的目的为：支持合众国政府、偿还政府债务和鼓励与保护制造业。1860年以前，大部分年份中关税收入占联邦财政收入的比重高达90%以上，南北战争期间因政府在提高关税税率的同时大幅提高消费税税率，使得1865年战争结束时消费税占比超过了关税，1890年国会通过的麦金利关税法案（Mckinley Tariff Act）再度提高关税税率，使得关税重新成为第一大财政收入来源，此后各类关税法案虽对税率有所调整，但整体关税税率水平维持在40%以上，远高于同期英国及其他欧洲国家。

南北战争开始后，受财政紧缺影响，1861年通过的收入法案第一次开征所得税（临时），采用单一税率进行综合征收，即对个人收入800美元以上的部分征收3%的所得税，相关条款有效期至1866年。该法案指出，“所得”是指“定居于美国的个人的年度收入，包括其在美国或其他任何地方、任何来源获得的任何不动产、专门工作、贸易和雇佣收入”，即其采取的是全球课税模式。

受战争经费需求快速增加影响，1862 年政府即对 1861 年收入法案进行修订，用累进税制取代了单一税率，对收入在 600 ~ 10 000 美元之间的部分征收 3% 的所得税，超过 10 000 美元的部分征收 5% 的所得税，对生活在美国境外的美国居民纳税人按 5% 缴纳个人所得税。因 1861 年收入法案并未得到有效实施，故人们通常将 1862 年收入法案作为美国第一部所得税税收法案。

随着战争的延续，1862 年收入法案在 1864 年、1865 年和 1866 年又被进行了多次修订，战时所得税征收期限也得以延长，直到 1872 年相关法案到期后未继续延期，战时所得税征收正式结束，1898 年美西战争爆发后亦未重新恢复所得税征收。

二、合法性争议阶段

战时所得税征收结束后，所得税被再次提及是在 1894 年收入法案中，也即威尔森 - 格尔曼关税法案，其主要内容虽为降低关税税率，但其将所得税作为该法案的附加条款，以通过所得税征收弥补降低关税带来的财政收入损失。

该法案将个人所得税与公司所得税统一，对在美国经营的所有业务“净所得”和个人收入所得超过 4 000 美元的部分按 2% 征税。然而，在该法案生效前，联邦法院就已经对该法案的合宪性提出了质疑，因当时的联邦宪法中明确联邦政府对个人征收的直接税应按人口比例分摊。在 1895 年著名的波洛克案（Pollock v. Farmers' loan & Trust Company）中，信用社股东查尔斯·波洛克起诉联邦政府对其在农场股票分红的征税违宪。同年 3 月，该案在美国最高法院审理时，大法官以 5∶4 的投票结果通过了决议，认定所得税法案违宪而无效。

在违宪判决事件后，继任的美国总统威廉·麦金莱（William Mickinley）便着手增加关税，1897 年出台的丁利关税法案将关税税率从过去的平均 47% 提高到 52%，达到了历史高点。1901 年麦金莱总统遇刺后，西奥多·罗斯福（Theodore Roosevelt）上任，并逐步改变麦金莱的保护主义政策，在财政政策方面支持所得税，但出于政治原因，在其 1909 年两届任期结束时仍未实质性推动所得税改革，但其推荐主张税制改革的威廉·塔夫脱（William Taft）作为共和党候选人。1909 年塔夫脱成功赢得大选，随即制定 1909 年收入法案并在国会通过，该法案包括关税改革和开征所得税，但受前期违宪判决影响，其所得税规定中并未对个人征收所得税，只对公司利润征收 1% 的所得税，且将该所得税称为"基于所得对公司征收的消费税"。

三、正式立法阶段

为解决所得税的宪法基础问题，1909 年 6 月，共和党议员诺里斯·布朗提出了宪法修正案第十六号，建议授权国会征收所得税。虽然该议案在后期的会议中引起了激烈的辩论，但最终国会两院以高于三分之二的投票结果通过了宪法第十六号修正案，规定"国会有权利从任何来源的所得中征税，而无须将税收分摊至各州，也无须考虑人口统计情况"随后该修正案进入各州议会投票审批阶段，到 1913 年已获得 42 个州议会通过，并最终于 1913 年 2 月 3 日完成所有审批程序，正式实施。

1913 年 10 月，时任总统托马斯·威尔逊（Thomas Wilson）签署了 1913 年收入法案，使得所得税成为正式法律。该法案取消了 1909 年的公司所得税，将公司所得税与个人所得税统一称为联邦所得税，公司利润按 1% 交纳所得税，不允许扣除；个人收入超过 3 000 美元（已婚夫妇为 4 000 美元）的部分按 1% 基础税率 + 累进递增税率交纳所得税，累进递增税率随收入增加而增加，在收入低于 2 万美元时为 0，2 万 ~5 万美元时为 1%，在收入超 50 万美元时累进递增税率达到最高值 6%。考虑到当时居民收入水平，该法案出台时全美仅 1% 人口需交纳所得税。

正式立法后，美国所得税制度经历了无数次修订，修订的主要内容包括抵扣额、税收分级档次、边际税率，税率调整主要考虑不同历史时期政府财政收入需要，第一次世界大战和第二次世界大战期间及其后的数年，联邦所得税最高边际税率值达到67% ~94%，冷战开始后，从1947 ~1980年，最高边际税率一直维持在70%以上，平均值为80.33%，其中1951 ~1963年最高边际税率高达91%以上，如图1 -1所示。

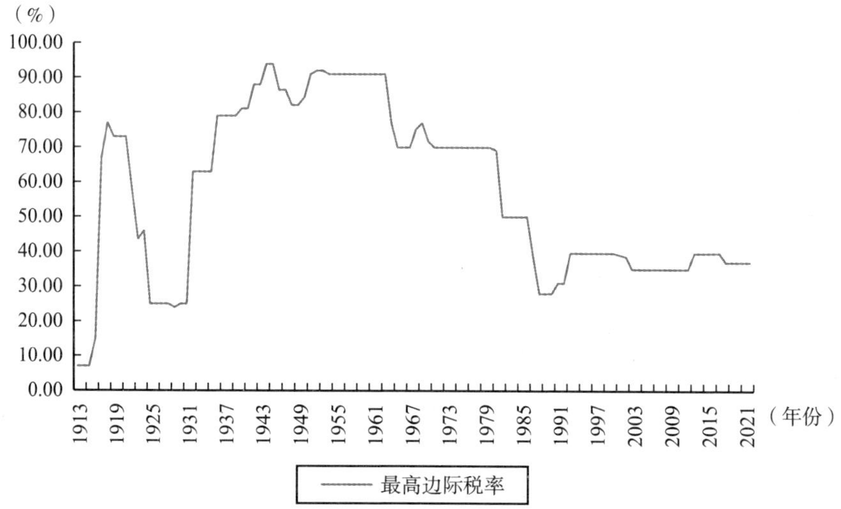

图1 -1　美国1913 ~2022年间联邦所得税最高边际税率

资料来源：IRS官网，https：//www. irs. gov。

此外，1935年社会安全法案（Social Security Act）第一次提出了将老年人养老金项目、失业保险和公共安全卫生筹款项目纳入个人所得税，向雇主和雇员征收社安税（Social Security Tax）。1943年现代税收支付法案（The Current Tax Payment Act）明确规定雇主在支付员工工资时应强制预扣个人所得税并按季度向税务部门预缴。

四、近现代税收阶段

一般认为，美国近现代税收阶段开始于1961年国内收入局（Internal Revenue Service，简称IRS，也称国税局或税务局）开始使用计算机处理数据。西弗吉尼亚州马丁斯堡的国家计算机中心正式协助 IRS 进行税收业务电子化处理，大幅提高国内收入局对税收数据的处理和分析、储存效率。

1961 年至今，关于税收法案的改革一直是两党竞选的核心主题之一。税改的焦点在于税负率调整、征税范围调整、抵扣调整等方面，较为重大的税改方案包括 1986 年罗纳德·里根总统的税收改革法案（Tax Reform Act）、2001 年乔治布什总统的经济增长和税收减免调解法案（Economic Growth and Tax Relief Reconciliation Act）及 2017 年特朗普总统的减税与就业法案（Tax Cuts and Job Act）。

1986 年的税收改革法案降低了联邦所得税率，减少了税率等级，并将最高税边际税率从 50% 降至 28%。该法案还扩大了劳动所得税收抵免（EITC）、标准扣除和个人免税额度，将大约 600 万低收入美国人从税基中剔除。为了抵消这些削减，该法案提高了替代性最低税额（AMT），并取消了许多税收减免，包括租赁住房、个人退休账户和折旧的减免。

2001 年的经济增长和税收减免调解法案（简称 EGTRRA 法案）降低了联邦所得税税率，将个人所得税最高边际税率从 39. 6% 降至 35%，同时创造了新的最低边际税率 10%。该法案还降低了资本利得税，提高了设定缴费计划型的养老金和个人退休账户的税前缴费限额，并取消了遗产税。

2017 年 12 月 22 日，美国总统特朗普签署了《减税与就业法案》（以下简称 TCJA），该法案于 2018 年 1 月 1 日生效。该法案修订了 1986 年的国内税收法典（Internal Revenue Code of 1986），也是自 1986 年里根税改后第一次也是最重大的一次税法变革。该法案主要对企业所得税、个人所得税和境外所得税征税范围、税率等进行了调整，企业所得税税率从累进税率制改为统一的税率 21%，个人所得税最高边际税率从 39. 6% 降低至 37%，同时增加标准扣除和家庭税收抵免额，减少分项扣除，限制州和地方所得税和财产税的扣除，进一步限制抵押贷款利息扣除，降低个人替代最低税额，取消公司替代最低税额，减少受遗产税影响的遗产数量等。

第二章

税收管理体系与立法程序

一、税收管理体系

美国税收管理体系构建遵循权力分立（Separation of Powers）原则，该原则是一个政治学说，其主张政府的行政、立法与司法职权范围要分明，以免滥用权力。此学说起源可追溯至古希腊，而其后被英国与法国的哲学家进一步发展。在美国宪法里，权力分立这词从未出现，但其有着清晰的指示。其指出“所有立法权力皆由美国国会所有”“行政权力则由美国总统所有”“司法权力由一个美国最高法院和一些可以由国会随时下令设立的次级法院所有”。宪法通过将政府权力一分为三，以达至权力制衡，防止权力集中与滥权。

根据上述原则，美国税收管理体系亦包括立法体系、行政体系和司法体系。

立法体系是确立联邦、州和地方税收与纳税管理合法性的主要机构和机制，包括拥有立法权的机构和相应的法律。美国国会是唯一拥有立法权的机构，其由参议院和众议院组成，但国会可以授权地方议会及行政机关执行地方或特定授权范围内的法律。美国的《联邦宪法》具有最高法律效力。根据宪法的规定，州政府不是联邦政府的下属，各州享有自主权，没有服从联邦政府的责任，即各州拥有自己独立的立法权。但是，当联邦宪法或联邦法律与州宪法或州法律相抵触时，州宪法和州法律必须服从联邦宪法和联邦法律。美国联邦税收法律体系主要包括美国国内税收法典（Internal Revenue Code）、财政法规（Treasury Regulation）和其他官方税收文件构成，联邦管理和征收的税主要包括个人所得税、企业所得税、社会保障税、国内消费税、关税、遗产与赠与税。州与地方税收法律体系包括各州议会制定的各类税收法案、规定，州和地方管理和征收的税主要包括州和地方个人所得税、企业所得税、消费税、销售与使用税、财产税等，各州征收基础与税率不同，也有部分州和地区免征个人所得税和消费税。

行政体系是根据税收法律执行征收和日常管理的机构，美国负责联邦税收法规管理事务的机构，是财政部内所设负责分管税收政策的助理部长办公室。这一部门协助部长、副部长拟订和执行国际税收政策，就税收法案负责同国会联系，对影响税收的经济形势进行分析，为总统的预算咨文提供未来税收的估计，并参与国际税务协定谈判。联邦税收具体征管机构为国内收入局（IRS）与海关和边境保护局（CBP，2003 年以前为关税署）。国内收入局负责联邦国内税征收及国内收入法案的执行，海关和边境保护局负责关税征收。州和地方税收具体征管机构包括州特许经营税委员会（Franchise Tax Board，主要征收所得税）、税费管理局（Department of Tax and Fee Administration，主要征收销售税、消费税和资源使用税等）、地方司库或财务办公室（Treasurer's Office，主要征收财产税）等。

司法体系是根据法律审判涉税案件和争议事项且独立于立法和行政体系的机构，主要由各级法院组成。联邦法院体系包括初审法院（Trial Courts）、上诉法院（Appellate Courts）、最高法院（Supreme Court）以及其他非司法分支的联邦裁判庭（Federal Tribunals）。初审法院为最初的审判法院，包括美国税务法院（United States Tax Court）、地区法院（District Court）和美国联邦索赔法院（Court of Federal Claims）；上诉法院一般审阅低一级法院的记录来判断低一级法院决定的合适性，包括美国申诉法院（Court of Appeals）、联邦申诉法院，最高的上诉法院为美国最高法院。美国税务法院是美国国会依据美国宪法第一条设立的联邦审判法院，也是美国唯一一个在处理税务纠纷时不用先付税款的法院，该法院由 19 个法官组成，这些法官会到不同的地方处理相关案件。税务法院专门审理美国所得税的案件纠纷，对有征税争议的当事人也可以向任何美国联邦地区法院或美国联邦索赔法院提起诉讼，但是这些法院在处理税务案件时要求先支付税款，然后当事人提起诉讼以收回有争议的赔偿金额，对税务法院审理结果不满意的可以申诉至上诉法院。州法院体系一般独立于联邦法院体系，由每个州独自设立，通常来说州法院也是有三层架构。由审理法院（通常是郡一级的法院），上诉法院，和最高法院组成。各个州法院的名字也是各自定的，一般与州税有关的税务纠纷可由州法院审理。

二、税收立法程序

美国国内税收法典（Internal Revenue Code，简称 IRC）是编纂所有联邦税法的法律主体，包括收入税、遗产税、赠与税、消费税、烟酒税和就业税。美国税法于 1874 年开始编纂，但当时还没有一个集中的、全面的税收来源。IRC 最初于 1939 年编制，并于 1954 年和 1986 年进行了修订。该法典是美国所有税法的明确来源，本身具有法律效力。这些法律构成《美国法典》第 26 条（26 U. S. C. A. 1 及以下），并由美国国税局（IRS）通过其财政条例（Treasury Regulation）和收入裁定（Revenue Rulings）实施。不同时期的美国政府也会根据需要制定新的税收改革法案，对不同税收的征收范围、方式、税率等进行调整。

正式的税收立法（Formal Tax Legislation）是拟议的税收规则或税收变更可能成为美国法律的过程。正式的税收立法遵循美国宪法规定的具体步骤。与所有联邦法律一样，该立法需要国会两院（参议院和众议院）的同意和总统的批准。

拟议的税法在成为法律之前需要作为一项法案启动正式立法程序。税收法案必须在众议院提出，因为众议院代表公民个体，而不是像参议院那样代表州。正式的税收立法程序遵循以下具体步骤：

（1）税收法案起源于众议院，并提交给筹款委员会。一旦委员会成员就立法达成协议，拟议的税法就会成文。

（2）成文的税收法案将提交众议院辩论、修改和批准。

（3）税收法案被提交给参议院进行审查。财政委员会可以在将提案提交给全体参议院成员之前对其进行调整。

（4）在参议院批准后，税收法案将发送给众议院和参议院成员组成的联合委员会，他们致力于针对两院的不同意见拟定出一个折中版本。

（5）折中版本将送交众议院和参议院批准。

（6）一旦国会通过该法案，它将被发送给总统，总统要么将其签署成为法律，要么否决该法案。如果总统签署该法案，财政部和国税局（IRS）等负责机构必须采取行动执行该法案。如果她/他决定否决该法案，她/他将其连同一份说明他/她为何反对该法案的各个部分的声明一起返回众议院。

（7）如果总统否决税收法案，国会可以作出总统想要的改变，或者以每院三分之二的票数推翻否决权；如果投票成功，税收法案无须总统签署即可成为法律。

总统可以而且经常会建议修改现行税法，但只有国会才能作出改变。公民可以通过非正式的税收立法程序影响税法，包括联系国会议员和民选官员、参加城镇或县级会议、参与游说活动、分发和签署请愿书，以及投票给特定的候选人。通过这种非正式过程，公民个人或集体行动，通过让立法者了解他们的观点来影响正式税收立法过程的结果。

第三章

个人所得税

根据美国财政部公布的月度报告（Monthly Treasury Statement，MTS），2021 年度美国联邦政府收入中 51% 来自于个人所得税，31% 来自于社安和医保税（FICA），因 FICA 按个人收入一定比例征收，通常可视为个人所得税的一部分，若将两者合并考虑，则联邦政府收入中个人所得相关税收占比将高达 82%，个人所得税无疑已是美国最大税种，如图 3－1 所示。

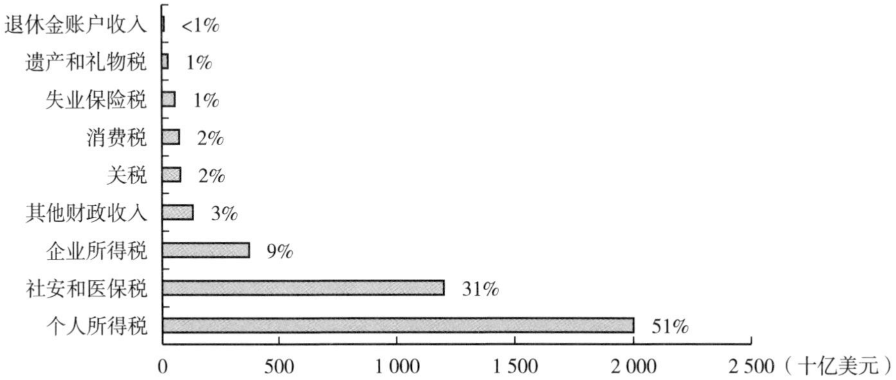

图 3－1　2021 年美国联邦收入来源及所占比重

资料来源：https：//datalab. usaspending. gov/americas－finance－guide/revenue/categories/。

除了联邦政府征收个人所得税外，美国大部分州会根据本州法律征收州所得税。截至 2021 年，美国有 42 个州征收个人所得税，7 个州（阿拉斯加州、佛罗里达州、内华达州、南达科他州、田纳西州、得克萨斯州、怀俄明州）不征收个人所得税，华盛顿州只对高额投资收益和资本性收益征收个人所得税。除新罕布什尔州只对股息和利息收入征税外，其他41个州均对工资和薪金征收个人所得税。在这些对工资征税的州中，有9个州采用单一税率的税收结构，通常被称为单一税率，一个税率适用于所有应税收入。相反，32个州和哥伦比亚特区征收累进所得税，不同州的税率等级差别很大，夏威夷有12个等级，是全国最多的。

考虑到各州个人所得税征收差异较大，且征收基本思路与联邦类似，本书主要介绍联邦个人所得税，不述及各州具体征收标准。

一、基本思路与纳税人身份确定

个人所得税是针对个人或家庭的工资、薪金、投资或其他形式的收入征收的税。具体征收时须先确定纳税人身份，根据不同身份判断是否有报税义务或纳税义务，同时，不同纳税人身份标准抵扣额不同。确定纳税人身份后按如下步骤计算应纳所得税额：

（1）将收入进行分类，加总计算收入总额；

（2）收入总额 - 不征税收入（Exclusion）= 毛收入（Gross Income）；

（3）毛收入 - 收入调整项目（一般为部分可扣除项目）= 调整后毛收入（Adjusted Gross Income，简称AGI）；

（4）计算抵扣额，一般为标准抵扣额和分项抵扣总额中较高者，标准抵扣额因纳税人身份不同而不同，分项抵扣额根据当年税收抵扣政策分项计算金额后加总；

（5）AGI - 抵扣额 = 应税收入（Taxable Income）；

（6）根据应税收入金额和累进税率表确定不同金额档位应税收入的税率，最终得出抵免前应纳税额。美国实行累进所得税，即税率随收入增加而增加；

（7）抵免前应纳税额 - 纳税抵免额（Tax Credit）= 应纳所得税额；

从上述计算过程可看出，纳税人身份确定是确定是否有报税或纳税义务及确定抵扣额、抵免额等税收优惠政策的基本依据。

谁必须要报税？在美国，所有美国公民（拥有美国国籍）和外籍居民

（拥有绿卡或本年至少在美居住31天且过去3年内在美居住时间满足：本年居住日+1/3上年居住日+1/6上上年居住日≥183天），凡是有报税义务的人，不论最终是否有纳税义务，每年都应在IRS规定的报税日前完成纳税申报（File Tax Return），否则将面临罚款等处罚。拥有报税义务的人包括：

（1）年度毛收入等于或超过其纳税身份对应的标准抵扣额（即报税阈值，Filing Threshold，参见Code Sec. 6012；IRS Pub. 17）的纳税人，不论其最终是否有纳税义务；

（2）年度毛收入未超过报税阈值，但有退税或可退款纳税抵免的纳税人；

（3）不满足上述两个条件但拥有应交税义务的纳税人，包括有替代最低税、合格退休计划或养老金计划下超额税、未在规定税报里报送的收入产生的纳税义务、健康储蓄计划超额税、投资收入超额税和医保税等需要交纳的纳税人。

所有需报税的纳税人，要根据婚姻状况、合并报税与否、年龄等情况分为如下几类报税身份，不同身份的人员报税阈值不同，具体如下表3－1所示（以2021年度为例）：

表3－1

报税身份 Filing status	且你在2021年末 AND at the end of 2021	2021年度报税阈值（美元） Filing Threshold 2021
单身 Single	小于65岁 under 65	12 550
	大于等于65岁 65 or older	14 250
一家之主（未婚） Head of household	小于65岁 under 65	18 800
	大于等于65岁 65 or older	20 500
已婚，合并报税 Married，Filing jointly （本书中简称MFJ）	两人均小于65岁 under 65（both spouses）	25 100
	有1人大于等于65岁 65 or older（one spouse）	26 450
	两人均大于65岁 65 or older（both spouses）	27 800

续表

报税身份 Filing status	且你在2021年末 AND at the end of 2021	2021年度报税阈值（美元） Filing Threshold 2021
已婚，分开报税 Married，Filing separately（本书中简称 MFS）	任何年龄 any age	5
合格丧偶者 Qualifying Widow（er）	小于65岁 under 65	25 100
	大于等于65岁 65 or older	26 450

注：（1）一家之主：指纳税当年未婚，拥有至少一个合格被抚养人，且支付整个家庭一半以上的开支的纳税人，其一般能获得比单身或已婚人员更多的标准抵扣和其他税收优惠；合格被抚养人要满足国籍测试、居住测试、毛收入测试、亲属测试、年龄测试及供养测试等测试要求。

（2）合格丧偶者：纳税人在配偶去世后未再婚的，在配偶去世当年可按已婚合并报税状态报税，在此后的两个报税年度可使用合格丧偶者身份报税。合格丧偶者一般能获得比单身或已婚人员更多的标准抵扣和其他税收优惠。

（3）在上述报税身份基础上，对于报税人中有失明人员的，税法会给予额外的抵扣额。

上述报税身份确认时点为纳税年度的年末，婚姻状况及年龄均以年末最后一天的法定状态为准，即年末已婚人员需在年末最后一天满足法律规定的已婚要求，年龄计算亦以最后一天为计算基准。符合报税要求的人员需在报税前取得纳税人识别号（Taxpayer Identification Number，简称 TIN），该识别号一般为美国个人社安号（Social Security Number，简称 SSN），未取得社安号的报税人（如被收养且无社安号的儿童、在美留学生、未申请社安号的外国居民等）一般需向 IRS 申请个人纳税人识别号（Individual Taxpayer Identification Number，简称 ITIN）。

二、毛收入确定

毛收入为纳税人在纳税年度内收到的未进行抵扣、抵免前的所有收入总和，包括工资薪金、投资组合收入（利息收入、分红收入、处置投资收益）、商业经营收入、股票期权收入、个人退休金账户（IRA）收入和租赁收入、社安收入、州和地方退税收入、奖励收入、偶然所得等其他收入。

根据收入来源性质，一般我们将收入分为常规收入（Ordinary Income）和投资组合收入（Portfolio Income）。投资组合收入为投资股权或债权投资产品获得的分红、利息及处置损益。此外，IRS 根据纳税人是否通过重大且积极参与（Material and Active Participation）某项活动而取得收入将常规收入分为主动性收入（Active Income）和被动性收入（Passive Income），被动性收入为未通过重大且积极参与某项被动性活动（不包括与投资组合相关的活动）而取得的收入，包括租赁收入（不含房地产职业经理人主动管理房产产生的租赁收入）、合伙企业有限合伙人、有限责任公司（LLC）及个人独资企业（S Corporation）取得的收益，也包含合伙企业普通合伙人从投资底层标的传递过来的被动收入。一般参与被动性活动产生的损失只能抵扣被动性收入，未抵扣部分可留至以后年度抵扣。

（一）工资薪金收入

工资薪金收入包括纳税人在美国境内和海外工作取得的工资、奖金和应税福利。

员工工作取得的现金和非现金收入均应纳入收入范畴。一般在美国境内工作时，公司应在发放工资、奖金时为员工预扣代缴个人所得税，员工在入职时会被要求提交 W4 表格说明自身纳税身份等信息，雇主会将 W4 表格信息录入薪酬系统，在发放工资时系统会根据不同纳税信息确定预扣比例，进行预扣代缴个人所得税、FICA 税（Social Security and Medicare Tax，即社安和医保税）等联邦和州税费。年度结束后，雇主会将员工年度薪酬及预扣代缴等数据信息汇总形成 W－2 表格并邮寄给员工，员工可用该表格进行年度报税。对于兼职或公司购买个人劳务的，公司通常根据劳务购买合同支付报酬，不进行预扣代缴，年末，公司应向支付对象邮寄 1099－MISC 表格，说明公司支付报酬情况，供收款人报税使用。对于服务行业人员取得的小费等未纳入 W－2 和 1099－MISC 表格的收入，其应在报税时主动申报并纳税。对于合伙企业合伙人从企业取得的固定报酬（Guaranteed Payment）应视同工资处理。

纳税人取得的海外收入应全额纳入收入正常申报，可采用海外实报实销和标准抵扣两种方式享受纳税抵扣或豁免。选择实报实销时，对于纳税人已在海外缴纳的所得税部分将形成纳税抵免（Tax Credit）抵扣在美国的纳税义务；选择标准抵扣时，在纳税人满足海外居住测试（Bona Fide Test，在海外有住所，年度内都住在海外）、物理存在测试（12 个月中至少 330 天住海外）等条件后，可享受收入直接豁免 10.76 万美元（2021 年标准）。

应税福利指员工取得的福利中应纳税部分。对于员工取得的超过法定福利额度范畴的福利应纳入收入总额进行纳税，具体如表 3－2 所示：

表 3－2

福利类型	纳税标准
低价内购	内购价格低于产品成本的部分应纳入收入交税，服务类内购价格低于 20% 市价部分应纳税
人寿保险	雇主支付的保额为 5 万美元以内的人寿保险相关费用免税，超过该额度部分的保费纳入收入。人寿保险赔款本金部分免税，利息应纳税
意外、医药和健康保险	雇主支付的保险费不纳入收入；员工自购的保险费可在报税时以实际医药费支出为上限进行分项抵扣；员工在联邦保险项目下收到的福利免税
合格养老金、利润分享计划、股票奖励计划	一般在雇主授予计划时员工不纳税，未来员工获取相关本金及收益时均需纳税
日常小福利（聚餐、办公室零食等）	免税
食宿行费用	因业务需要或特殊工种需强制提供住宿的，企业为员工提供的食宿费不计入员工收入。雇主为员工支付的停车费每月不超过 270 美元部分免税
教育机构员工学费	教育机构免除员工在本机构获取本科学历的学费免税，获取硕士学位的，只有当员工在本机构担任助教或研究助理且该免费是机构向员工支付工资以外的福利时免税，否则应纳税
灵活开支计划缴费	员工每月向灵活开支计划（一种基金）内存入的不超过 2 750 美元的部分可在税前抵扣

（二）投资组合收入

投资组合收入即纳税人取得的利息收入、分红收入和处置投资收益。

1. 利息收入

利息收入包括存款利息收入和投资债权取得的利息收入。

存款利息收入应全额纳入应税收入，对于定期存款提前取出时的罚金应单独列报，不得将其与利息收入互抵后算净额，一般银行会向当年利息收入超过10美元的储户发放1099 - INT表供储户报税使用。

债权利息收入一般包括纳税人投资债权或对外提供借款取得的利息收入，原则上除市政债券和退伍军人管理局保险债利息外所有债权利息收入均应缴纳联邦所得税。一般联邦债券（Treasury Bills，即国债）利息可免交州和地方所得税。此外，对于合格购买者（大于24岁，且债券购于1989年以后）购买的用于晚辈高等教育学杂费的债券利息收入可在收入满足一定条件下享受免税，纳税者应填报8815表计算利息并申请免税。

2. 分红收入

分红收入包括纳税人投资权益类投资产品取得现金和现金等价物分红、股票股利等。对于满足一定投资条件（投资于美国或合格外国公司的，在股票除息日前后121天内持有时间大于等于60天）的现金和现金等价物分红，会根据纳税人不同纳税身份及应税收入金额征收0到20%的所得税，如2021年标准为：单身纳税人在应税收入小于4万美元时免税，4万~44.1万美元时按15%税率征税，大于44.1万美元按20%征税。不满足投资条件的分红按正常税率交税。

对于纳税人收到的股票股利，一般在分配时不征收所得税，但需调整纳税人原持有股票的税基（Tax Basis），对于原持有股票有多种类型的，应按不同类型的公允价值（Fair Market Value）占比进行调整。

对于共同型人寿保险分红、股票分割及投资于合伙企业等机构的资本收益分红（一般每年已针对收益缴税）通常免税。

除所得税外，对于高收入人群，其取得的净投资收入应额外征收3.8%的净投资收入税，2021年的高收入标准为：单身及一家之主调整后的收入超过 20 万美元，已婚合并报税的超过 25 万美元，已婚分开报税的超过 12.5 万美元。

3. 处置投资收益

处置投资收益包括纳税人处置持有的非用于商业经营活动的个人使用资产（个人住房等）和投资性资产（如股权投资、债权投资）产生的收益，该类收益一般以处置价格减该投资（或资产）调整后税基后的净额作为纳税基础缴纳所得税，资产持有期间的价值浮动一般不征税。

该类资产处置时形成的损益一般称为资本性收益（Capital Gain）和资本性损失（Capital Loss），持有资产期限在一年以内为短期损益，超过一年的为长期损益。对于资本性收益，长期收益较短期收益有税率上的优惠，资本性损失一般要将其按期限抵扣其相同期限类别的收益后计算净损益，如无足够资本性收益可抵扣，则净资本性损失可抵扣部分常规收入，2021 年度的抵扣标准为：除已婚分开报税（可抵扣 1 500 美元）外，其他纳税身份者每年可抵扣 3 000 美元常规收入。具体资产损益计算标准及抵扣要求等将在财产税部分详细阐述。

对于个人对外借款（非商业性）无法收回的，在确认无法收回当年作为短期资本性损失处理。个人投资的股票和证券当年丧失所有价值时，视同在当年卖出该投资，按持有期限分为长期或短期资本性损失。

（三）商业经营收入

商业经营收入指纳税人从事商业经营活动产生的收入，如个体工商户和选择按个人报税的有限责任公司（LLC）取得的收入，他们需要在个人年度报税表 1040 表的附表 C 或 C - EZ（商业费用小于 5 000 美元的小企业）中详细填写商业经营活动的收入及商业费用。

商业经营收入纳税事项主要涉及净盈利纳税、净亏损抵扣及净经营损益计算中涉及的支出资本化规则、费用可抵扣范围等事项。商业经营净盈利一般等于经营收入减去可抵扣的成本费用。

商业经营净盈利一般需按正常收入缴纳所得税，同时需针对征收上限（2021 年上限为 14.28 万美元）以内的收入缴纳自雇税（Self - Employment

Tax，与 FICA 税相同，只是自雇人员需同时缴纳雇员和雇主应承担的部分），超过部分无须缴纳自雇税，只需缴纳医保税，相关税额 = 收入上限内商业经营净盈利 ×92.35% ×（社安税 12.4% + 医保税 2.9%）+ 超额净盈利 ×92.35% ×2.9%。上述自雇税中属于雇主需支付的部分可作为商业经营费用进行抵扣。

原则上，商业经营损失只能用于抵扣商业经营收入，当年经营净损失额达到一定限额（2021 年单身为 26.2 万美元，已婚合并报税者为 52.4 万美元）后即形成超额商业经营损失，该损失可以计入净经营损失（Net Operating Loss，NOL）在以后年度抵扣商业经营收入，2017 年末以前产生的净经营损失可往后抵扣 20 年直至为 0，2017 年末以后产生的可无限期抵扣，但每年只能抵当年应税收入的 80%。

商业经营活动中的支出应根据支出类型进行资本化或费用化，需资本化的支出包括：商业活动中所使用的房地产或有形资产；生产用于出售的房地产或有形个人财产；为了再销售而取得的房地产或有形个人财产。不可资本化支出包括：销售费用、管理费用、广告费用、研发费用等。当纳税人前三年平均毛收入大于 2 600 万美元时，应将其商业经营活动中形成库存的直接和间接成本资本化，以后再通过折旧或销售结转实现费用化。纳税人不得将个人支出及不符合商业经营活动支出条件的费用在商业经营活动部分抵扣，不符合条件的费用主要包括：

（1）向个人业主支付的工资和佣金；

（2）联邦所得税；

（3）个人餐费、娱乐费；

（4）个人汽车和旅行费；

（5）罚款及纳税人的坏账核销；

（6）娱乐开支。

业主的个人保险、个人符合条件的利息支出、个人缴纳的州和地方税费及慈善捐赠费用等则可按规定在 1040 表其他位置抵扣。

此外，商业经营活动中，对于从事建筑建设、安装或制造等需要超过 1 年才能完成的合同，应视为长期合同，按一定要求确认收入。长期合同中，在收付实现制下（Cash Basis），建造期开始于资本化支出发生时，权责发生制下（Accrual Basis）为资本化支出发生时和至少发生合同总成本5%时中的较晚者，合同结束的标准为完工或95%期望总成本已发生。长期合同收入确认一般可采用完全完工法或完工百分比法，完全完工法下合同完工验收前不确认收入，但该方法一般只适用于前三年平均收入小于2 500万美元的建筑企业和前三年平均收入小于1 000万美元的其他企业，且适用项目必须2年内完工；完工百分比法一般按成本发生额占总计划成本的百分比确认完工百分比，同时确认收入和毛利并按毛利缴纳所得税，一般大型承包项目、有关联方的长期合同均按该方法确认收入。

（四）股票期权收入

股票期权收入指纳税人取得股票期权并因此产生的收入。税法中合格期权与非合格期权的所得税纳税时点和标准有所差异。

1. 合格期权

合格期权主要包括激励性股票期权（Incentive Stock Option，ISO）和员工股票购买计划（Employee Stock Purchase Plan，ESPP），该两类期权必须满足特定条件方为合格期权。

合格期权通常在授予和行权时均无须纳税，持有者需在股票卖出时缴纳所得税，税额计算基础为卖价减股票纳税基础（等于行权价加相关成本），计算结果将纳入资本性损益（Capital Gain or loss）进行交税。若未满足相应期权的持有条件而提前卖出，则总出售损益等于卖出价减去行权价，如果卖亏了，则形成资本性损失，卖赚了则可以确认为资本性收益的部分等于卖出价减行权日股票公允价值，剩余收益作为常规收入纳税。

（1）激励性股票期权。

激励性股票期权一般为企业授予高管或骨干员工的带有激励员工为企业创造更多价值或长期伴随企业成长的激励性期权。该类期权必须满足授予和持有与处置条件方能享受合格期权的纳税政策。

激励性股票期权授予时必须经股东会同意，书面确认授予的人和数量，被授人不能持有公司及其子公司10%以上投票权，且行权价不低于授予日股票公允价值。

通过激励性股票期权而取得的股票必须持有至期权授予日后 2 年或行权日后 1 年中较晚者日期，行权时每年最多行权 10 万美元，股票的纳税基础为行权价加相关成本。

（2）员工股票购买计划。

员工股票购买计划为企业向全体员工授予的允许员工以低于市场的价格购买本公司股票的股权激励计划，该类期权同样应满足授予和持有与处置条件方能享受合格期权的纳税政策。

员工股票购买计划的股票期权授予时必须经股东会书面同意，且期权是授予公司所有员工的；被授人不能持有公司及其子公司 5% 以上投票权，且行权价不低于授予日或行权日股价的 85%。

该期权持有人在期权授予日后 27 个月内要行权，每年最多行权 2.5 万美元，通过行权取得的股票须持有至期权授予日后 2 年或行权日后 1 年中较晚者日期，股票的纳税基础为行权价加相关成本。

2. 不合格期权

不合格期权（Nonqualified Option）指不符合激励性股票期权或员工股票购买计划相关要求的期权，该类期权一般在授予日按股票市价减去期权成本的净额作为常规收入纳税，期权行权日无须再交税，行权日股票的纳税基础为行权价加授予日纳税时已确认的收益，股票持有期间自行权日起算，未来出售股票产生的损益作为资本性损益处理。若期权持有人在行权日放弃行权，则可在行权日将前期已纳税的收益作为资本性损失处理。

对于在授予日无法立即知道价值的期权，授予日可不纳税，行权日按股票公允价值减去行权价的净额作为常规收入纳税，行权日股票的纳税基础为行权日股票公允价值，股票持有期间自行权日起算，未来出售股票产生的损益作为资本性损益处理。

（五）个人退休金账户收入

个人退休金账户（以下简称 IRA）是一种享有税收优惠的储蓄账户，个人可以开设该账户进行长期储蓄和投资。在美国，IRA 种类很多，常见的 IRA 包括传统 IRA，罗斯 IRA 和不可抵扣 IRA，此外还有教育 IRA 和配偶 IRA、简易式 IRA 等不常见类型。除 IRA 外，员工也可参与企业提供的 401（k）养老金缴费计划等退休金计划，401（k）计划实质为一项固定缴费计划，由雇主提供，雇主在发放员工工资时将固定部分的工资存入员工的计划，员工可选择该缴费为税前或税后缴入，计划内的资金可由员工自由选择投资项目进行投资，雇主可选择匹配缴费（雇主每月会向员工的计划存入固定比例的资金）或不匹配缴费，该计划亦有缴费和纳税递延额度等限制。

传统 IRA、罗斯 IRA 和不可抵扣 IRA 三种常见 IRA 均设有标准缴费上限，且提前取出需缴纳惩罚税。50 岁以下纳税人每人每年最多缴纳 6 000 美元或挣得收入（Earned Income，包括工资薪金、奖金、自雇收入等，不包括利息、分红、年金、养老金、赡养费等被动收入）中取小者；50 岁 ~ 72 岁纳税人每人每年最多缴纳 7 000 美元或挣得收入中较小者；72 岁以上纳税人不能设置 IRA。任何 IRA，纳税人年缴费额超过其对应缴费上限的部分需缴纳 6% 的超额税。

纳税人在 59.5 岁以前取出 IRA 除了不同 IRA 取出时应缴纳所得税外还需额外缴纳 10% 惩罚税，原则上纳税人 72 岁时应领取最低领取额，如果纳税人在 2020 年 1 月 1 日前达到 70.5 岁，则其应在 70.5 岁前领取，如果纳税人在 2019 年满 70 岁，则第一笔领取可以推迟至 2020 年 4 月 1 日。若纳税人因特殊情况提前取出可以豁免惩罚税，具体情况包括：取出资金用于支付纳税人本年超过 10% AGI 部分的医药费支出；用于支付合格教育费用；纳税人取出资金不超过 1 万美元且资金在取出后 120 天内用于购买首套住宅；纳税人失业 12 周以上或自雇人员用于购买医保支出；纳税人永久残疾或死亡的。

1. 传统 IRA

传统 IRA 一般在缴费上限范围内的缴费可税前抵扣，未来提取本金和利息时均须纳入正常收入交税。

传统 IRA 缴费时可税前抵扣额受纳税人及配偶是否拥有工作单位提供的其他退休计划及纳税人收入等影响，具体规则如表 3 - 3 所示：

表 3 – 3

情况	抵扣规则（收入标准为 2021 年）
自己及配偶工作未提供任何退休计划	缴费额度内均可抵扣
自己工作提供退休计划	单身或已婚分开报税纳税人调整后 AGI 在 6.6 万 ~7.6 万美元（已婚联合报税者为 10.5 万 ~12.5 万美元）之间，按超过额占区间 1 万美元的比重削减缴费上限即为其最多可抵扣额。如单身 50 岁以下纳税人调整后 AGI 为 6.8 万美元时，最多可抵额 =6 000 ×[1 –(6.8 –6.6)/1]，超过上限的则无可抵扣额
自己工作不提供，配偶提供	已婚合并报税者：调整后 AGI 在 19.6 万 ~20.6 万美元之间，按超过额占区间 1 万美元的比重削减缴费上限即为其最多可抵扣额。已婚分开报税者：纳税人调整后 AGI 在 0 ~1 万美元间按超过 0 的部分占 1 万美元的比重削减缴费上限

2. 罗斯 IRA

罗斯 IRA（Roth IRA）一般在缴费时不可税前抵扣，持有满 5 年后满足如下任一条件时提取本金和利息均免交所得税，具体条件为：

（1）纳税人年满 59.5 岁；

（2）纳税人死亡或永久性残废；

（3）纳税人提取 IRA 用于购买首套住房且提取额在 1 万美元以内。

罗斯 IRA 缴费上限在标准缴费上限基础上受纳税人纳税身份和收入影响，具体规则如表 3 –4 所示。

表 3 – 4

纳税身份	缴费上限（收入标准为 2021 年）
单身	纳税人调整后 AGI 在 12.5 万美元以下时按标准缴费上限规则执行；调整后 AGI 在 12.5 万 ~14 万美元之间，按超过额占区间 1.5 万美元的比重削减缴费上限；调整后 AGI 大于 14 万美元时，缴费上限为 0
已婚合并报税	纳税人调整后 AGI 在 19.8 万美元以下时按标准缴费上限规则执行；调整后 AGI 在 19.8 万 ~20.8 万美元之间，按超过额占区间 1 万美元的比重削减缴费上限；调整后 AGI 大于 20.8 万美元时，缴费上限为 0

续表

纳税身份	缴费上限（收入标准为 2021 年）
已婚分开报税	纳税人调整后 AGI 在 0～1 万美元间按超过 0 的部分占 1 万美元的比重削减缴费上限；调整后 AGI 大于 1 万美元时，缴费上限为 0

3. 不可抵扣 IRA

不可抵扣 IRA 一般在缴费时不可税前抵扣，未来提取本金时免交所得税，提取利息时按正常收入交税。

4. 教育 IRA

教育 IRA 又称教育储蓄账户（Coverdell Education Savings Account），是纳税人为指定受益人购买的类似于养老金的信托计划，用于受益人未来教育相关支出，指定受益人 30 岁前必须将账户内余额取出或者转给其他受益人。

教育 IRA 在标准额度内购买时相关支出不可税前抵扣，未来提取时，用于受益人教育费支出（小学、中学和高等教育的学杂费、住宿费和相关支持设备等的支出）的部分本息均免交所得税，用于非教育费支出部分受益人取出时要按常规收入缴纳所得税并缴纳 10% 惩罚税。受益人在 30 岁前将计划转给其他受益人时不用缴纳所得税和罚金。

教育 IRA 在设立时指定受益人必须小于 18 岁，纳税人每年可为每个受益人最多购买 2 000 美元，当纳税人收入高于相关标准时则可购买额度会随着收入增高而削减，2021 年相关标准为：单身纳税人调整后 AGI 在 9.5 万～11 万美元（已婚合并报税者为 19 万～22 万美元），按超过额占区间 1.5 万美元（已婚合并报税者为 3 万美元）的比重削减缴费上限直至为 0。

（六）其他收入

其他收入主要包括租赁收入、社安收入、州和地方退税收入、奖励收入和偶然所得等。

1. 租赁收入

租赁收入指个人将所拥有的房产用于对外租赁取得的收入，租赁收入主要包括自住房出租收入和租赁物业收入。租赁收入一般按收到的租金（含预付和房客装修抵租金的钱）减去租赁费用后的净额缴纳所得税，在1040表附表E中填报。除租赁经纪人或对租赁活动重大参与的纳税人外，该收入一般属于纳税人被动收入。

（1）自住房出租。

自住房出租主要分为纯自主、自住与租赁混合、自住与办公混合三类情况，不同情况下租金收入与相关成本抵扣标准不同。

a. 纯自住。

纯自住须满足年出租天数少于15天。此时对于年内出租收到的租金免交所得税，购买房产时的抵押贷款利息和房产税可在选择分项抵扣时纳入抵扣，其他与房产相关的费用不可抵扣。

b. 自住与租赁混合。

自住与租赁混合的判断条件为：年内出租天数大于15天，且自住天数大于14天或大于总出租天数的10%。

自住与租赁混合情况下，所有租金收入均需缴纳所得税，租赁产生的费用如为出租房间进行装修等按自住与出租天数的比例进行分摊，属于租赁部分的可抵扣租赁收入。购买房产时的抵押贷款利息和房产税可按租赁天数占年度总天数的百分比计算后纳入租赁费用，抵扣租赁收入。房屋修缮费用及折旧可按出租天数占出租天数加自用天数总和的比例分摊至租赁费用。租赁收入与租赁费用相抵扣若产生租赁损失则以纳税人所有租赁收入为上限进行抵扣，不足抵扣部分可转至以后年度抵扣。

c. 自住与办公混合。

自住与办公混合指纳税人将自住房中一部分空间单独划出作为办公用房使用。该情况下应将办公部分应分摊的房屋保险费、房产税、折旧费、房屋贷款利息、办公室装修费和物业费按一定原则分摊至商业经营活动相关费用。房屋打扫费和非办公区域的保养费不得纳入商业经营活动相关费用。

（2）租赁物业。

租赁物业指纳税人将非自住房用于对外出租赚取租金收入。个人出租物业取得的收入应缴纳所得税，承租人用于抵扣租金的对物业装修改进支出也应纳入出租人收入计算。

租赁物业收入一般按被动收入处理，损失抵扣上限为被动收入，若个人纳税人对该项租赁业务具有重大参与，且持有至少10%的权益，则其租赁损失可按如下规则抵扣常规收入：

a. 每年租赁损失最多可抵扣2.5万美元常规收入，该可抵扣额度随着纳税人调整后AGI的增加而递减，以2021年度为例，纳税人调整后AGI超过10万美元后，超过的部分以50%比例削减可抵扣额度，如纳税人调整后AGI为12万美元，则其可抵扣额度=2.5－(12－10)×50%。

b. 如果纳税人是承租人，签了长期租赁协议并把租赁作为租赁权益(Leasehold Interest)，则纳税人应将该租赁物业作为资本性资产处理，当租期超过一年时，资产的税基为0，房东额外给予的提前退租补偿作为长期资本性收益处理。

2. 社安收入

社安收入指纳税人满足社安救助条件时收到的社安补助、救济等。在确定社安收入是否纳税时需将调整后AGI（即MAGI）+50%×社安收入得到的金额与税务局给定的基数对比，从而确定低、中、高收入群体，对于低收入群体，其社安收入全额免税，对于中、高收入群体，其须按表3－5中所列原则计算缴纳所得税：

表3－5

收入等级	MAGI＋50%社安收入（2021年标准，万美元）		社安收入是否纳税	纳税原则
	单身	已婚合并报税		
低收入	≤2.5	≤3.2	免税	免税
中收入	2.5＜X≤3.4	3.2＜X≤4.4	纳税	应纳税部分＝取小：50%×社安收入或50%×(MAGI＋50%×社安收入－基础金额即单2.5万美元)

续表

收入等级	MAGI+50%社安收入（2021 年标准，万美元）		社安收入是否纳税	纳税原则
	单身	已婚合并报税		
高收入	>3.4	>4.4	纳税	应纳税部分 = 取小：85% × 社安收入或 85% ×（MAGI + 50% × 社安收入 - 基础金额即单 3.4 万美元）

注：此处 MAGI 计算方法为：AGI（不含社安收入）+ 海外收入的豁免和海外住房支出报销、可抵扣 IRA 缴费、学生贷款利息费用和合格的学杂费、EE 系列债券利息中用于高等教育的支出、雇主支付的收养费（Adoption Expense）。

3. 退税收入

退税收入指纳税人收到的联邦、州或地方所得税退税。一般所有联邦所得税退税均免税，州和地方所得税退税在纳税人选择标准抵扣时免税，但退税额的利息收入应纳税，当纳税人选择分项抵扣时，超过标准抵扣额部分享有的退税收入应缴纳所得税。

4. 奖励收入

纳税人收到的奖励收入包括奖金和奖品等，原则上所有奖励收入均应纳入毛收入缴税，对于满足特定条件的奖学金和奖励收入可不纳入毛收入，具体如下：

（1）不纳入毛收入的奖学金需满足：

a. 攻读学位的（Degree - Seeking）纳税人收到的奖学金，且仅用于支付学费、书本费、除了食宿费（Board and Room）外的用品费，非攻读学位学生收到的奖学金应按公允价值纳税；

b. 纳税人收到奖学金并无其他服务要求等条件；

c. 奖学金并不是以过去、现在、未来提供服务为条件的。

（2）不纳入毛收入的奖励需满足：

a. 是宗教、慈善、科学上有贡献的奖励（诺贝尔奖等）；

b. 收到的人不需要采取任何行动进行竞赛；

c. 不需要提供任何服务来获得这个奖励；

d. 奖励直接捐给政府机构或慈善机构的也可以不纳入毛收入，捐出去的本身没纳入毛收入，所以后期也不能抵扣慈善捐款。

5. 偶然所得

偶然所得包括纳税人收到的离婚付款、礼物或继承财产、失业金和工伤赔偿、惩罚性赔偿款、赌博盈亏等。

（1）离婚付款。

离婚付款（Divorce Payment）包括夫妻离婚后一方支付给另一方的赡养费（Alimony）、儿童抚养费和财产分割等。

离婚协议生效日期在 2018 年 12 月 31 日以前的，收到者须纳入收入交税，支付者可作为支出抵扣；生效日期在 2018 年 12 月 31 日以后的，收到者不作为收入处理，支付者不可以作为支出抵扣，但该赡养费必须在离婚协议中书面说明，且为现金或现金等价物，离婚后同居的或婚后合并报税的均不符合赡养费要求。

儿童抚养费一般为离婚付款中最优先支付的部分，即收到的离婚付款应优先用于支付儿童抚养费。儿童抚养费收到者不作为收入处理，支付者不可以作为支出抵扣。

财产分割为离婚时的协议财产分配，财产分割时财产收到者不作为收入处理，支出者不作为支出抵扣，对应财产的纳税基础不变。

（2）礼物或继承财产。

纳税人收到的礼物或继承的财产一般在免税额度金额范围内免交所得税，超过部分应按相关税率缴纳所得税，具体额度及纳税要求将在财产税部分详细说明。

（3）失业金和工伤赔偿。

纳税人收到的失业金应作为收入申报纳税。纳税人收到的工伤赔偿和人身伤害赔偿免交所得税。

（4）惩罚性赔偿金。

惩罚性赔偿金指纳税人收到的对方支付的除弥补自身损失外额外支付的带有惩罚性的赔偿，该部分应全额纳入毛收入申报缴纳所得税。

（5）赌博盈亏。

纳税人参与博彩等赌博业务产生的盈利应全额缴纳所得税，产生的损失以赌博盈利为上限进行抵扣。

（七）商业性活动损失的抵扣限制

上述收入中，纳税人从事商业经营和租赁业务产生的净损失在抵扣时当年可抵扣额度受纳税基础（Tax Basis）、在险价值基础（At Risk Basis）、被动性损失（Passive Loss）和超额损失四个额度限制。纳税人需计算出每个限制下可抵扣的额度，最后取最小的额度为实际可抵扣额度，超过这些限制的部分一般可以在以后年度抵扣。

1. 纳税基础

纳税基础一般为资产投资成本，损失超过投资成本部分转到下年抵扣，如合伙人卖掉了权益，则以前累计的未抵扣亏损均作废，不能抵常规收入。财产投资和权益投资的纳税基础具体计算规则将在财产税和企业所得税中详细说明。

2. 在险价值基础

当相应资产纳税基础足够大时，则可抵扣金额不能超过在险价值基础，在险价值基础等于投入企业的成本加上纳税人享有的损益和承担的有追索权债务，超过在险价值基础的部分可留待以后年度抵扣。资产卖出时，以前年度未抵扣的损失可用于抵扣卖出资产产生的收益。

3. 被动性损失

当纳税人从事被动性业务投资取得被动性收入时，其被动性业务产生的损失在纳税基础和在险价值基础均足够大时，抵扣额仍受被动性业务损失抵扣限制，即被动性业务损失只能用于抵扣被动性收入，不得抵扣常规收入。

以下情况下，相关业务损失可用于抵扣常规业务收入：

（1）夫妻店模式（Mom and Pop）。

夫妻店模式指在租赁业务中，夫妻任一人主动参与租赁且有10%以上收益权时，其租赁业务净损失每年可最多抵扣2.5万美元常规收入，该可抵扣额度随着纳税人调整后 AGI 的增加而递减，与前述租赁物业抵扣规则一致。

（2）房地产经纪人。

房地产经纪人必须满足年内一半以上服务为租赁相关的，参与房地产交易业务超过 750 小时。

满足上述条件的房地产经纪人其从事租赁业务产生的租赁收入不是被动收入，损失可抵扣常规收入。

当纳税人卖出租赁资产或将被动性业务活动转为主动性业务活动时，可将以前未抵扣的损失一次性抵扣常规收入。

4. 超额经营损失

在应用了前三项抵扣限制后，商业性活动损失抵扣额还受超额经营损失可抵扣额限制。

以 2021 年度为例，超额经营损失当年可抵扣的限额 = 当年商业性活动收入 +52.4 万美元（单身为 26.2 万美元），剩余部分作为净经营损失在以后年度抵扣，每年可抵当年应税收入的 80%。

三、毛收入调整 - AGI 线上抵扣

毛收入确定后，需要根据税收政策对毛收入进行调整，调整后得到调整后毛收入（Adjusted Gross Income，简称 AGI）。由于很多纳税规则如税率、抵扣和减免额度均参考 AGI 制定，故 AGI 金额在个人所得税计算中十分重要。人们常将税表中 AGI 线以上的毛收入调整称为 AGI 线上抵扣（Above - The - Line Deductions），以下的部分称为 AGI 线下抵扣（Below - The - Line Deductions）。

AGI 线上抵扣对毛收入的调整主要包括养老相关调整、健康相关调整、教育相关调整和其他调整。上述调整适用于所有满足调整条件的纳税人，纳税人可在税表附表 1（Schedule 1）第二部分 - 对收入的调整（Adjustments to Income）中填报相关调整项目。

（一）养老相关调整

养老相关调整包括基奥计划（Keogh Plan）调整、IRA 调整、赡养费调整等方面。

1. 基奥计划（Keogh Plan）调整

基奥计划类似于养老金计划，专门为非法人企业和自营职业者提供的，其缴款来源必须为自雇经营收入，纳税人必须缴纳自雇税。

基奥计划的缴款可在规定额度内税前抵扣，2021 年度可抵扣额标准为：5.8 万美元或 20% ×（自雇经营净收入 -50% ×自雇税）两者中取小，其最大可抵扣额为：25% ×（自雇经营净收入 -50% ×自雇税 -基奥计划抵扣额）。

2. IRA 调整

IRA 调整主要指个人养老金账户缴费可在规定收入和规定缴费额度内根据不同 IRA 类型享受税前抵扣，具体可参见 IRA 部分。

3. 赡养费调整

赡养费调整指在离婚付款中纳税人支付或收到的赡养费税前抵扣规则，离婚协议生效日期在 2018 年 12 月 31 日以前的，赡养费收到者须纳入收入交税，支付者可作为支出抵扣；生效日期在 2018 年 12 月 31 日以后的，收到者不作为收入处理，支付者不可以作为支出抵扣，但该赡养费必须在离婚协议中书面说明，且为现金或现金等价物，离婚后同居的或婚后合并报税的均不符合赡养费要求。

（二）健康相关调整

健康相关调整包括健康储蓄账户调整、自雇健康险调整等方面。

1. 健康储蓄账户调整

健康储蓄账户（Health Saving Plan）调整为符合条件的设立健康储蓄账户的纳税人向该账户缴费时可享受一定额度的税前抵扣，符合条件的账户支出可免交所得税。

2021 年度，注册合格高抵扣额健康计划（抵扣额不低于 1 400 美元）

的纳税人，每年存入健康储蓄账户的 3 600 美元（55 岁后为 4 600 美元）是可税前扣除的，注册合格高抵扣额家庭健康计划（抵扣额不低于 2 800 美元）的可最高享受 7 200 美元的存入额税前扣除，该账户资金主要用于医疗支出，余额滚存。账户资金用于医药费支出则免交所得税，不符合条件的支出要按支取金额缴纳所得税和 20% 的惩罚税。

2. 自雇健康险调整

自雇健康险调整指自雇经营者为全家人购买的普通医疗保险、牙齿保险和合格的长期看护保险等健康险费用支出可全额抵扣。

（三）教育相关调整

教育相关调整包括教育从业者费用调整、学生贷款利息调整、合格教育费用调整等方面。

1. 教育从业者费用调整

此处的教育从业者包括从幼儿园到 12 年级的老师或助教等教育人员，且必须满足年内在校 900 小时以上。合格的教育从业者每年可最多抵扣 250 美元（夫妻二人均为合格教育从业者且合并报税时可抵扣 500 美元）合格教育费用，包括课程开发软硬件费用、教室用品、体育老师的体育用品，其他与教学相关的用品费用。

2. 学生贷款利息调整

学生贷款指纳税人从合格金融机构借入的用于学业的贷款，不包括从个人或雇主处借入的贷款。税法中规定，除特定抵押贷款和合格学生贷款利息外，其他任何个人债务的利息费用都不可抵扣。

学生贷款必须自己还时利息才能进行抵扣，每人每年最多可抵扣利息费用 2 500 美元，抵扣上限随收入高而削减，以 2021 年度为例：单身调整后的 AGI 在 7 万 ~8. 5 万美元（MFJ 为 14 万 ~17 万美元）之间，按超过额占区间 1. 5 万美元（MFJ 为 3 万）的比重削减可抵扣额上限。

3. 合格教育费用调整

纳税人支付的本人、配偶或赡养人合格教育费用（高中以上的学费，不包括住宿费、书本费、或与体育、游戏相关的课程费用）可以在一定限额内抵扣，但纳税人要同时满足：报税状态不是已婚分开报税；不能是别人的被抚养人；不能是已经申请美国机会和终身学习纳税抵免的。

以2021年度为例，当单身纳税人调整的AGI小于6.5万美元（MFJ为13万美元）时每年可抵4 000美元，6.5万～8万美元（MFJ为16万美元）可抵2 000美元，超过8万美元的不可抵扣教育费用。

此外，纳税人设立的教育IRA在缴费时不可税前抵扣，未来支取时本金和利息用于合格教育费用的部分免税。

（四）其他调整

其他调整包括搬家费调整、自雇税调整、提前取款罚息调整、歧视案件律师费调整和慈善捐赠调整等。

1. 搬家费调整

根据最新的税法，搬家费调整仅适用于根据军队命令进行永久驻地搬迁的现役军人及其配偶等搬家产生的费用。

2. 自雇税调整

对于自雇经营者，因其缴纳自雇税时同时缴纳了由公司承担和个人承担的FICA费用，故其在计算AGI时可抵扣50%自雇税（即由雇主交的FICA等），该调整不影响自雇净收入和自雇税本身。

3. 提前取款罚息调整

纳税人存入的定期大额存单若在到期前提前取出则将被金融机构征收罚息，纳税人报税时应将到期时应收利息放在毛收入中，将罚息放在计算AGI前的调整中抵扣，不能按净额直接作收入。

4. 歧视案件律师费调整

纳税人在遭受非法歧视（年龄、种族和吹哨人等）时聘请律师维护自身权益所产生的律师费、法律费用等可以作为调整在AGI前抵扣。

5. 慈善捐赠调整

纳税人选择标准抵扣时，对合格慈善机构进行现金捐赠的，每年最多可抵扣300美元（单身，2021年度标准）捐赠支出，已婚联合报税者可抵扣600美元。

四、抵扣额 – AGI 线下抵扣

通过对加总后毛收入调整得到调整后毛收入（AGI）后，纳税人可根据自身可抵扣项目和额度情况选择标准抵扣和分项抵扣，亦称为 AGI 线下抵扣（Below – The – Line Deductions）。除标准抵扣和分项抵扣外，AGI 线下抵扣还包括纳税人从其他实体获得的合格商业收入的抵扣。标准抵扣为税务局每年公布的对于所有纳税人适用的标准抵扣额度，不同纳税身份纳税人标准抵扣额度不同；分项抵扣为纳税人不选择标准抵扣时，可根据分项抵扣规则汇总计算各分项抵扣项目金额最终得到可抵扣总额进行抵扣。纳税人只能选择标准抵扣或分项抵扣中任一种，不得同时享受标准抵扣和分项抵扣，通常人们会将分项抵扣项目加总后与标准抵扣额对比，选择其中金额较高者作为最终抵扣项目，在税表中填报。

（一）标准抵扣

标准抵扣额由 IRS 每年公布，一般会在上年基础上考虑通胀等调整因素，标准抵扣额适用于所有纳税人，即纳税人在选择标准抵扣额情况下可直接用调整后 AGI 减去该标准抵扣额确认应纳税收入。2021 年度标准抵扣额如表 3 – 6 所示：

表 3 – 6　　单位：美元

纳税身份	标准抵扣额（2021 年度）
单身 Single	12 550
已婚分开报税 MFS	12 550
一家之主 HOH	18 800
已婚合并报税 MFJ	25 100

在上述标准抵扣额基础上，对于老年人或盲人有额外的标准抵扣额 1 350 美元，如果该纳税人未婚且没有配偶，则该额外抵扣额为 1 700 美

元。如果纳税人将其他人作为被抚养人（Dependent）纳入自己的税表，则该被抚养人的标准抵扣额为 1 100 美元或其挣得收入（Earned Income）加 350 美元中取大者，但其总额（不考虑老年人和盲人的额外抵扣时）不能超过普通人的标准抵扣额。

（二）分项抵扣

分项抵扣为纳税人在不选择标准抵扣情况下，根据税法规定的各抵扣项目规则计算抵扣金额并加总后进行抵扣，对于夫妻合并报税的，两人选择的抵扣方式必须一致。分项抵扣项目包括医药类抵扣、非联邦税收抵扣、利息费用抵扣、慈善捐助抵扣、意外事项抵扣等。

1. 医药类抵扣

医药类抵扣主要指纳税人为自己、配偶或被抚养人（必须住一起，提供其生活支出的 50% 以上支持即可）支付的医药费用（医药费减去保险赔偿）超过纳税人 AGI 的 7.5%（2021 年）以上的部分才能抵扣，可抵扣的年度以付钱的时点为准。

可纳入抵扣范围的医药费包括：医院医生诊疗费、药品费用、特殊设备费用（轮椅、眼镜、助听器）、去医院交通费用（2021 年度为 16 美分/英里），医药和意外及长期医护保险费、戒酒戒烟和戒毒费用、肥胖症人员（Obesity）的减肥项目费用、身体残疾人员自建残疾相关设施费用等。值得注意的是，长期医护保险费的抵扣与常规医药费略有不同，该费用只有超过纳税人 AGI 的 10%（2021 年）以上的部分才能抵扣，且针对不同年龄有一定的限制。

不可纳入抵扣范围的费用包括：丧葬费、非处方药品费（除胰岛素）、化妆品、人寿险费、健身计划支出、不必要的整形（Cosmetic Surgery）支出等。

2. 非联邦税收抵扣

非联邦税收抵扣指纳税人已经缴纳的州和地方所得税、房地产税和海外缴纳的所得税等可根据情况抵扣联邦所得税。每个税表能抵的州、地方收入税、房地产税、个人动产税总额不能超过 1 万美元（2021 年度标准，

MFS 为 5 000 美元)，海外收入可在收入纳入毛收入的同时选择将海外已纳税额纳入分项抵扣，也可以直接申请海外已纳税抵免。

分项抵扣时，纳税人不能抵扣联邦所得税、州遗产税、商业税（可在表 C 抵扣)、租赁财产税（可在表 E 抵扣）和非用于经营的海外房地产税；销售税和地方所得税只能二选一抵扣，因选择带来税收福利的退税应交所得税。

3. 利息费用抵扣

利息费用抵扣主要包括个人住房贷款相关利息抵扣和投资借款利息抵扣。个人消费用途的贷款利息不得抵扣，合格的学生贷款利息可在限额内在 AGI 前抵扣。

个人住房贷款相关利息作为分项抵扣时，2017 年底后借入的住房贷款在金额 75 万美元（2021 年，适用于单身、已婚合并报税、HOH 和合格丧偶者，已婚分开报税者为 37.5 万美元）以内部分的利息可抵扣。房子如有自住、租赁和经营的，则自住部分利息在表 A 抵扣，租赁部分在表 E 抵扣，经营部分在表 C 抵扣。

投资借款利息中，如为非租赁或特许权费等被动投资相关的，可纳入分项抵扣，以当年净应纳税投资收益为抵扣上限，剩余部分转入以后年度抵扣；如投资为与租赁等被动投资相关的，则其利息应在 AGI 前抵扣，以应税净投资收益为上限抵扣，剩余部分转入以后年度抵扣。

4. 慈善捐助抵扣

纳税人捐助的现金或资产可以纳入分项抵扣，能抵扣的最高总额为 60% ×AGI。在此范围内，现金捐助可 100% 抵扣，一般资产以其纳税基础和市场公允价值中较低者为价值抵扣，长期已增值资产以市场公允价值为抵扣价值但抵扣额不能超过 30% ×AGI（捐给公共机构）或 20% ×AGI（捐给私人机构)。捐赠时收到机构返回的福利，应抵减捐助支出，按净额计算捐赠额（体育相关的可按捐出额的 80% 抵扣)。

纳税人进行分项抵扣时，应遵循以下原则：

（1）只有选择分项抵扣时才可抵扣捐赠支出，选择标准抵扣时不可抵扣；2020 年新规定允许 2020 年和 2021 年度未选择分项抵扣的纳税人在

AGI 线上抵扣最多 300 美元（单身，MFJ 为 600 美元）现金捐赠，财产捐助不可抵扣；

（2）捐赠的服务不可抵扣；

（3）纳税人为非亲属提供 12 年级以下学生寄宿（Homestay for student）服务的，每个学生每月最多抵 50 美元；

（4）纳税人捐赠支出超 75 美元的应获得机构的书面证明，捐赠超过 500 美元非现金资产的应有评估报告并填写 8283 表；

（5）未被抵扣的捐赠支出可以往后带 5（即结转）年。

5. 意外事项抵扣

纳税人在联邦宣布灾区的地区遭受意外或被盗形成损失的，可在损失发生当年抵扣部分损失，如相关损失自然产生或由纳税人主观错误引起的则不可抵扣。

纳税人申报的每个损失应先扣除保险赔偿后再减去 100 美元，然后把所有损失加起来，总额超过 10% ×AGI 的部分才可以抵扣。

此外，纳税人可将其作为受益人收到的遗产缴纳的遗产税纳入抵扣。

（三）从其他实体获得的合格商业收入抵扣（QBI 抵扣）

个人纳税者不论是否选择分项抵扣都可以抵扣其投资于除 C 公司以外的企业传递给他的合格商业收入额的 20% 的抵扣，也叫 QBI 抵扣或 199A 抵扣，在 AGI 之后（线下）抵扣，该抵扣适用于个人、信托、遗产等除了 C 公司以外的股东。

可传递合格商业收入的被投资实体一般称为流转实体（Flow Through Entity 或 Pass Through Entity），这类实体一般其实体层面不缴纳所得税，而是将其经营数据传递给其股东，由股东根据其享有的份额进行交税。在美国，除 C 公司（即股份有限公司）和选择按 C 公司报税的有限责任公司（LLC）外，其他企业如个人独资企业（S Corporation）、合伙企业（Partnership）、未选择按 C 公司报税的有限责任公司（LLC）均为流转实体。流转实体中除个体户直接在纳税人的 1040 中表 C 填收入支出情况，其他实体自身只需向 IRS 报送信息税报（合伙企业和多投资者 LLC 报 1065，S 公司报 1120S，均为 3 月 15 日前），同时他们要向投资者提供 K－1 表传递收入和支出，让投资者根据自身税务身份等情况缴纳所得税。

1. 主要术语

（1）QBI。

QBI（Qualified Business Income，即合格商业收入），等于个体户、合伙企业或 S 公司等流转实体贸易或经营取得的常规收入减常规抵扣后的净收入。纳税人挣得的工资薪金和投资收益（利息、分红、资本性收益）都不在 QBI 中。

（2）SSTB。

SSTB（Specified Service Trade or Business，即特殊服务贸易或经营），一般指与健康、法律、会计、精算、行为艺术、咨询、体育、财务服务、投资和投资管理及任何主要资产为员工声誉的交易或业务相关的业务，不包括建筑工程和建筑设计服务。

（3）QTB。

QTB（Qualified Trade or Business，即合格贸易或经营），一般指除了 SSTB 和作为员工提供的服务外的所有贸易和经营。

2. 抵扣规则

QBI 抵扣的基础抵扣额＝20%×QBI，但是实际抵扣额受纳税人应税收入限制、W－2 和资产限制等因素影响，在考虑上述限制后，QBI 抵扣还受整体限额影响，整体限额＝取小者：20%×QBI＋20%合格房地产投资信托分红（REIT）和合格公开交易的合伙企业（PTP）收入或 20%（应税收入－净资本性收益）。纳税人应税收入等于 AGI 减去标准抵扣或分项抵扣后的金额。

一般当纳税人应税收入小于 16.49 万美元（单身，MFJ 为 32.98 万美元，2021 年标准）时，不受应税收入限制影响，只需直接考虑整体限额；当纳税人应税收入在 16.49 万美元至 21.49 万美元（单身，MFJ 为 42.98 万美元，2021 年标准）时，其基础抵扣额要受 W－2 及资产限制规则（需考虑收入来自 SSTB 还是 QTB）约束，同时还要考虑整体限额；当纳税人应税收入大于 21.49 万美元（单身，MFJ 为 42.98 万美元，2021 年标准）

时，其收入如来自 QTB，则抵扣额为基础抵扣额、W－2 及资产限制限额和整体限额中取小者，如来自 SSTB，则不允许抵扣 QBI。

应税收入限制规则具体如表 3－7 所示：

表 3－7　QBI 抵扣－应税收入限制规则（以单身、2021 年度标准为例）

应税收入区间	抵扣规则
小于等于 16.49 万美元（MFJ32.98 万美元）时	不受该限制
大于 16.49 万美元小于等于 21.49 万美元（MFJ42.98 万美元）时－受 W－2 及资产限制规则约束，削减基础抵扣额	W－2 限额＝取大：公司付出工资额×50%或付出工资额×25%＋2.5%×所有合格资产的未调整纳税基础
	如收入来自 SSTB－折上折： （1）基础抵扣额的削减比例＝(应税收入－16.49)/5＝削增比例； （2）算出基础抵扣额和 W－2 限额； （3）算 W－2 限额削增额＝(基础抵扣额－W－2 限额)×(1－削减比例)×削增比例； （4）算折上折限额后抵扣额＝基础抵扣额×(1－削减比例)－W－2 限额削增额
	如收入来自 QTB： （1）算出基础抵扣额、削增比例； （2）算 W－2 限额削增额＝(基础抵扣额－W－2 限额)×削增比例； （3）算限额后抵扣额＝基础抵扣额－W－2 限额削增额
大于 21.49 万美元（MFJ42.98 万美元）	收入来自 QTB－抵扣额为基础抵扣额、W－2 限额和整体限额中取小者
	收入来自 SSTB－不允许抵扣 QBI

五、应税收入与税率确定

通过对毛收入进行调整得到 AGI 后，减去 QBI 抵扣和标准抵扣或分项抵扣后即得到纳税人应税收入（Taxable Income），相关公式为：

应税收入＝毛收入（Gross Income）－AGI 线上调整－AGI 线下抵扣

个人所得税税率一般根据应税收入确定，采用累进征收制，不同纳税身份对应税率不同，即在特定应税收入范围内的收入采用特定税率，收入越高，对应部分的税率越高。

2021 年度联邦所得税累进税率情况如表 3 – 8 所示：

表 3 – 8　　2021 年度累进税率表——联邦所得税　　单位：美元

税率（Tax Rate）	单身（Single filers）	已婚联合报税或合格丧偶者（MFJ or QW）	已婚分开报税（MFS）	一家之主（HOH）
10%	0 ~ 9 950	0 ~ 19 900	0 ~ 9 950	0 ~ 14 200
12%	9 951 ~ 40 525	19 901 ~ 81 050	9 951 ~ 40 525	14 201 ~ 54 200
22%	40 526 ~ 86 375	81 051 ~ 172 750	40 526 ~ 86 375	54 201 ~ 86 350
24%	86 376 ~ 164 925	172 751 ~ 329 850	86 376 ~ 164 925	86 351 ~ 164 900
32%	164 926 ~ 209 425	329 851 ~ 418 850	164 926 ~ 209 425	164 901 ~ 209 400
35%	209 426 ~ 523 600	418 851 ~ 628 300	209 426 ~ 314 150	209 401 ~ 523 600
37%	523 601 或以上	628 301 或以上	314 151 或以上	523 601 或以上

除上述标准税率外，对于纳税人应税收入中的合格分红和长期资本性收益（在财产税中将详述）可享受优惠税率，即对于纳税人通过上表确定的所得税税率在 35% ~ 37% 档的按 20% 征收，纳税人税率在 22% ~ 32% 档的按 15% 征收，纳税人税率在 10% 和 12% 档的按 0% 征收（免税）。

通过纳税人应税收入乘以对应区间收入的所得税税率即可计算出纳税人在纳税抵免（Tax Credit）前的应纳所得税额。

六、纳税抵免

纳税抵免（Tax Credit）为可用于抵免前述计算出的应纳所得税额的税收优惠或抵扣。纳税抵免根据是否可以申请退款分为可退款抵免（Refundable Tax Credit）和不可退款抵免（Non – refundable Tax Credit）。

（一）可退款抵免

可退款抵免指在纳税人应纳所得税额抵减至 0 后，剩余的部分可申请退款的抵免，该类抵免包括儿童税抵免（Child Tax Credit）、挣得收入抵免（Earned Income Credit）、居民住宅节能抵免（Residential Energy Credit）、保险费税收抵免（Premium Tax Credit）和其他。

1. 儿童税抵免

儿童税抵免指联邦税中针对有孩子家庭根据孩子数量给予的纳税抵免，一般孩子必须为18岁以下美国居民且是纳税人的被抚养人，部分抵免可退款。

以2021年标准为例，纳税人每个6岁以下儿童可最多抵免3 600美元，6岁~17岁的儿童可最多抵免3 000美元，能获得上述全额抵免的纳税人调整后AGI必须满足下列要求：

（1）已婚联合申报的，或合格丧偶者，当年收入不超过15万美元；

（2）一家之主，当年收入不超过11.25万美元；

（3）单身或已婚分开报税的，当年收入不超过7.5万美元。

当纳税人收入超过上述收入标准时，每超过1 000美元，则可抵免额削减50美元，最多将抵免额削减至2 000美元每人，若纳税人2021年度调整后AGI过高（MFJ为40万美元，其他报税者为20万美元）时，则上述最低抵免额将继续削减，每超过上述高收入的调整后AGI值1 000美元，抵免额削减50美元。

上述纳入申报的儿童必须满足如下要求：

（1）关系：孩子必须是纳税人的儿子、女儿、孙子、继子或养子；弟弟、同父异母、同父异母或其后代；或者一个被政府机构寄养的孩子；

（2）年龄：孩子必须在纳税年度末不超过17周岁；

（3）居留权：孩子必须和纳税人一起在美国生活超过半年，住在一起的时间不一定是连续的。但非监护父母在获得监护父母允许的情况下，可以要求子女成为被扶养人（需要由监护父母签署的弃权表格）；

（4）纳税人识别号：儿童认领必须有有效的社会安全号（Social Security Number，简称SSN）；

（5）从属关系：在纳税申报时，孩子必须被视为被扶养人。

2021年度抵免标准主要针对新冠疫情影响而制定，抵免金额较以往年度有所提升，且退款要求放松。2021 年度以前，一般一个儿童最多可抵免 1 000 美元，夫妻联合报税的当 AGI 超过 40 万美元（其他为 20 万）时，每超过 1 000 美元则抵免额减少 50 美元。对于有一个以上孩子的低收入家庭可以用该抵免额抵社安税。收入低的且有要抚养的超过 17 岁的人，则每人可最多抵 500 美元，夫妻联合报税的，抵扣额当收入超过 40 万美元（其他为 20 万美元）时按上述规则削减。

2021 年以前，当纳税人满足退款条件时，可退款的金额为下列三项金额中取小：

（1）超过纳税义务的抵免额；

（2）15% ×（挣得的收入 -2.5 万美元）；

（3）1 400 美元。

2. 挣得收入抵免

挣得收入抵免为联邦政府为鼓励低收入人群去工作而对挣得的收入给予纳税抵免，根据符合条件孩子数量不同抵免额也不同。

能获得该项抵免的条件为：

（1）纳税人税表上的所有人都有社会安全号（Social Security Number，简称 SSN）；

（2）纳税人必须为他人工作或开农场或经营生意而挣得收入，且收入必须满足一定金额要求（2021 年度为挣得收入不超过 57 414 美元，投资收入不超过 10 000 美元）；

（3）纳税人不能是已婚分开报税，且纳税人必须年内在美国居住超过半年；

（4）纳税人全年必须为美国公民或外国人居民；

（5）纳税人必须符合下列条件之一：有孩子、无孩子且 25 ~ 65 岁、住美国半年以上且不是别人的被抚养人。

挣得收入包括：工资薪金、工会罢工福利（Union Strike Benefits）、最小退休年龄前收到的长期残疾福利、自雇净收入，不包括被动收入或别人给予的，不合条件收入（如分红、利息、租金、会费等被动投资收入）不能超过一定金额。

2021 年度该项抵免标准如表 3－9 所示：

表 3－9　　挣得收入抵免标准（2021 年度）　　单位：美元

孩子数量	单身且收入低于	已婚且收入低于	最高抵免金额
3 个或以上	51 464	57 414	6 728
2 个	47 915	53 865	5 980
1 个	42 158	48 108	3 618
0 个	21 430	27 380	1 502

上述纳入申报的儿童必须满足如下要求：

（1）关系：孩子必须是纳税人的儿子、女儿、孙子、继子或养子；弟弟、同父异母、同父异母或其后代；或者一个被政府机构寄养的孩子。

（2）年龄：孩子必须在 19 岁以下，如果是全日制学生，必须在 24 岁以下，如果是完全和永久残疾，可以是任何年龄。

（3）居留权：孩子必须和纳税人一起在美国生活超过半年，住在一起的时间不要求是连续的。

3. 居民住宅节能抵免

居民住宅节能抵免指纳税人在对美国主要住宅进行节能改进的支出可享受一定额度的纳税抵免，符合条件的支出最高可抵免支出总额的 30%。

符合条件的设施包括太阳能电力设施、太阳能热水器、地热热泵、小型风力涡轮机、燃料电池设施，以及自 2020 年 12 月 31 日起在纳税年度内支付或发生的符合条件的生物质燃料设施支出。目前的抵免适用比例为：

（1）在 2016 年 12 月 31 日之后和 2020 年 1 月 1 日之前投入使用的设施，30%。

（2）在 2019 年 12 月 31 日之后和 2023 年 1 月 1 日之前投入使用的设施，占 26%。

（3）在 2022 年 12 月 31 日之后和 2024 年 1 月 1 日之前投入使用的设施，为 22%。

一般来说，对于在 2023 年 12 月 31 日之后投入使用的设施，不可享受上述抵免。

4. 保险费税收抵免

保险费税收抵免旨在帮助符合条件的低收入或中等收入的个人和家庭负担起通过健康保险市场购买的健康保险的税收抵免。其主要逻辑是可为符合条件的中低收入人群在政府规定的合格健康保险市场购买的保险支出提供一定额度的纳税抵免，具体抵免金额与纳税人收入规模、市场行情、期望缴费比例等有关。

5. 其他抵免项目

其他抵免项目包括纳税人多交的 W－2 预提税、FICA 税退款及一部分美国机会纳税抵免中的一部分（2021 年为 40%）等，抵免项目、标准和金额一般每年由政府根据当年财政、通胀等因素进行调整并发布。

（二）不可退款抵免

不可退款抵免指只能用于抵减纳税人应纳所得税额直至为 0，不得申请退款的抵免项目。该类抵免包括：海外税抵免（Foreign Tax Credit）、儿童和被抚养人照护抵免（Child and Dependent Care Credit）、美国机会抵免（American Opportunity Tax Credit）、终身学习抵免（The Lifetime Learning Tax Credit）、退休储蓄缴费抵免（Retirement Savings Contributions Credit）、老残抵免（Credit for the Elderly or the Disabled）、常规经营业务抵免、收养抵免（Adoption Tax Credit）、小雇主养老金计划启动费抵免、小业务健康险抵免和工作机会抵免（Work Opportunity Tax Credit）。

1. 海外税抵免

海外税抵免指美国纳税人针对其海外收入已经在海外缴纳所得税的，可申请将海外已缴纳所得税在申报美国个人所得税时进行抵免，即海外已缴纳所得税可抵免该收入在美国的缴税义务。

海外税抵免可抵免的金额为以下金额中取小：

（1）实际支付的海外税；

（2）海外税抵免限额＝美国的所得税率×海外应税收入/全球应税收入。

纳税人未使用的海外税抵免可以往前带 1 年往后带 10 年。

2. 儿童和被抚养人照护抵免

儿童和被抚养人照护抵免主要用于向低收入工作人群提供子女或失能配偶照护费用补贴的纳税抵免。该抵免在2021年度是可退款抵免，但其他年份均为不可退款抵免。申请该抵免必须满足如下条件：

（1）必须已婚联合申报才可申请，已婚分开报税不可以申请；

（2）孩子必须小于13岁或配偶残疾不能自理并与纳税人一起住半年以上，或合格的残疾的被扶养人与纳税人住半年以上；

（3）如不是照护失能配偶，则夫妻两人都必须有工作（有收入）并请别人照顾孩子或被抚养人；

（4）照护费用必须是请别人照顾发生的且能让纳税人去工作。

儿童和被抚养人照护抵免的抵免额等于抵免基数×可抵免比率。抵免基数为如下项目中取小：夫妻二人收入最少的人的年收入或实际的花销或最大可抵扣费用（1个被抚养人为8 000美元，两个或以上的为16 000美元，2021年标准）。可抵免比率受儿童数量、合格费用金额、AGI等因素影响，具体如表3－10所示：

表3－10　　儿童和被抚养人照护抵免标准（2021年度）　　单位：美元

儿童数量	合格费用金额	AGI	最高可抵免比率	最高抵免额
1	大于8 000	0～125 000	50%	4 000
		125 000～185 000	50%～20%	—
		185 000～400 000	20%	1 600
		400 000～440 000	20%～0	—
		440 000以上	0	—
2或以上	大于16 000	0～125 000	50%	8 000
		125 000～185 000	50%～20%	—
		185 000～400 000	20%	3 200
		400 000～440 000	20%～0	—
		440 000以上	0	—

对于 AGI 超过 440 000 美元的家庭，无法享受上述抵免。对于收入在 12.5 万美元至 18.5 万美元或 40 万美元至 44 万美元之间的家庭，收入每增加 2 000 美元，可抵免比率就会下降 1%，而且最高可抵免额度也会有所不同。

3. 美国机会抵免

美国机会抵免是一项帮助纳税人支付高中毕业后前四年教育（一般为高等教育）费用的税收抵免。每名符合条件的学生每年最多可获得 2 500 美元的抵免，在纳税人没有缴税义务情况下，该抵免中的 40% 或不超过 1 000 美元可申请退款。

该抵免的基本标准为每人每年最多 2 500 美元（其中合格费用的头 2 000 美元按 100% 抵免，第二个 2 000 美元可抵 25%），纳税人收入高于 8 万美元的可抵免额会削减，削减区间为 1 万美元（单身，MFJ 为 2 万美元），即单身收入高于 8 万美元（MFJ 高于 16 万美元）的削减比例等于 (X－8)/1[MFJ 为(X－16)/2]。

4. 终身学习抵免

终身学习抵免指给中低收入人群（单身 AGI 为 8 万美元，MFJ 为 16 万美元以下）除了高中毕业后前四年外的其他时间参加本科、研究生、专业学位、职业技能课程等教育相关的学杂费（不含可在美国机会抵免中抵免的书本费和课程材料费和任何抵免都不可抵免的住宿费）的抵免，同一费用不可抵免多类抵免项目。

该抵免的抵免额为合格费用中前 10 000 美元的 20%，每个税表每年最多抵 2 000 美元，纳税人 AGI 高于最低标准（2021 年度单身为 8 万美元，MFJ 为 16 万美元）的则可抵免额会削减，削减区间为 1 万美元（MFJ 为 2 万美元），即单身收入高于 8 万美元时的削减比例等于（X－8)/1。

5. 退休储蓄缴费抵免

退休储蓄缴费抵免（Saver's Credit）为鼓励低收入人群（单身 AGI 为 3.3 万美元、HOH 为 4.95 万美元、MFJ 为 6.6 万美元以下）参加符合条件的退休储蓄计划（含传统 IRS、罗斯 IRA、401（k）、简单 IRA 等）设置的纳税抵免，参加储蓄计划的人必须大于 18 岁且不是全职学生和被其他人抚养的人。

该抵免对应的储蓄计划的合格缴费额上限为每个纳税人每年最多存2 000 美元。抵免额为合格缴费额的一定比例，根据纳税人收入规模不同其抵免比例不同，具体如表 3－11 所示。

表 3－11　　退休储蓄缴费抵免标准（2021 年度）　　单位：美元

抵免比率（占缴费额比重%）	已婚联合报税 MFJ	一家之主 HOH	其他报税类型
50	AGI 小于 39 500	AGI 小于 29 625	AGI 小于 19 750
20	39 501～43 000	29 626～32 250	19 751～21 500
10	43 001～66 000	32 251～49 500	21 501～33 000
0	大于 66 000	大于 49 500	大于 33 000

6. 老残抵免

老残抵免主要为未获得免税社安支付等主要福利的老人减轻纳税负担设立的抵免项目。老人（65 岁以上）或 65 岁以下终身残疾的人的抵免额等于初始抵免金额减去免税收入和 50%×超标准收入，然后乘以 15%。即抵免额＝(初始抵免金额－免税收入－超标准收入×50%)×15%。初始抵免金额一般为 5 000 美元（单身）或 7 500 美元（MFJ），MFS 为 3 750 美元。

7. 常规经营业务抵免

常规经营业务抵免即各类一般商业形成的可抵免的额度（如投资抵免、工作机会抵免等）受一个总额限制。能抵免额为当年净所得税减去替代最低税额和 25%×(常规净所得税－2.5 万美元）中取大者。未用的抵免可往前带 1 年，往后带 20 年。

8. 收养抵免

收养抵免为给予当年完成收养法定程序的纳税人一次性的纳税抵免，用于补偿符合条件的收养产生的一次性费用（收养费、律师费、交通费等）支出，不包括医疗费和后期奶粉费支出。该抵免要求被收养人必须为 18 岁以下儿童或心理、生理上无法照顾自己的人。

2021 年度，纳税人可抵免的收养费用为每个合格被收养人最高 14 440 美元，AGI 在 21.666 万美元至 25.666 万美元间会按比例削减可抵免额，超过 25.666 万美元则不可享受抵免。未使用的抵免可往后带 5 年。抵免一般在费用支付的当年申报，支付时未完成收养的可下年抵免，收养完成后才支付的，支付当年申请抵免。

9. 小雇主养老金计划启动费抵免

该抵免为鼓励小型企业为员工创建和维护养老金计划，对于合格小型企业（上年度年收入高于 5 000 美元的雇员人数在 100 以下，至少一个非高收入员工加入计划，在申请抵免当年的前三年内员工并未参与雇主或雇主控制的其他实体设立的其他计划），创建和维护养老金计划的支出可获得一部分抵免，创建前三年，每年可抵相关成本的 50%，每年不超过以下两项金额中的较大者：

（1）500 美元；

（2）250 美元乘以符合参与计划的非高收入员工数量与 5 000 美元中的较小者。

10. 小业务健康险抵免

该抵免为降低小型企业（全职雇员少于 25 人）保险费用支出而设立的抵免项目，合格的小型企业最高能抵免额为 50% 雇主支付的医疗保险费或 35% 小型免税雇主支付的保险费用。企业越小、抵免额越高，企业可连续抵扣 2 年，未抵部分可往前带 1 年往后带 20 年，该抵免可抵常规税也可抵替代最低税（AMT），费用不能用于家庭成员和个体户、S 公司所有者（2% 以上股权），一旦抵免则该费用不能作为员工福利费抵扣。

11. 工作机会抵免

企业招聘了长期失业、高风险青年、老兵、暑期工学生、长期受资助的家庭等在就业方面一直面临重大障碍的特定目标群体的，每人第一年工资中的 6 000 美元以内部分的 40%、暑期工的前 3 000 美元以内部分的 40% 金额可作为抵免额。一旦纳入抵免，则该抵免额的工资费用不再纳入工资费用中抵扣所得税。

该抵免项目下所指的员工必须为经当地机构认证的目标员工且工作超

过400小时，如满足第一个条件，工作时间不低于120小时抵免比率从40%调减至25%。

七、应纳税额与退税

通过纳税人应税收入乘以对应区间收入的所得税税率即可计算出纳税人在纳税抵免（Tax Credit）前的应纳所得税额，然后用抵免前应纳所得税额减去纳税抵免则得到纳税人实际应纳所得税。

根据税收征管规定，个人、个体户、合伙人、S公司股东在报税截止日时应纳税义务超过1 000美元（含）应提前预缴税款，实际操作中按季度预缴，季度末未缴部分将征收罚息。如果欠的税款小于1 000美元，则不用罚款，欠缴的税款超过1 000美元，且已交部分小于上年应交税的100%或本年应交税的90%中较小者，则将面临处罚，也即欠税虽然超1 000美元，但已交额超过当年税款的90%或上年税款的100%（如MFJ上年的AGI超过15万美元，MFS超过7.5万美元则为上年税款的110%）中较小者即可免除罚息。

一般员工工资薪金的所得税会在工资发放时由雇主预扣，年末纳税人根据所有收入情况计算实际应纳所得税，并扣除已经预缴的所得税款，最终得到应补缴（或退缴）税款，须补缴税款的，应在报税截止日前（一般为次年4月15日，可根据情况申请延期）缴纳，可退缴税款的，在报税（Tax Return）结束后，IRS会根据审核的情况将应退税款汇至指定银行账户或寄送支票给纳税人填报的地址。

八、替代最低税规则

替代最低税（Alternative Minimum Tax，简称AMT）是IRS防止一些纳税人在充分利用抵扣或抵免后不用交税而通过调整一些常规算法下的税收的抵扣规则来避免纳税人故意规避或递延纳税。根据替代最低税规则，纳税人应同时计算AMT和常规所得税，最后按两者中较高者缴纳所得税。

AMT 的计算规则为将常规所得税算法下的应税收入加上或减去调整项目，然后加上加回项目，其调回了常规所得税算法下的很多损失抵免或递延的收入，同时取消了除海外收入抵免外几乎其他所有抵免。然后用 AMT 下计算的 AGI 乘以 AMT 下不同收入对应的税率。主要计算步骤如下：

（一）调整常规所得税算法下的 AGI 得到新的 AGI

新的 AGI 计算时需要将常规算法下的 AGI 加或减调整项目，然后加上 3 个加回项目。

1. 调整项目

调整项目主要包括合同调整、损失调整、分期付款调整、折旧调整和税务抵扣调整。

（1）合同调整。

合同调整主要调整常规算法下关于合同记账方法的调整，在常规算法下可以使用完全完工法的，在 AMT 算法下只能使用完工百分比法计算成本收入。

（2）损失调整。

损失调整主要包括被动业务活动损失调整和净经营损失调整。常规所得税算法下能抵扣的被动业务活动损失应该被加回或按 AMT 税下算法重新计算。AMT 下个人商业经营活动的净经营损失应重新计算。

（3）分期付款调整。

分期付款调整指在常规算法下允许使用的分期付款销售收入确认方法在 AMT 下不可使用，纳税人需用权责发生制确认收入和成本。

（4）折旧调整。

资产折旧调整针对不同类型资产，不同年份取得的资产调整方法不同。

对于不动产，1998 年以后取得的不动产不用调整，因折旧方法相同。1986 ~ 1998 年取得的不动产 AMT 和常规算法下都采用直线法，但折旧年限不同，需要调整，常规算法为居民不动产折旧年限 27.5 年（其他 39 年），AMT 下折旧年限均为 40 年。

对于动产，1986 ~ 1998 年都用加速折旧法，但 AMT 下采用 1.5 倍加速，常规算法下采用2倍或1.5倍；1998年之后也存在类似情况，不采用加速折旧法的也需要进行调整。

（5）税务抵扣调整。

税务抵扣调整针对分项抵扣和标准抵扣均有调整。对于分项抵扣，AMT下只需要调整常规算法下附表A中的州和地方税、海外收入税、财产税和销售税的抵扣。对于标准抵扣，AMT下需要加回常规算法下的标准抵扣，因为AMT下有自己的抵扣标准。

2. 加回项目

AMT下计算AGI时要加回3个税收优惠项目（Tax Preference Item），分别为私人活动债券利息、按比例计算的损耗和1987年以前的加速折旧项目。

州和地方政府发行的支持第三方私人活动的债券的利息在常规算法下是免税的，AMT下是要交税的。

矿场资源等按毛收入比重计算的损耗在常规算法下可能超过资产本身的纳税基础，AMT下损耗以资产纳税基础为上限，常规算法下多计的损耗要加回。

常规算法下1987年以前取得的房地产和租赁动产采用加速折旧法，但AMT下只能使用直线法，所以多计的折旧要加回。

（二）计算AMT下应纳税所得额

计算AMT下应纳税所得额需用AMT下计算的AGI减去AMT下的抵扣额，具体抵扣标准如表3-12所示：

表3-12　AMT规则下抵扣标准　单位：美元

报税身份	2021年标准抵扣额	2020年标准抵扣额
单身或一家之主HOH	73 600	72 900
已婚分开报税MFS	57 300	56 700
已婚合并报税MFJ	114 600	113 400

如纳税人在 AMT 规则下计算的 AGI 小于上述标准，则其无 AMT 纳税义务，可按正常算法下金额纳税。

（三）税率选择及计算应纳所得税

AMT 规则下所得税率有两档，分别为 26% 和 28%，净长期资本性收益和合格分红收入跟常规算法下一样采用 0%、15%、20% 等优惠税率。纳税人 AGI 低于调整阈值的部分按 26% 税率缴纳所得税，超过阈值的部分按 28% 税率纳税，具体阈值标准如表 3－13 所示：

表 3－13　AMT 规则下税率调整阈值　单位：美元

报税身份	2021 年收入阈值	2020 年收入阈值
单身或一家之主 HOH	199 900	197 900
已婚分开报税 MFS	99 950	98 950
已婚合并报税 MFJ	199 900	197 900

此外，当纳税人收入较高时，其将不能享受 AMT 规则下的收入豁免，即其所有收入均应纳入 AGI 计算。如果纳税人的收入超过如下阈值，则其每 1 美元收入将削减其原有收入中可纳税豁免的收入金额 25 美分，具体阈值如表 3－14 所示：

表 3－14　AMT 规则下豁免削减收入阈值　单位：美元

报税身份	2021 年阈值	2020 年阈值
单身或一家之主 HOH	523 600	518 400
已婚分开报税 MFS	523 600	518 400
已婚合并报税 MFJ	1 047 200	1 036 800

确定 AGI 和收入对应的税率后，即可计算 AMT 下抵免前应纳所得税额，然后用该金额减去 AMT 下海外收入抵免、以前年度抵免、和在常规算法下可纳入抵免的收养抵免、儿童税抵免、退休计划缴费抵免、儿童和被

抚养人照护抵免、居民住宅节能抵免等。

以前年度交的 AMT 税因与常规算法下纳税时点的暂时性差异可形成抵免（Credit），当以后年度没有 AMT 税时以前的抵免可用于抵免常规税纳税义务，可以往后无限带。只有暂时性差异可以形成抵免，如因 AMT 下的应税收入与常规应税收入的永久性差异不能形成抵免，永久性差异包括：标准抵扣、AMT 不用的分项抵扣、超额比例削减、免税的私人活动债券利息等。

九、FICA 工资税和自雇税

FICA（Federal Insurance Contributions Act）全称为联邦保险缴款法，是一项美国法律，规定对雇员的薪水以及雇主的缴款征收工资税，以资助社会保障和医疗保险计划。FICA 由两个部分组成，即社安税（Social Security Tax）和医保税（Medicare Tax），FICA 缴款是强制性的，税率每年确定一次，但不一定每年都会改变，一般由雇主在支付工资时直接代扣代缴。对于自雇人士，有一项等效的法律，称为《自雇供款法》（SECA），要求自雇人员缴纳自雇税（Self-employed Tax）。

（一）社安税

社安税按工资收入的一定比例缴纳，雇主缴纳的部分与雇员缴纳的金额相同，2021 年雇员缴纳的税率为 6.2%。社安税设置了收入上限，即对超过上限的工资不再征收社安税，2021 年度的上限为 14.28 万美元。假设员工收入为 16 万美元，则其 2021 年度应缴纳的社安税为 14.28 万 × 6.2% = 0.8854（万美元），雇主应同时缴纳雇主应承担的部分 0.8854 万美元。

（二）医保税

医保税与社安税相同，也是按工资收入的一定比例缴纳，雇主缴纳的部分与雇员缴纳的金额相同，2021 年雇员缴纳的税率为 1.45%。医保税未设置收入上限，同时其对收入较高人员要额外征收 0.9% 的附加税，该附加税雇主无须缴纳，2021 年征收附加税的收入标准为 MFJ25 万美元，MFS12.5 万美元，其他人员为 20 万美元。

（三）自雇税

自雇税主要针对自雇经营人员征收，征收项目也为社安税和医保税，因自雇人员既是雇主也是雇员，故其须同时缴纳雇主和雇员应承担的部分，即自雇税中社安税税率为 12.4%，2021 年度的收入上限为 14.28 万美元；自雇税中医保税税率为 2.9%，无收入上限，且对于收入超过标准的部分应缴纳 0.9% 的附加税，2021 年的收入标准为 MFJ25 万美元，MFS12.5 万美元，其他人员为 20 万美元。

十、净投资收入税

净投资收入税（Net Investment Income Tax，简称 NIIT）为针对收入高于特定阈值的个人、遗产和信托的净投资收益额外征收的税，税率为 3.8%。

如个人拥有净投资收入并且调整后的 AGI 超过以下阈值，则个人将有 NIIT 纳税义务，具体如表 3－15 所示：

表 3－15　　净投资收入税征收阈值－个人　　单位：美元

报税身份	阈值金额
单身或一家之主 HOH	200 000
已婚分开报税 MFS	125 000
已婚合并报税 MFJ	250 000
合格丧偶者（有 1 个孩子）	250 000

如果遗产和信托（不含免税信托、享受税收优惠的遗产或信托、设保人信托等）拥有未分配的净投资收入，且其 AGI 超过了遗产或信托的最高税率等级对应的收入，则其应缴纳净投资收入税。

净投资收入等于投资收益减去对应的费用。投资收益包括利息、股息、资本收益、租金和特许使用权收入、不合格年金、涉及金融工具或商品交易的业务以及对纳税人而言是被动活动的业务的收入等，不属于投资收益的包括工资、失业补偿金、来自非被动业务的营业收入、社会保障福利、赡养费、免税利息、自雇收入、阿拉斯加永久基金红利和某些合格计划的分配等。投资收益对应的费用包括收益对应的投资利息费用、投资咨询和经纪费用、与租金和特许使用权收入相关的费用、报税费用、信托费用（如果是遗产或信托）以及州和地方所得税。

净投资收入税的应纳税金额 = 3.8% ×（净投资收入或纳税人调整后的 AGI 超过上述征税阈值的金额中取小者），纳税人应填报税表 8960 进行申报。纳税人调整后的 AGI 等于调整后的总收入（表格 1040，第 37 行）加上《国内税收法典》（Internal Revenue Code）第 911（a）（1）条规定的总收入中不包括的金额与第 911（a）（1）条规定的任何扣除（在计算调整后的总收入时考虑在内）或第 911（d）（6）条规定的不允许的金额之间的差额。对于从受控外国公司（CFCs）和被动外国投资公司（PFICs）获得收入的纳税人，他们可能会对其 AGI 进行额外调整。参见最终法规的第 1.1411 – 10（e）条。

第四章

财　产　税

财产税主要探讨纳税人持有资产成本确认、价值变动及处置的相关纳税问题，是个人所得税和企业所得税的重要组成部分，解决了个人所得税和企业所得税中对纳税人持有资产的纳税基础确定、折旧（或摊销、耗减）规则及处置时的损益确认、税率选择等问题。

本书中的财产税部分主要探讨纳税人持有的各类财产整个生命周期中的所得税纳税事项，且以联邦所得税为主，不对各州所得税处理规定、房地产税（Property Tax，并非所得税）进行探讨。

一、资产类别与成本确认

（一）资产类别

在所得税法中，资产类别划分主要包括按资产种类划分和按资产属性划分两种方法。

按资产种类划分，纳税人持有的资产可分为不动产（Real Property）和动产（Personal Property）。不动产主要为土地和房产，包括租赁建筑、办公楼和商场建筑、工厂、仓库、土地及永久固定在土地上的设施。动产一般指除不动产外的资产，包括大部分机器、设备、卡车、汽车、家具和固定装置等。

按资产属性划分，纳税人持有的资产可分为资本性资产和非资本性资产。

1. 资本性资产

资本性资产（Capital Asset）主要指除存货、应收款、日常用品及大部分商业用的固定资产外的用于个人和投资目的的财产，包括个人用途的住宅、家具和健身器材、汽车、在合伙企业中的权益、非购买的商誉、已购买的版权、著作权等及用于投资用途的股票、债券、基金等资产。其判断的核心为非商业经营性用途。值得注意的是，税收角度定义的资本性资产与商业意义上的资本性资产不同。

2. 非资本性资产

非资本性资产（Non-capital Asset）主要指用于商业经营业务的资产，包括商业经营中的存货、辅助材料和设施、经营中形成的应收款、经营所需的可折旧资产或房地产、纳税人发明或取得的用于经营的版权、专利、艺术品、政府出版物等。其判断的核心为主要用途是商业经营。

（二）成本确认

资产成本确认主要考虑与资产相关支出的资本化和费用化问题。只有资本化的支出才会增加资产的账面成本，但在纳税上该支出需在以后年度逐步被抵扣，费用化的支出不会形成账面资产，理论上当期即实现纳税抵扣。

1. 有形资产

根据IRS规定，有形资产的取得、维护、改进费用必须资本化，维修费用可视情况费用化。生产或取得有形和无形资产的支出应全部资本化，资产单一部件（发挥独立功能的部分，如空调系统）改进使其有新用途或改良的支出（含直接相关移除部件）应资本化。

对于生产或取得有形资产的材料或辅助设施的支出，花费在200美元（含）以下或经济寿命短于12个月（含）的可在购买时费用化。

2. 无形资产

无形资产的取得、创建、改良等支出必须资本化，一般按15年直线法摊销，摊销时间从无形资产相关支出项目完成时算起。此外，土地不需要折旧或摊销。

3. 小额规则

小额规则（De Minis Rules）指税法中允许对于一些小额支出或特定纳税人的特定支出进行费用化处理，企业可以选择安全港规则（Safe Harbor Rule）享受该优惠。

（1）选择安全港规则的条件。

企业选择安全港规则必须同时满足如下条件：

a. 企业必须在纳税年度开始时就已制定书面制度，对金额低于特定金额或寿命短于12个月的支出费用化做出规定；

b. 企业在会计处理上也应将上述支出费用化；

c. 对于有财务报告且每年对财报进行审计的企业，单项超过5 000美元的支出必须资本化，对于无财务报告的企业单项超过2 500美元的支出必须资本化。

（2）安全港规则。

企业选择安全港规则后，对于设备等常规维护支出中，除用于提高资产性能、产量、效率、质量的以外，常规维护支出均可费用化。对于符合条件的小型纳税人（过去三年年均毛收入小于1 000万美元），可立即将符合条件的建筑维修、改进成本支出费用化。相关条件为：资产的未调整纳税基础小于100万美元，当年维修、改进等总支出小于1万美元或资产未调整纳税基础的2%中较小者。

二、资产处置损益确认

资产处置损益确认主要讨论资产处置过程中损益计算的基本原理，确定资产的纳税基础、处置损益的纳税确认原则。

（一）损益计算基本原理

资产处置损益等于处置资产收到的价值减去被处置资产调整后的纳税基础。

处置资产收到的价值一般称为处置资产的已实现金额，已实现金额计算公式如下：

已实现金额 = 收到的现金 + 收到其他资产的公允价值（FMV）+ 解除的债务（被放弃的债务 – 新承担的债务）– 销售费用（佣金、法律、广告等）

资产处置损益一般可称作已实现损益，但纳税处理中，已实现损益并不一定都需要纳税，故税务上需要计算出应缴纳所得税部分的损益，即已确认损益。已确认损益计算公式如下：

已确认损益 = 已实现金额 – 被处置资产调整后的纳税基础 – 递延收益或免税收益，即已确认损益 = 已实现损益 – 递延的纳税收益或免税收益

（二）资产纳税基础确认

资产的纳税基础（Tax Basis，以下简称“税基”）类似于税务上确认的资产的成本，如将资产处置时收到的价值视为税务上的资产的收入，则资产处置时收到的价值减去资产的纳税基础则为税务上应纳税的收益，扣除税务上允许递延的收益和免税的收益，则得到上述的已确认损益，该部分损益需要根据不同的税率缴纳所得税。

资产的取得方式不同，其初始税基、持有期间的税基变动确认方式等均有差别，具体如下：

1. 外购资产的税基

外购资产的初始税基等于取得时的成本，即资产达到预定可使用状态前的买价加相关税费，其与会计上确认的外购资产成本几乎一致。

外购资产的持有期间一般从资产购买日算起。持有期间会导致税基增加的情况主要有：寿命超过一年的对资产的改良、复原（Restoration）等发生的成本，包括提高资产使用寿命的支出、为保全其产权和价值等相关案件的律师费（Impact Fees）、分区费用、资本化的可变现地租（一般对于租约可自由转让，租期超过 15 年的租赁在税务上视为可变现租赁）等。

持有期间会导致税基减少的情况包括：

（1）资产折旧；

（2）取得子公司节能改进产生的税基豁免；

（3）特定的汽车抵免；

（4）IRC 第 179 条下允许的抵扣。美国国内税收法典第 179 条规定允许纳税人在某些财产投入使用时扣除该财产的成本作为费用。对于 2017 年以后的纳税年度，特朗普的税改法案 TCJA 将第 179 条的费用扣除上限从 50 万美元提高到 100 万美元。逐步淘汰的限额从 200 万美元提高到 250 万美元；

（5）灾难或被盗损失的纳税抵扣和保险赔偿；

（6）流转实体类企业的分红。

当纳税人同时取得多个资产时，考虑到不同资产折旧方法和要求不同、不同资产税基确认和税收优惠政策不同等因素，需要按取得时的资产的公允价值来分摊资产的税基，如果购买涉及商誉，买价应在买来的资产间以资产公允价值为基础分摊，商誉为剩余的部分。

2. 接受捐赠资产的税基

接受捐赠的资产需要在捐赠当天根据捐赠资产公允价值与资产捐出时其税基的大小，同时结合未来资产出售时的价格综合判断其税基。

若捐赠当天，捐赠资产公允价值≥捐出人捐出时资产税基，则受捐者收到的资产的税基等于捐出人捐出时资产的税基。

若捐赠当天，捐赠资产公允价值＜捐出人捐出时资产税基，则触发双税基规则（即在受捐者未来出售该资产是盈利与亏损时其对应的取得时资产税基是不同的），具体确定规则如下：

（1）当未来卖价＞捐赠者捐出时资产税基，即出售是盈利的，则受捐者收到资产的税基等于捐出人捐出时资产的税基，资产持有期从捐出者取得日算起；

（2）若捐赠日资产公允价值＜未来卖价＜捐赠者捐出时资产税基，即出售是亏损的，则用资产未来卖价作为受捐者收到资产的税基，资产持有期从捐出者取得日算起；

（3）若未来卖价＜捐出日资产的公允价值，即出售是亏损的，则受捐者收到资产的税基等于捐出时资产的公允价值，资产持有期从捐出者取得日算起。

对于捐赠资产，其计提折旧的基础为捐出人捐出日资产的税基和捐赠日资产的公允价值中较小者。

捐赠一般由捐出者对其超免税额度外的部分缴纳礼物税，当捐出的是增值资产时，捐出者缴纳的礼物税会增加捐出日资产的税基。

3. 继承资产的税基

一般情况下继承人取得的继承（Inherited）资产的税基为给予人去世当天该资产的公允价值，但继承人也可以选择替代的资产估值日，即可以选择其他日期的公允价值作为继承资产的税基，替代估值日为资产分配日、出售日或给予人死后六个月三个日期中的较早者，继承者必须在分配日前确定是否选择替代估值日。

纳税人收到的继承资产一律作为长期资产处理，不管死者和继承者持有多久。

（三）处置收益确认原则

如前所述，资产的处置损益等于已实现金额减去被处置资产调整后的纳税基础，当得到的金额为正时，则实现处置收益。

一般情况下处置收益都要在处置时立即纳入应税收益处理，但以下六种情况其处置收益可能免税或可能被递延纳税：

1. 个人住宅出售

符合条件的个人主要住宅出售时可享受收益金额一定额度的免税，已婚合并报税的和合格丧偶者的免税额度为 50 万美元，其他报税者为 25 万美元。此额度每两年内可享受一次，即两年内买两次不可以免税两次，丧偶人与其配偶共同持有和居住的房子在配偶死后 2 年内出售可全额免 50 万美元收益。

享受上述免税政策的纳税人必须满足如下持有要求和居住要求：

（1）持有要求。

纳税人或 MFJ 的配偶必须在出售前 5 年内持有超过 2 年。

（2）居住要求。

纳税人和配偶都必须在出售前 5 年内居住超过 2 年，MFJ 只一人满足，则免税额减半。

如果纳税人在上述期限中存在不符合条件的使用，即纳税人最后居住日前的一定期间内未将其当主要住宅（如对外出租）使用，该段时间占总持有期间的比例所对应比例的房屋出售收益不在此免税额度范围内，不符合条件的收益金额 = 已实现处置收益 × 不符合条件的期间/总持有期间，该部分收益按正常资本性收益纳税。但下列情况不属于不符合条件的使用：

a. 满足 2 年居住要求后，其在之后的出租等不属于不符合条件期间；

b. 纳税人或配偶将其作为合格办公地点的期间（不超过 10 年）不属于不符合条件期间；

c. 因换工作、健康原因或其他不可预见原因导致的未居住期间（不超过 2 年）不属于不符合条件期间。

若纳税人未满足持有 2 年和居住 2 年的要求时，原则上不能享受任何免税额，但如下情况下可享受一定免税额：

a. 纳税人工作地点变更而导致的未满足期限，要求旧房子到新工作地点的距离比旧房子到旧工作地点的距离远 50 英里或以上；

b. 健康原因；

c. 不可预见的事项。

此时其免税额度为：标准免税额 ×5 年内符合条件的期间/2 年。

2. 非自愿转换

非自愿出售或交换资产情况下（政府征用等），一般纳税人会收到政府或保险机构的补偿，且通常用补偿款购买新的类似资产。满足条件的补偿款是可以免税或递延纳税的。

（1）补偿额大于原资产调整后税基。

该情况可视原资产在处置中形成了已实现收益，已实现收益 = 补偿款 - 原资产的调整后税基。

个人资产在确认已实现收益当年年末之后的 2 年内（商业资产为 3 年，政府宣布灾区的主要住宅为 4 年）拿补偿款再投资相似功能的相似资产的，补偿款全用完的则原资产已实现收益可递延纳税，补偿款未用完的部分要确认收益，缴纳所得税，确认的收益 = 补偿款 - 新投资成本。新购入资产的税基等于买价减去递延的收益。

（2）补偿额小于原资产调整后税基。

该情况下原资产处置中实现损失，已实现损失 = 补偿款 - 原资产调整后税基。该损失可以直接确认并当年抵税，若纳税人用补偿款购入新的相似资产，则新购入资产的税基等于新资产买价。

3. 离婚财产分割

如本书个人所得税部分所述，目前纳税人离婚时支付的赡养费、转移的资产不能在纳税时抵扣，收到资产的人不用纳税，资产的税基不变。

4. 相似资产交换

相似资产交换必须满足如下条件方可适用相关递延规则：

（1）交换的资产必须是商业或投资用的房地产才行；

（2）必须是相似类别的资产间交换，且不能是海外资产，投资用土地可换商业用建筑；

（3）房地产交换时，旧的房地产付出后 45 天内必须确认（Identify）新换入的房地产；

（4）新换入的房地产必须在旧房地产卖出后 180 天内或交换当年的税表报送截止日（含延期）之前中较早日期收到。

相似资产交换一般不确认收益和损失，当有除房地产外的资产（承担的负债算付出补价）作为补价时，以收到的补价为上限确认收益（Recognized Gain）缴纳所得税。

交换中已实现损益（Realized Gain and Loss）= 收到资产的公允价值 + 收到的补价 - 付出资产的公允价值 - 付出补价的调整后税基。此时递延的损益（Deferred Gain and Loss）为已实现损益减去已确认收益。收到的资产的税基 = 收到资产的公允价值 - 递延的收益 + 递延的损失。

5. 分期付款销售

一般情况下出售资产的收益应在出售时确认，但特定情况下，分期付款销售可按收到现金的期间确认收益。

分期付款销售仅适用于处置资产产生收益的情况，且不适用于存货销售（如商人销售动产或中介销售房地产）、1245 规则或 1250 规则下折旧转回（Recaptured）、证券交易、关联方的可折旧资产交易。

分期付款销售当年确认的收益 = 当年收到的钱 × 总收益/总卖价，分期收款的利息全部确认收益，未收息的 IRS 将核定一个利率计算所得税。

6. 库存股

企业处置库存股不确认收益。

（四）处置损失确认原则

当资产处置的已实现金额减去被处置资产调整后的纳税基础后为负数时，实现处置损失。一般情况下确认的处置损失可以抵税，但以下处置损失不可抵扣：

1. 假售回购

假售回购（Wash Sale）指出售前后 30 天内买入、卖出相同股票以达到税务上确认有亏损股票损失目的的资产处置。一旦处置交易被认定为假售回购，则出售损失不可抵扣，新买入股票的税基 = 新买价 + 不许抵扣的损失，持有期间从原购入日算起。

2. 关联方交易

关联方交易指关联企业或个人间进行资产买卖的交易。关联方交易中重点是判断是否为关联方，一旦确认为关联方，则资产转出方和转入方税务处理需按关联方交易规则处理。

下列情况均为纳税人的关联方：

a. 纳税人的兄弟姐妹、父母、爷爷奶奶、子女等直系亲属，不适用再亲缘关系（Step Relationship，即由于婚姻或收养而产生的家庭关系）；

b. 纳税人持股 50% 以上的企业；

c. 同一集团持股超 50% 的两个子公司间；

d. 信托、出资者、高管和受益人等关联方；

e. 免税机构及其个人控制者；

f. 亲属持有的视同自己持有，其他关联方持有的视同自己持有（按持股比例换算过来）。

在关联方交易规则下，资产转出方纳税处理按如下原则操作：

（1）盈利规则。

关联方交易产生的所有收益视为常规收入，标的为资本性资产的确认资本性收益。

（2）损失规则。

关联方交易产生的所有损失不允许确认、不允许抵扣。

资产转入方纳税处理按如下原则操作：

（1）盈利转让。

盈利转让即资产买入价格大于资产调整后税基，则转入方持有资产的税基为买入价。

（2）亏损转让。

亏损转让时资产买入价格小于资产调整后税基，此时要看未来该资产卖出的价格并按如下规则处理：

a. 卖出价 > 资产原调整后税基，则用资产原调整后税基作为转入方买入时的税基；

b. 原转入价 < 卖出价 < 资产原调整后税基，则买入方买入时的资产税基为再卖出价；

c. 卖出价 < 原转入价，则买入方买入时的资产税基为原买入价。

上述买入资产的持有期间自转入方买入日开始算。

3. 个人使用资产的处置损失

个人使用资产指个人购买用于消费的资产，不具有商业性质，该类资产处置损失不可确认，但在联邦政府宣告的灾区内被盗或产生损失的可按前述个人所得税抵扣规则抵扣。

（五）特殊情况处理

此处讨论的特殊情况包括低于市场利率的贷款和半卖半送式的销售。

1. 低于市场利率贷款

根据 IRC 第 7872 节规定，低于市场利率的贷款（赠送性借款、员工贷款、公司股东贷款、避税贷款等）一般要按 IRS 公布的利率来调整原贷款利率，计算利息收入并交纳所得税。

对于个人赠送性贷款（Gift Loan，一般为朋友或家庭成员间）、员工贷款、企业股东贷款余额低于1万美元的不适用上述规则，不用交纳所得税。个人赠送性贷款，总余额低于10万美元时，调整的利率受限于贷款人当年净投资收益，若其净投资收益低于1 000美元，则调整的利率为0。

2. 半卖半送式销售

半卖半送销售情况下，实现收益的要确认，实现损失时不得确认。卖方确认的收益等于已实现金额减去转出资产调整后税基，买方收到资产的税基等于资产买价和卖方的调整后税基中较大者，当交易实现损失时，买方收到资产的税基不得超过转让日资产的公允价值。

三、资产折旧、耗减与摊销

资产折旧（Depreciation）、耗减（Depletion）与摊销（Amortization）主要探讨不同类型资产成本回收的期限、方式等问题。为鼓励不同行业资产革新，加速技术替代，税务局一般会给予特定企业、特定资产或在特定期限内给予相关资产具有纳税优惠性质的折旧、耗减或摊销政策，或者允许企业将一些资产直接费用化。

折旧、耗减与摊销在税务上均表示资产价值回收（费用化），三个名词具有相同意思，只是针对不同类型资产其叫法不同。对盈利企业来说，加速资产回收则有利于其在短期内利用资产回收的抵税优势减少当期纳税义务，节省企业当期现金流支出。资产回收会改变资产的税基，一般情况下资产回收会降低资产的税基。

（一）折旧

折旧主要指有形资产的价值回收，在所得税方面，目前主要实行的是修正的加速成本回收系统（Modified Accelerated Cost Recovery System，MACRS），是美国用来计算资产折旧的税收折旧制度，该方法于1986年取代了加速成本回收系统（ACRS），并适用于1986年以后投入使用的财产。该折旧方法对动产和房地产折旧均提出了不同的折旧政策。除了MACRS

外，对于一些特定的企业和符合条件资产，还有 179 节折旧政策和奖励折旧政策。

1. MACRS

MACRS 中对动产和房产均提出了加速折旧的方法和资产投入及处置当期的折旧处理规则。

（1）动产。

此处的动产必须为商业使用的资产而非个人用途的资产，MACRS 下，将动产分为 3 年回收（常规寿命 4 年以下，如赛马、卡具磨具等特殊工具）、5 年回收（常规寿命 4 ~ 10 年，如汽车、打印机、电脑、租赁家具等）、7 年回收（常规寿命 10 ~ 16 年，如办公室家具设备、农业设备）、10 年回收（常规寿命 16 ~ 20 年）、15 年回收（常规寿命 20 ~ 25 年，如土地改善、符合规定的对现有非居民住宅的内部改善、水泥设备）、20 年回收（常规寿命 25 年以上，如农场建筑、水设施）6 个等级，其中 10 年及以下等级的按 200% 余额递减法折旧，以上的按 150% 余额递减法折旧，不考虑残值。具体折旧名录可查阅 IRS 946 号公告（Publication 946）。

对于资产投入当期的折旧方法，MRCRS 有半年转换法（Half-year Convention）和季中转换法（Mid-quarter Convention）。

a. 半年转换法。

一般动产投入使用当年按半年折旧，处置当年按半年折旧的方法进行折旧，即半年转换法，同年买同年卖不许折旧，在具体操作中，需要查阅 IRS 公布的 MRCRS 折旧比率表（MACRS Percentage Table），找到折旧资产对应的等级（class），确定折旧年限，则每年的折旧比例即可在表中查出，一般情况下资产会在 n 等级 +1 年完全折旧完。

b. 季中转换法。

如果公司超过 40% 动产是最后一个季度投入的，则其当年所有投入的动产采用季中转换法，即一季度投入的折旧 3.5 个季度，二季度投入的按 2.5 个季度折旧。

在具体操作中，需要查阅 IRS 公布的 MRCRS 折旧比率表（MACRS Percentage Table，详见表 4 - 1 和表 4 - 2），找到折旧资产对应的等级

（Class），确定折旧年限，则每年的折旧比例即可在表中查出（对于季中转换的，需要确定投入使用的季度），一般情况下资产会在 n 等级 +1 年完全折旧完。

表 4－1　　MRCRS－表 A－1 3，5，7，10，15 和 20 年资产的半年转换表

年	回收期的折旧比例					
	3 年	5 年	7 年	10 年	15 年	20 年
1	33.33%	20.00%	14.29%	10.00%	5.00%	3.75%
2	44.45	32	24.49	18	9.5	7.219
3	14.81	19.2	17.49	14.4	8.55	6.677
4	7.41	11.52	12.49	11.52	7.7	6.177
5		11.52	8.93	9.22	6.93	5.713
6		5.76	8.92	7.37	6.23	5.285
7			8.93	6.55	5.9	4.888
8			4.46	6.55	5.9	4.522
9				6.56	5.91	4.462
10				6.55	5.9	4.461
11				3.28	5.91	4.462
12					5.9	4.461
13					5.91	4.462
14					5.9	4.461
15					5.91	4.462
16					2.95	4.461
17						4.462
18						4.461
19						4.462
20						4.461
21						2.231

表 4－2　　MRCRS－表 A－2 3，5，7，10，15 和 20 年资产的季度中转换表—第一季度投入

年	回收期的折旧比例					
	3 年	5 年	7 年	10 年	15 年	20 年
1	58. 33%	35. 00%	25. 00%	17. 50%	8. 75%	6. 56%
2	27. 78	26	21. 43	16. 5	9. 13	7
3	12. 35	15. 6	15. 31	13. 2	8. 21	6. 482
4	1. 54	11. 01	10. 93	10. 56	7. 39	5. 996
5		11. 01	8. 75	8. 45	6. 65	5. 546
6		1. 38	8. 74	6. 76	5. 99	5. 130
7			8. 75	6. 55	5. 9	4. 746
8			1. 09	6. 55	5. 91	4. 459
9				6. 56	5. 9	4. 459
10				6. 55	5. 91	4. 459
11				0. 82	5. 9	4. 459
12					5. 91	4. 46
13					5. 9	4. 459
14					5. 91	4. 46
15					5. 9	4. 459
16					0. 74	4. 46
17						4. 459
18						4. 46
19						4. 459
20						4. 46
21						0. 565

（2）房产。

对于居民用租赁房产，扣除土地价值后，按 27. 5 年直线法折旧；对于非居民用房地产按 39 年直线折旧，房产折旧均不考虑残值。房产投入当月按半月折旧，处置当月按半月折旧。

2. 179 节折旧政策

179 节折旧政策主要为 IRC 第 179 节（Section 179）规定的折旧政策，其主要针对个体户、小型企业主，其取得的动产（机器设备、电脑软件等）不管是新的还是二手的，都可以一次性费用化，每年最多可抵（即费用化）105 万美元（2021 年度），但如果当年投入的动产超过 262 万美元（2021 年度），每超过 1 美元即削减 1 美元可抵扣额度。此外，179 节规定的抵扣的金额不能超过当年应税收入，即不许产生税收福利。企业购买 SUV 的，每年最多只能抵 2.62 万美元（2021 年度）。符合 179 节折旧政策的资产也可称为 179 资产。

3. 奖励折旧政策

奖励折旧（Bonus Depreciation）是一种税收激励措施，允许企业立即从符合条件的资产（如机械设备等）的购买价格中扣除很大一部分，而不是在资产的“使用寿命”内折旧。奖励折旧也被称为额外的第一年折旧扣除。

2017 年 9 月 27 日至 2023 年 1 月 1 日期间交付使用的符合条件的商业资产（寿命 20 年以内，不能是曾经拥有过的或从关联方处买的）可享受“立即”折旧扣除。2023 年 1 月 1 日以后，100% 的扣除将按照表 4 - 3 时间表逐步减少。

表 4 - 3

年份	首年扣除比例（%）
2023	80
2024	60
2025	40
2026	20

实际操作中，一般先考虑 179 节折旧，剩余部分再用奖励折旧，再剩下的部分可用正常的 MACRS 折旧，用原价减去 179 节折旧和奖励折旧可扣除部分后的价值作为正常折旧的基础。企业也可以不用上述折旧方法而

正常直线折旧，直线折旧时其年限也应按正常年限执行。

如果资产从关联方购入，则不能使用179节折旧政策和奖励折旧政策。

（二）耗减

耗减（Depletion）主要指自然资源的价值回收。耗减的方法包括成本耗减（Cost Depletion）和比例耗减（Percentage Depletion）。

成本耗减是美国通用会计准则（GAAP）下常使用的方法，类似单位产量法。当年耗减成本 = 当年卖掉的量 × 剩余成本/预计剩余总产量，每年算一次，即最终将成本耗减为0，可用于任何消耗性资产，但是是木材（timber）的唯一允许使用的方法。

比例耗减指根据不同产品，用法定的损耗率乘以该资产当年的毛收入，损耗额不能超过该资产产生的应税收入的50%（油和气资产不能超过100%），该方法下可能损耗总额超过资产原取得成本，主要用于油气资产等。

企业可以选择两种方法中任一种金额大的来作为最终耗减方法。

（三）摊销

摊销（Amortization）主要指无形资产和企业开办支出、造林支出等的成本回收。

对于无形资产，不管实际寿命多少年，均按15年进行直线法摊销，从取得资产当月开始摊销。商誉摊销方法与无形资产相同。

企业的开办费（Organization Costs）和启动成本（Start-up Cost），两个费用当每个费用总额不超过5万美元时当年可以直接费用化5万美元，剩下部分按15年（180个月）摊销，当总额超5万美元时，每超1美元，则5 000美元的费用化额度削减1美元。

其他相关费用摊销期限如表4－4所示：

表 4-4

费用类别	摊销期限
研究费用（Research Expense）	按 60 个月摊销
污染控制设施	按 60 个月摊销
造林费用（Reforestation Costs）	按 84 个月摊销
地质勘探费用（Geological and Geophysical Expense）	按 24 个月摊销

四、资本性资产处置

税务上资本性资产主要为非商用的资产，主要包括个人使用的资产和投资资产（股票、债券、基金等）。对于个人纳税者，其资本性资产处置产生的损益与企业不同，且根据其期限长短损益纳税规则也有差异。

（一）长短期划分

税收上，需要根据持有的期限将资产划分为长期持有和短期持有，其处置产生的损益称为长期（Long Term）损益和短期（Short Term）损益，针对长期损益和短期损益有不同的征税政策。故确定资产持有期限起算日期和确定长短期类别具有重要意义。

一般情况下，资产持有期小于等于 1 年的为短期持有，超过一年的为长期持有，持有期从买入那天后一天算起，包含处置的那天，以下情况例外：

（1）免税交易（相似资产交换）持有期一般从原持有人持有期算起；

（2）礼物，处置时有盈利的，持有期从捐出人持有时算起，处置时亏损的，从新取得时算起；

（3）继承资产一律按长期算；

（4）特定不允许确认损失的交易，一般持有期从新持有时算起；

（5）个人非商业性的坏账为短期损失。

以上被划分为短期持有的资产其处置损益称为短期资本性损益（Short Term Capital Gain or Loss），划分为长期持有的资产其处置损益称为长期资本性损益（Long Term Capital Gain or Loss）。具体操作中应分别计算短期资本性收益（Short Term Capital Gain）、短期资本性损失（Short Term Capital Loss）、长期资本性收益（Long Term Capital Gain）和长期资本性损失（Long Term Capital Loss），不论是企业还是个人最终都需要在税表上计算长短期资本性损益净额，规则为：

（1）先将短期收益与短期损失互抵得到短期净收益或损失；

（2）将长期收益与长期损失互抵得到净长期收益或损失；

（3）如果（1）、（2）算出来结果同方向，则保持不变，如果是反方向，则相加求净值。

注意：资本性损益为处置资产时才有的，分红等不能纳入计算。

（二）个人资本性损益处理

个人资本性损益一般指个人出售非商业用途的固定资产和投资资产产生的损益，根据上述损益分类方法计算出净资本性收益或净资本性损失，按如下规则处理：

1. 净资本性收益（NCG）

（1）短期净资本性收益按常规收入的税率交税，无任何优惠税率。

（2）长期净资本性收益有优惠税率，根据纳税人收入和报税状态税率不同，与收入无关的优惠税率有28%（持有超过五年的小企业股票出售收益、出售持有1年以上的古玩壁画等收藏品的收益和出售合伙企业、S公司或信托权益的收益）和25%（持有1年以上的1250资产未转回收益，最高25%），与收入有关的优惠税率有0%（纳税人处于个税最低2档对应收入）、15%（除最低、最高2档共4档外中间档位对应收入）、20%（个税最高2档对应收入）。

（3）当存在长短期资本性收益和损失时，因长短期收益税务处理不同，所以应在计算时分组抵销：

a. 把所有收益和损失分成4组：短期组、长期28%税率组、长期25%税率组和长期0%/15%/20%税率组；

b. 每组内收益和损失相互抵销；

c. 如果长期28%税率组和长期25%税率组净损益方向相反则相互抵销求净值；

d. 将c步骤计算的净值与长期0%/15%/20%税率组相互抵销，将损失与最高税率对应的收益互抵直至得到净值；

e. 将d步骤计算的结果与短期组互抵（如果短期是净损失，则先抵最高税率对应的盈利）。

2. 净资本性损失（NCL）

净资本性损失（可能长期、短期或长短期都有）可以在AGI前抵扣，一般最多只能抵扣3 000美元每年（已婚分开报税者每年最多可抵1 500美元）。

如果NCL长短期都有，则先在纳税人每年可抵扣额度内优先抵扣短期，剩余部分可往以后年度无限带，但往后带时其长短期属性不会改变；

当以后年度有资本性收益时，前期带过来的长期资本性损失先抵销税率最高的部分的资本性收益，再抵销税率低的部分的资本性收益。

此外，纳税人持有的非商业性债权产生坏账损失时，在其完全收不回的当期作为短期资本性损失处理。纳税人持有的股票和证券变得一文不值（Worthless）时，应在其价值丧失当年将损失确认为资本性损失处理，视同当年年末以0的价格卖出了。

（三）企业资本性损益处理

企业的资本性损益主要来自用于投资目的的资产出售，一般情况下其资本性收益不论长短期均按常规收入纳税，无税收优惠，但企业销售持有5年以上的木材的资本性收益可享受优惠税率。

企业的资本性损益纳税处理与个人不同，企业的资本性损失只能用于抵扣资本性收益，不能用于抵扣常规收入，剩余未抵扣部分将变为短期资本性损失，能往前带3年，往后带5年，5年后作废［IRC § 1212（a）］。

五、非资本性资产处置

考虑到非资本性资产主要为商业经营用途的资产，其中存货等流动资产的处置为日常商业运营活动的主体部分，按生产销售活动相关规则处理，而对于企业可折旧动产、房地产等的处置需按 IRC 第 1231 节、第 1245 节和第 1250 节等规定处理。

（一）1231 资产

IRC 第 1231 节规定了纳税人持有 1 年或 1 年以上的可折旧商用资产或房地产的处置纳税规则，该类资产包括建筑物、机械、土地、木材和其他自然资源、未收割的作物、牲畜和至少一年的租约，不包括存货或出售给客户的财产，也不包括专利、发明、版权等无形资产。符合第 1231 节规定的资产通常称为 1231 资产。一般情况下第 1231 节下资产为商用的，均为非资本性资产，其处置收益理论上应纳入常规收入而不是资本性收益处理，但 1231 规则中规定了 1231 资产部分处置收益可按长期资本性收益处理。

根据规定，1231 资产处置的收益均为长期资本性收益，对于个人纳税者来说，该收益可按长期资本性收益获得 0%/15%/20% 的优惠税率，对于非流转实体类企业来说，该收益按常规收入纳税。当处置的资产满足第 1245 节和第 1250 节规定的条件且处置实现收益时，要按折旧转回规则（Recapture Rules）确认全部或部分收益为常规收入，剩余的为第 1231 节规定的长期资本性收益。

1231 资产处置损失作为常规损失处理，可全额抵扣常规收入，对于个人纳税者来说，相比于资本性损失只能抵扣资本性收益后每年只能在限额内抵扣，第 1231 节给予了更多税收福利。

（二）第 1245 节

第 1245 节为第 1231 节项下的子规则，主要针对第 1231 节下持有超过一年的用于商业的可折旧动产（机器设备、卡车、办公室家具、存储设施等可折旧动产）产生的出售收益处理的特殊规定。即要求处置收益中对应资产的折旧部分转回作为常规收入纳税，剩余的收益作为第 1231 节项下收益处理（长期资本性收益）。

第 1245 节规则不适用于礼物或继承交易，如为资产交换，在交换中收到补价（Boot）的，则收益的确认金额以收到的补价为上限。

（三）第 1250 节

第 1250 节为 1231 节项下的子规则，只针对收益。主要针对商业用可折旧房产（商业建筑、库房、谷仓、租赁资产等）产生的出售收益的特殊处理规定，即处置收益中对应可折旧房产累计折旧超过直线法下折旧金额的部分转回作为常规收入纳税，剩余的收益作为第 1231 节下收益处理。

对于企业纳税人，其应转回的部分为已确认的收益或累计折旧中取小，然后乘以 20%，转回的部分按常规收入纳税，剩余的收益作为第 1231 节下收益处理。

对于个人纳税者，应转回的部分为已确认收益或累计折旧中较小者，剩余的收益作为第 1231 节下收益处理。

针对上述规则，在实际操作中，首先要判断资产是否满足持有一年和商业用途等条件，计算出资产出售已确认收益（卖价 - 调整后税基），然后根据资产类别和对应的规则计算应转回做常规收入的部分，最后计算剩余应作为第 1231 节项下收益的部分，确定纳税金额。

六、信托和遗产纳税

信托（Trusts）和遗产（Estates）都属于委托人委托信托人管理资产，并向受益人分配收益等的独立法人实体，信托一般是委托人生前投资设立的，遗产一般是委托人死后成立或投入的，是信托的另一种形式，除设立者信托（Grantor Trust）外，其他信托和遗产的资产一旦投入则资产所有权属于信托本身，其产生的收益不作为设立人的收益，一般由信托人（Executor or Trustee）帮助信托或遗产实体进行报税和缴纳税款，一般需要填报税表 1041（信托和遗产税表）。

（一）信托

根据信托自身是否独立报税等特征可将信托分为简单信托（Simple

Trust）、复杂信托（Complex Trust）和设立者信托。简单信托和复杂信托自身需报税和纳税，设立者信托自身无须报税，其税收纳入设立者税表统一报送和缴纳。

此外，根据信托是否可撤销可将信托分为可撤销信托（Revocable Trust）和不可撤销信托（Irrevocable Trust），可撤销信托指在设立者存活期间均可随时修改信托条款、关闭信托，不可撤销信托指信托成立后不得对原条款等进行修改也不得随意关闭，但设立者死亡时，原可撤销信托将转为不可撤销信托。

1. 简单信托

简单信托为满足以下条件的信托：

a. 信托每年需将当期收益全额分配，无累积收益；

b. 信托受益人不是慈善性的；

c. 信托本金不允许分配。

简单信托的资本收益（Capital Gain）视为本金的一部分，该部分由信托本身纳税，信托的非资本收益一般在分配时传递给受益人交税，信托的最多可分配收益（Distributable Net Income，DNI）决定了受益人当年应纳税信托收益的上限，超过 DNI 部分视为分配信托本金，受益人无须对这部分分配纳税。

2. 复杂信托

除简单信托和设立者信托外的信托均属于复杂信托，复杂信托至少需要满足如下条件之一：

a. 年收益留存下来；

b. 分配本金；

c. 分配部分资金给慈善机构。

3. 设立者信托

设立者信托指信托的设立人并未放弃对信托资产的控制权，信托将纳入设立者个人税表报税，信托收益由设立者按其个人所得税税率交税，一般个人所得税税率低于信托自身税率，故可以节税。S 公司的股东可能是一个设立者信托。

4. 信托纳税

除设立者信托外，其他信托当应税收入（毛收入减去抵扣）大于0或毛收入大于600美元时需根据IRS要求填报税表并纳税。设立者信托纳入设立者个人所得税表纳税，故信托的收入纳入个人应税收入并根据个人所得税相关规则纳税。

信托的应税收入等于毛收入减去抵扣，一般可抵扣项目包括信托缴纳的州所得税、信托管理人费用、信托报税费用和信托已分配收益。一般信托在年度结束后65天内分配的收益可视为是对上年收益的分配，可在申报上年所得税时抵扣。信托的联邦所得税税率也采用累进税制，当应税收入超过0时，其最低税率为10%，最高税率为37%，2021年度相关税率如表4－5所示：

表4－5

信托应税收入区间（美元）	税率（%）
0～2 650.0	10
2 651.0～9 550.0	24
9 551.0～13 050.0	35
13 051.0及以上	37

不管是何种信托，信托每年需向受益人提供信托本金和收益分配情况税表，即K－1，纳税人需要根据K－1上相关应税收益数据申报所得税，设立者信托的设立者一般会收到信托出具的税表1099－S用于申报个人所得税。

（二）遗产

遗产（Estate）一般指纳税人死亡后留下的所有个人独立所有的财产，包括固定资产、股票、债权等，不包括逝者（Decedent）与其他人共有的财产。遗产一般会在逝者去世后以信托的形式存在，但其随着遗产的分配完毕而消失。

遗产的分配一般有两种方式，分别为根据遗嘱（Will）分配和根据法定继承顺序（Legal Chain of Inheritance）分配。逝者去世后遗产首先应根据遗嘱分配，如相关遗产并无遗嘱，则应根据各州规定的法定继承顺序分配给相应的继承人。目前主流的法定继承顺序为：逝者的配偶、子女、父母、其他家庭成员。遗产分配前应首先偿还逝者未偿还负债、缴纳遗产税（如有）、缴纳相关费用。

当逝者遗产较多时，需用遗产缴纳个人所得税后将税后部分分配给继承者，当应纳税遗产总数超过法定免税额（2021 年为 1 170 万美元，2022 年为 1 206 万美元）时须缴纳个人所得税，遗产法定免税额与礼物税共享额度，即遗产可享受的免税额度需在上述总额度基础上扣除纳税人生前已使用礼物税终生免税额度，一般遗产在缴纳遗产税后转入遗产信托进行后续运营或分配。遗产信托在成立后未完成全部分配前产生的收益需按年度缴纳所得税，具体纳税规则与信托一致。

在计算应纳税遗产时，逝者所有资产的公允价值（含保险赔偿、未完成礼物、可撤销转移等）减去与逝者相关的所有费用和负债（医药费、管理费、存续负债、丧葬费、税、财产相关负债）后的净额为调整后毛遗产（Adjusted Gross Estate），如果遗产是给慈善机构或配偶的，则可无限免税，如果是给其他人的，则应用其加上逝者除遗产外的应税礼物总额得到应纳税遗产总额，减去终生可免税额度后的净额按如下遗产税率缴纳所得税（见表 4 - 6）。

表 4 - 6　　遗产税率表（2021 年度）

税率（%）	遗产应税收入区间（美元）
18	0 ~ 10 000
20	10 001 ~ 20 000
22	20 001 ~ 40 000
24	40 001 ~ 60 000
26	60 001 ~ 80 000
28	80 001 ~ 100 000

续表

税率（%）	遗产应税收入区间（美元）
30	100 001 ~ 150 000
32	150 001 ~ 250 000
34	250 001 ~ 500 000
37	500 001 ~ 750 000
39	750 001 ~ 1 000 000
40	1 000 001 及以上

值得注意的是，毛遗产中含可撤销转移（不交礼物税，但要交遗产税，因为死后不能撤销了）、共同持有资产中属于死者的部分、受益人是死者本身的人寿险赔偿。资产计价时，一般应税的遗产以公允价值计价，免税的遗产税基为净账面价值。遗产一般以死者死亡当天的公允价值或替代估值日（死后6个月或处置分配日中较早者），如该选择使遗产税增加了，则选择无效，日期一旦选择则不可撤销，且应用于遗产中的所有资产而不是其中部分资产。

七、礼物税

礼物税为针对个人相互赠送礼物征收的所得税，礼物税由送出者缴纳。纳入礼物税的礼物指一切无偿赠送的有价值物品。

每位纳税人拥有礼物税年度免征额度和终生免征额度，在年度免征额度内的赠送金额不占用终生免征额度，年度内赠送金额超过年度免征金额的部分将对应减少纳税人终生免征额度。礼物税与遗产税共享终生免税额度，纳税人超过终生免税额度部分的礼物赠送或遗产应就超额部分的资产公允价值按相应税率缴纳所得税。

2021年度，每位纳税人的礼物税年度免征额度为15 000.0美元，即只要赠送给每位接受者的礼物总价值不超过该金额就无须纳税，当纳税人赠送给任一位接受者的礼物价值超过1.5万美元，则其应在申报个人所得税时的同时提交税表709申报礼物赠送情况及终生免税额度使用情况，超过1.5万美元的部分将占用纳税人终生免税额度，当终生免税额度用尽后，超额赠送部分应缴纳礼物税。礼物税的税率也采用累进税制，税率为18%～40%，与遗产税率完全一致，具体税率区间详见前述遗产税率表。当纳税人收到来自外国人（非美国纳税人的个人、企业等）的赠与时无须缴纳所得税，但当纳税人在年度内收到来自外国个人和遗产的赠与金额超过10万美元或从外国公司或合伙企业收到的定向赠与金额大于16 815美元（2021年标准）时应向IRS报送表3520，填报接收捐赠的相关情况。

当礼物接受者比赠送者年轻37.5岁以上或至少年轻1代以上，则应交隔代转移税（Generation-skipping Transfer Tax）。隔代给出的礼物超过纳税人终生免税额度的部分按40%税率交隔代转移税。如果孩子的父母已死且给的是自己直系亲属，则可无限免隔代税，但可能会交礼物税。

对于纳入年度和终生免税额度的礼物，必须满足如下条件：

（1）礼物必须是完全给出，给的人有能力给，收的人有能力收，赠与目的明显，即彻底给出，所有权转移；

（2）给出的必须是现实利益，收到即可立即使用，如果给出的是有条件的或可撤销的则不需要交礼物税，等变为无条件时再纳税。

纳税人帮人支付学费或医药费的（直接支付，不能给本人）可无限减免礼物税；纳税人赠送给政治组织或慈善机构的礼物可无限减免礼物税；纳税人赠送给配偶的礼物可无限减免礼物税，如果配偶是外国人，则每年的免税额度为15.2万美元。

纳税人成立的未成年人（Minors）信托在符合2303（c）节规则时免税，即允许父母和其他捐赠人把一定额度钱投入信托给未到21岁的儿童，信托会在儿童21岁时将资产和收益均分配给该儿童，此时父母往信托交钱时无须缴纳礼物税。

当纳税人与其他人共同拥有财产时，共同户中当存放的人投入的资产总价值大于其留存的权益时，超过的部分视为给另一个人的礼物。设立共同账户时不算赠送礼物，但未交钱的人取钱时视为接受礼物赠送。

第五章

企业所得税

一、企业组织形式与特征

从商业角度看，企业的组织形式主要有4大类，包括：个体户（Sole Proprietorships）、合伙企业（Partnerships）、有限责任公司（Limited Liability Company）和法人公司（Corporation）。不同企业组织形式拥有不同的设立方式、组织特征、纳税特征等，设立者一般根据自身业务特征、发展规划等选择适合自身的企业组织形式。

从税务角度看，IRS将企业组织形式分为个体户、合伙企业、有限责任公司（简称LLC公司）、C公司（C Corporation）和S公司（S Corporation）。个体户、合伙企业和S公司在税务上一般被称为流转实体（Flow Through Entity或Pass Through Entity），其净收入将直接传递给所有者，由所有者纳入自身的所得税表报税和缴税，同时，为鼓励该类企业发展，消除个人所得税率（最高为37%）高于企业所得税率（目前为21%）给创业者带来的负面影响，该类实体传递给个人的净收入往往享受QBI抵扣（详见个人所得税部分）；C公司需自身申报和缴纳企业所得税，其收益未来分配给股东时股东仍需根据所得税政策缴纳所得税；LLC公司可自由选择按C公司、个体户或合伙企业形式报税。

从企业数量来看，根据IRS最近一次统计数据，个体户和合伙企业占比最大，且数量不断增加，C公司数量占比低于20%，且数量并未明显增加，具体如图5-1所示。

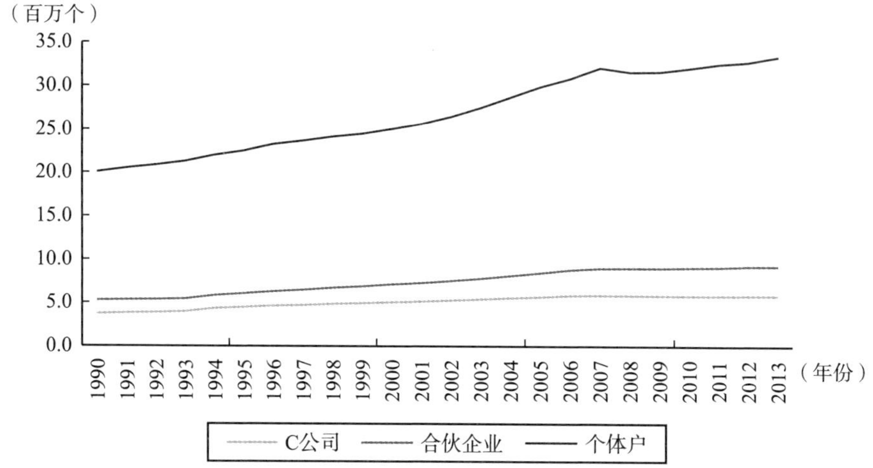

图5－1　美国不同类型企业数量

资料来源：IRS：https：//www. irs. gov/statistics/soi－tax－stats－integrated－business－data。

（一）个体户

个体户一般指由所有者直接持有和运营的非法人形式组织，其一般无独立的法律实体，并非严格意义上的公司。个体户是最简易的商业经营组织形式，其持有人拥有对业务的所有控制权，无限承担业务产生的所有债务，个体户在纳税方面与所有者融为一体，纳入所有者个人所得税表申报。

个体户形式存在以下优势：

1. 容易成立

个体户一般由一人独立持有，设立时通常无须注册，设立者只需要想好公司名字便可以开展业务，但对于从事需要取得州或联邦相关许可证的业务需要先申请相关业务许可证后方可经营。一般情况下个体户可以使用自身的社会安全号作为税号申报所得税，但如果个体户需要有雇员或想为雇员设立退休计划账户，则其须向IRS申请企业纳税识别号（EIN）。

2. 成本低

个体户设立时一般无大量费用支出，唯一的支出可能为相关业务许可证的申请和与税收相关的支出。

3. 纳税优惠

个体户的所得税一般纳入所有者个人所得税管理，不涉及企业所得税，不存在双重课税问题。此外，一般联邦和州会针对个体户出台一些税收优惠政策，包括额外的纳税抵免、特殊时期的补贴等。

4. 容易退出

个体户退出一般无须申报，无须向政府管理机构提交任何申请文件，所有者可以随时决定终止自己的业务。

个体户一般规模较小，所有者对业务债务承担无限责任，其外部融资能力和抗风险能力较弱。虽然如此，其仍是目前美国数量最多的企业组织形式，其总量约占企业总数量的80%。eBay、JCPenney、沃尔玛、万豪酒店等大型国际集团均起源于个体户。

（二）合伙企业

合伙企业指由两个或两个以上合伙人根据合伙协议组建的企业，合伙企业无股票，一般投资现金、资产或服务取得合伙权益。合伙企业自身不能承担债务，必须由合伙人承担，合伙企业一般不能上市，为流转实体，企业自身不交税，但需填报信息税报（1065表），其收支项目通过K－1表传递给合伙人交税，传递后属性不变。

1. 合伙企业类型

根据合伙人类型不同及不同合伙人承担的责任差异可将合伙企业分为普通合伙企业（General Partnerships）、有限合伙企业（Limited Partnerships）和有限责任合伙企业（Limited Liability Partnerships，LLP）。

（1）普通合伙企业。

普通合伙企业是最容易形成的合伙关系类型，维护成本很少。每一个合伙人都被认为参与了企业的经营，每一个合伙人对合伙企业债务都承担无限的责任。这意味着每个合伙人的个人资产都可以用来偿还合伙企业的债务，每个合伙人都要对其他合伙人的行为负责。例如，A和B是普通合伙人。如果A因玩忽职守而被起诉，B的个人财产也可能在诉讼中被索赔。

（2）有限合伙企业。

有限合伙企业一般至少有一个普通合伙人，一个或以上有限合伙人。普通合伙人对合伙企业承担无限责任，并管理公司的日常运营，有限合伙人只以其投入资本为限对合伙企业债务承担有限责任。作为有限合伙人，他们不参与企业管理决策，对公司没有任何直接控制权。

（3）有限责任合伙企业。

有限责任合伙企业（LLP）类似于普通合伙企业，由多个合伙人各自负责企业的运营。然而，有限责任合伙企业的合伙人并不对其他合伙人的行为或企业的债务承担个人责任。但是，并不是所有的企业都可以选择有限责任合伙企业，这种类型通常仅限于某些职业，如律师或会计师。

总的来说，与其他类型的企业相比，合伙企业提供了更大的灵活性，但也面临更大的风险。

2. 合伙企业特征

合伙企业存在以下特征：

（1）容易成立。

与独资企业一样，合伙企业成立时需要填写的文件很少。一般需要根据不同州的规定提交合伙企业名称、合伙协议，并取得营业执照。合伙企业的合伙人权责一般通过合伙协议约定。合伙协议一般要体现双赢，才能推动企业成功发展，谷歌就是一个很好的例子。

（2）融资便利。

合伙企业一般可以通过合伙人贷款形式获得大量资金，即一些合伙人在投入股权的同时配套投入债权，用于共同运作某一投资项目。此外，合伙企业自身也可向商业银行申请贷款。

（3）税收优惠。

合伙企业必须提交信息税报 1065 表和州要求提供的纳税信息，但他们通常不需要支付所得税，合伙企业收入支出等信息通常通过 K－1 表传递给合伙人，由合伙人纳入自身的所得税表申报并缴纳所得税，故合伙企业也避免了 C 公司的双重征税问题。

基于上述特征，合伙企业通常是有融资需求的项目或合伙创业项目最常见的组织形式，像微软、苹果、推特等均起源于合伙企业。

（三）有限责任公司

有限责任公司（LLC）是最灵活的企业组织类型之一。有限责任公司结合了合伙企业和法人公司（C 公司）的特点。它们保留了个体户的税收优惠和法人公司的有限责任两种特征。有限责任公司在纳税处理上可以选择按 C 公司、合伙企业或个体户形式处理，只要其不选择按 C 公司报税，就可按流转实体将纳税义务传递给股东从而避免双重征税。

此外，有限责任公司还享有有限责任地位。在有限责任公司中，公司作为独立的法律实体存在，这可以保护有限责任公司的所有者不为公司的经营和债务承担个人责任。有限责任公司所有股东都可参与经营管理，不同于有限合伙人。大部分州不限制 LLC 的股东类别和数量。

有限责任公司的成立手续并不复杂，主要包括：

（1）确立公司名字；

（2）向当地管理部门报送公司章程（Articles of Organization）并交申报费；

（3）制定运营协议（Operating Agreement），说明如何运营及股东权责等；

（4）部分州要求公告；

（5）取得执照及相关审批。

有限责任公司的缺点主要包括：公司不能上市，如需上市则在 IPO 前必须将公司转为 C 公司；不同州对 LLC 限制不同，有些会限制行业。

（四）法人公司

法人公司（Corporation）是由股东创建的一个独立的法律实体。成立一家法人公司可以保护所有者免受个人对公司债务或法律纠纷的责任。与其他三种类型的企业相比，法人公司的创建更为复杂。必须起草公司章程，其内容包括拟发行的股份数量、业务名称和地点以及业务目的等信息。

在个体户和合伙企业中，如果有一个所有者去世或宣布破产，公司就会解散，而法人公司作为一个法律上独立的实体存在，即使企业所有者去世，其自身将继续存在。

法人公司主要有三种类型，分别为 C 公司、S 公司和非营利性公司。C 公司是最常见的法人公司形式，公司作为一个商业实体纳税，所有者获得的利润也要单独纳税；S 公司与 C 公司类似，但最多只能由 100 名股东组成，但 S 公司在税收上可按合伙企业处理，作为流转实体将自身纳税义务传递给股东，所以利润不会被重复征税；非营利性公司通常是慈善组织的主要形式，非营利公司所有形式的现金流入都必须用于组织的运营或未来计划，原则上其收入是免交所得税的。

法人公司一般有如下特征：

1. 有限责任

法人公司在法律上是一个独立的实体，类似于独立的“人”，公司的运作方式与人相同，拥有与人相同的权利和责任，公司可以订立合同、承担责任、起诉和被起诉。公司独立于股东、董事和雇员而存在，公司及其股东和董事对彼此有特定的责任和义务，股东的责任以其所持有的股份为限。

2. 持续经营

法人公司不受所有者死亡或转让股份的影响，企业可以无限期地继续运营，这满足了投资者、债权人和消费者对被投资实体稳定持续存续的要求。

3. 融资便利

法人公司通常为比较成熟的公司，其面临的监管也更加严格，股权相对容易转让，故其更容易从市场获得融资。一般上市公司均要求为法人公司。

（五）企业组织形式的选择

当投资者考虑开始投资或业务经营前，其需要根据业务特征、风险、未来发展规划等因素选择合适的企业组织形式，组织形式一旦选定一般不容易变更，尤其当不同组织形式间纳税处理存在较大差异时，形式变更将带来较大成本，故在企业成立前考虑合适的组织形式尤为重要。

通常情况下，投资者在选择企业组织形式时，应考虑如下因素：

1. 灵活性

灵活性主要考虑哪种组织形式能实现投资者的预期增长或最终发展目标。个体户是最为简单灵活的组织方式，但当企业规模逐渐扩大时，其必须寻求转换成其他形式，若企业未来有上市目标，则其在上市前必须转换为法人公司。

2. 复杂性

复杂性主要考虑企业成立时的难易程度和后期的维护成本，个体户是创业和运营复杂性最低的组织形式，仅需要注册名字，开始做生意，报告利润，并将其作为个人收入纳税，但其很难获得外部资金。另外，合伙企业需要签署协议来定义角色和分享利润的比例。州政府和联邦政府对法人公司和有限责任公司有各种报告要求。

3. 责任

由于法律规定法人公司是独立的法律实体，个人承担的公司连带责任最小，这意味着债权人和客户可以起诉公司，但他们不能获得管理人员或股东的任何个人资产。有限责任公司提供与个体户相同的保护，但享有个体户的税收优惠。根据合伙协议的规定，合伙企业在合伙人之间分担责任。

4. 纳税因素

个体户、有限责任公司等流转实体所有的利润都被视为个人收入，并在年底相应地纳税。作为一名小企业主，人们往往希望在初创期避免双重征税，则流转实体类组织形式是其最佳选择。法人公司每年提交自身的纳税申报表，在扣除费用（包括工资）后按利润纳税，如果投资者从法人公司支付自己的工资，则其收入应缴纳个人所得税。

5. 控制权

如果投资者想单独或主要控制企业及其活动，个体户或有限责任公司可能是最好的选择，投资者也可以在合伙企业合伙协议中协商这种控制。

法人公司在公司成立之初，可以实现由投资者独立控制，但随着公司的发展，则需要通过组建董事会的方式实现决策，对董事会实现控制往往需要投资者在董事会占有足够的席位。

6. 融资因素

如果投资者需要从其他投资者、风险投资家或银行获得外部资金，则最好成立一家法人公司，其将比个体户更容易获得外部资金。此外，公司可以通过出售股票来获得额外的资金以促进增长，而个人经营者只能通过个人账户、使用个人信贷或雇佣合伙人来获得资金。有限责任公司也可能面临类似的困境，不过，作为独立的实体，其融资难度略低于个体户。

7. 执照、许可证和规章制度

企业运营过程中，对于一些特定业务，往往需要取得州或联邦政府颁发的业务许可或执照，而各州对不同的业务执照要求的组织形式不同。

二、个体户纳税

如前所述，个体户经营收入支出事项纳入经营者个人所得税处理，即纳税人需将其经营的收入支出等事项在个人所得税表中填报。

在个人所得税报1040表中，纳税者应将个体户经营收入和支出填报在附表1（Schedule 1）中的明细表C（Schedule C-profit or Loss From Business）中。明细表C中要求详细列出收入和费用情况，收入等于总销售收入减去退货（或补贴）和销售成本加上其他收入，费用包括销售费用、经营相关管理人员费用（含员工工资、保险等福利）、办公费用、财务费用等。具体纳税事项详见个人所得税部分。

三、合伙企业纳税

合伙企业为流转实体，自身不纳税，但需要填信息税报1065表（Form 1065），同时要将收支项目通过K-1传递给合伙人交税。合伙企业纳税主要从合伙企业层面和合伙人层面讨论出资组建、运营、收益分配等业务活动中相关涉税数据的计算、纳税基础的确认等。

（一）出资组建

合伙企业由合伙人共同出资组建，合伙企业无股票，合伙人的出资及收益权分配等由合伙协议约定。合伙人一般通过投资现金、资产或服务取得合伙权益。

1. 基本原则

原则上，当合伙人投入现金或资产时，合伙企业与合伙人都不确认损益，合伙人投入服务换取利润收益权（Profits Interest，能获得收益但不能取得清算资产分配）时则不用交税，如合伙人用服务换取资产收益权（Capital Interest，能获得清算资产分配）则应按服务的公允价值确认合伙人的毛收入，合伙人可根据服务类型将服务确认为资产或纳入抵扣。

合伙企业自身不能承担债务，必须由合伙人承担，当合伙人投入的资产包含债务，且债务由其他合伙人承担，同时债务超过其投入资产的纳税基础时，则视为投资人取得了补价（Boot），该情况称为超额负债，在超额负债情况下债务超过投入资产纳税基础的部分投资人应确认收益，要缴纳所得税，且投资人该合伙权益投资的纳税基础为0。

2. 合伙人的纳税基础

合伙人持有合伙权益的纳税基础即合伙人投资的基础与合伙人投入的资产、承担的负债及合伙企业后期运营损益等有关，具体计算公式如下：

纳税基础 = 合伙人投入的现金 + 投入资产的纳税基础 - 其他合伙人为本合伙人投入资产带来的负债承担的金额 + 合伙人确认的收益 + 运营中所有收益（常规收益、资本性收益、免税收益）- 投资损失（以合伙人投资的纳税基础抵减到0为限）- 合伙企业分配的收益。合伙人因承担其他合伙人债务而产生的债务增加视为用现金投资，其纳税基础会增加。

3. 合伙企业持有资产的纳税基础

合伙企业在投资时接收合伙人资产的，合伙企业接收的资产的纳税基础等于投资者投入时的资产纳税基础加投资者确认的收益加后期资产盈利，该纳税基础称为内部纳税基础（Inside Basis）。

关于资产的持有期间，如果合伙人投入的资产为1231资产或资本性资产时，持有期间应包括合伙人投入前持有期间，一般为长期的；如果合伙人投入的为常规资产（存货、应收款等），持有期间从合伙人投入合伙企业时算起，一般为短期。

合伙人出资的资产中本身已有增值或减值的部分，则应在出售时将出资时的资产公允价值减去原纳税基础的部分分给原出资人，超过出资日公允价值的部分损益按比例分配给所有合伙人。

（二）运营

1. 基本要求

合伙企业的运营会使合伙企业自身持有的资产、合伙人投资权益的纳税基础等发生变化，我们需要合理计算相关资产的纳税基础变化信息，以保证相关人员能依靠准确的信息报税和纳税。

合伙企业每年应将经营信息（收入、支出、损失、抵扣、抵免等）通过1065表报给IRS，可以选择日历年（3月15日前报）也可以选财年（财年结束后第三个月的15日前报），当企业无法按时完成税报时，可通过填报7004表申请将1065表自动延期六个月报送。

合伙企业应将常规收入、有特殊税务特征的收益、抵扣等详细信息在1065表中的K表上计算，按合伙人份额计算出每位合伙人应享有的金额并通过K－1表传递给每位合伙人。非单独列报项目先在1065表上计算出净值后再分摊给合伙人并填入其K－1，单独列报项目应按比例分摊至合伙人的K－1。合伙人在完成1065表报送前应将K－1表发给每位合伙人供其申报所得税使用。

2. 合伙企业层面

在运营中，合伙企业层面主要考虑填报信息税报1065表，其须关注税报的列报内容、明确合伙企业处置资产等事项的损益确认原则，同时做好相关抵扣项目核算与列报。

（1）列报。

1065表上要求列报合伙企业收入和支出情况，从而计算出合伙企业净损益情况，在列报中部分项目可在底稿中计算出净值后直接列报，即非单独列报，对于有特殊税务特征的信息应在税报中单独列报。

非单独列报项目通常为常规经营损益相关项目，由以下部分组成：毛利润、经营费用、折旧、摊销、1245/1250 损益等。

单独列报项目一般有特殊税务特征，包括：资本性收益与损失，1231 损益、慈善捐助、股票等被动收入、179 费用抵扣、海外所得税、租赁资产净损益、合伙人保证付款、投资债务的利息费用等。

（2）处置资产损益确认。

合伙企业处置资产的损益确认取决于该资产的用途和性质等，用于运营的一般计入常规收益，用于资本性用途的则计入资本性损益。

如果合伙人投入的资产为资本性资产，在投入后五年内出售该资产产生的损失以投入时未确认的资本性损失为上限进行确认，即合伙企业持有该资产期间不能确认损失，但可确认收益。

（3）抵扣。

虽然合伙企业不直接纳税，但其应将相关抵扣数据填入 1065 表中的 K 表，并将其按合伙人享有的份额填入给合伙人的 K－1 中。以下为几个主要考虑的项目：

a. 合伙人保证付款。合伙人保证付款为合伙企业向合伙人支付的固定报酬，类似于合伙企业向合伙人支付工资，该付款跟工资处理原则一样，合伙企业可纳入抵扣，收到的合伙人应缴纳所得税和自雇税；如果企业发的是非保证付款，则视为分配后撤资，一般不交税，企业发给合伙人的小额福利也视同保证付款处理。合伙企业给合伙人支付的退休计划缴款应按保证付款处理。

b. 退休合伙人收到的退休福利，为合伙人的常规收入，合伙人应缴纳所得税，企业可将支出作为可抵扣的费用。

c. 企业的一些税收处理选择、会计政策选择由合伙企业做出，合伙企业开办费和组建费抵扣处理与 C 公司一致。

d. 合伙企业与融资相关的宣传费等（Syndication Cost，如发行材料相关费用）不可抵扣。

e. 抵债，合伙企业用利润或合伙权益支付负债，则债务减少金额与支付的资产的公允价值的差作为合伙企业收入处理。

3. 合伙人层面

合伙企业收入中合伙人享有的部分直接传递给合伙人交税，同时合伙人税基上升，未来分配时合伙人税基下降，合伙人收到的分配不用交税。企业运营时合伙人投资权益的纳税基础会不断变化，合伙企业收益增加（含免税和应税）、合伙人增资和为其他人承担债务等都会增加合伙人纳税基础，后期企业经营产生的损失、抵扣增加、减资或减少负债会降低合伙人纳税基础。合伙人的纳税基础不同于合伙企业的纳税基础，其称为合伙企业外部纳税基础（Outside Basis），其等于合伙人资本账户余额加合伙人承担的负债。

如前所述，合伙企业合伙人在新税法下合格商业收入可享受20%的抵扣（QBI抵扣），同时合伙企业的损失也可传递给合伙人抵扣，可抵常规收入，但是可抵扣的金额受限于合伙人税基、在险资产价值、被动投资活动、超额商业损失，具体规则详见本书个人所得税部分中商业性活动损失的抵扣限制相关内容。

（三）非清算分配

非清算分配指合伙企业在清算前，正常运营时根据合伙协议或合伙人约定向合伙人分配收益或本金。

1. 基本规则

由于合伙企业日常收益均已传递给合伙人交税，合伙企业分配的以前年度收益理论上均为税后收益，故一般非清算分配时，合伙企业和合伙人均无须纳税，合伙人投资权益的纳税基础会因收到分配而减少，如分配多个资产时，默认的分配顺序为：现金、未实现应收款与存货（按调整后税基）、其他资产（调整后税基），合伙人权益纳税基础的削减也按此顺序进行，直到将税基减为0为止。

如合伙人收到的现金大于合伙权益的纳税基础，则超过的部分确认为收益，合伙人收到的资产的纳税基础等于分配时资产在合伙企业的纳税基础，特殊情况为：当资产的纳税基础超过了合伙人权益的纳税基础，分配时合伙人权益的纳税基础最多只能削减至0，故合伙人收到该资产的纳税基础等于合伙人权益的纳税基础，也即合伙人未来出售该资产时，其在分配时未确认的收益会在出售时一并实现并确认。

2. 754选择和743（b）下的税基调整

IRC第754节（Section 754）规定了与合伙企业拥有的资产有关的复杂问题。根据第754节，合伙企业可以在财产分配或合伙权益转让时调整合伙企业资产的税基，也即第734（b）节［Secs. 743（b）］下的纳税基础调整，合伙企业需在选择按第754节处理的当年报税时填报754选择的情况方可使选择生效。

第743（b）节调整主要针对合伙人出售（转让或合伙人死亡）权益给新合伙人后新合伙人实际投资的纳税基础（一般以购买权益的公允价值为基础，即外部纳税基础）与其在合伙企业中实际享有权益的纳税基础（以合伙企业资产调整后税基为基础，即内部纳税基础）不同而做的调整，将新合伙人在合伙企业的内部纳税基础调整为外部纳税基础，调整额等于新合伙人投入资产的税基减去新合伙人在合伙企业享有权益的税基，该调整调增了合伙企业权益的纳税基础，即该调整使新合伙人内外的纳税基础金额相等，该调整仅为税务上针对新合伙人产生的调整，不影响其他合伙人的纳税基础，不影响合伙企业账务处理。

例如，五位合伙人每人出资10万美元，以50万美元的价格购买了一处房产。该房产现在的市场价值为100万美元。每个合伙人的内部纳税基础仍然是10万美元，他们的外部纳税基础仍然是每个人10万美元。现在，其中一位合伙人以20万美元的价格出售其所有合伙权益，并对其出售产生的10万美元收益缴纳所得税。如果不进行754选择，资产的内部纳税基础将不经调整地转移给新合伙人，新合伙人的内部成本基础为10万美元，而其外部纳税基础为20万美元。如果合伙企业决定以100万美元的价格出售该房产，则每个合伙人将获得10万美元的应税收益（包括新合伙人）。通过在所有权转让时进行754选择，新合伙人的内部纳税基础将增加到20万美元，在房产出售时新合伙人将无须纳税。

未来合伙企业出售资产时，其形成的收益等于资产卖价减去资产原纳税基础，再减去743（b）调整额，该收益将分配给除新合伙人以外的合伙人。

（四）清算分配

清算分配主要包括合伙企业清算注销时的完全赎回、合伙人出售合伙权益和合伙人死亡或退休时清算三种情况。

1. 清算注销

合伙企业清算注销时，原则上清算分配中合伙人和合伙企业均不确认收益和缴纳所得税，合伙人取得的资产的纳税基础会等于合伙人权益的纳税基础减去现金分配后的金额，这样清算完毕后合伙人权益的纳税基础将为0。合伙企业层面对任何资产分配均不确认损益，所有清算费用等都应在关闭前分摊到合伙人的纳税基础上去。

如分配中合伙人收到的现金大于合伙人的纳税基础，超过的部分合伙人确认收益，只有当合伙企业只分配现金和高流动性资产（Hot Asset，如存货和应收款）时，且合伙人收到的高流动性资产的纳税基础小于扣除现金分配后的合伙人的纳税基础时才确认损失。

清算最终，合伙人收到的非现金资产的纳税基础等于合伙人在合伙企业权益的纳税基础减去已收到的现金分配；如不等于则要先按如下税基下调（Step Down）或上调（Step Up）规则调整后再分配。

（1）税基下调规则。

当合伙企业分配的非现金资产的纳税基础大于合伙人权益的纳税基础减去现金分配后的金额时，需采用税基下调规则调整分配资产的税基。

因最终要将合伙人权益的纳税基础减为0，所以要调减分配资产的纳税基础，使其等于合伙人剩余的权益的纳税基础。首先应将合伙企业分配的非现金资产的纳税基础大于合伙人权益的纳税基础减去现金分配后金额的差额调减资产中未实现的折旧，仍有剩余的按各资产调整后纳税基础的占比分摊，最后使分配资产的纳税基础等于合伙人权益的纳税基础减去现金分配后的金额。

（2）税基上调规则。

当合伙企业分配的非现金资产的纳税基础小于合伙人权益的纳税基础减去现金分配后的金额时，需采用税基上调规则调整分配资产的税基。

因最终要将合伙人权益的纳税基础减为0，所以要调增分配资产的纳税基础，使其等于合伙人剩余的权益的纳税基础。首先应将合伙企业分配的非现金资产的纳税基础小于合伙人权益的纳税基础减去现金分配后金额的差额调增资产中未实现的增值，仍有剩余的按各资产公允价值占比分摊，最后使分配资产的纳税基础等于合伙人权益的纳税基础减去现金分配后的金额。

2. 出售合伙权益

合伙人出售合伙权益时，应将出售价格减去其在合伙企业中权益的纳税基础的差额确认为资本性损益。如果合伙企业持有高流动性资产（存货和未实现应收款等），应将出售收入减去合伙人纳税基础后的金额中属于高流动性资产产生的收益的部分确认为常规收入，剩余部分确认为资本性损益。

如果合伙人出售合伙权益发生在年中，合伙企业的经营收益应按持有天数在出售者与新合伙人间分摊。

3. 合伙人退休或死亡

合伙人退休或死亡而清算其持有权益的，应用合伙人（或其受益人）收到的资产价值减去合伙人权益纳税基础后的差额确认资本性损益。

如果合伙人收到的资产视为合伙人收入而不是清算合伙权益，此时合伙人收到的资产将按公允价值为基础按常规收入纳税。

（五）其他事项

1. 关联交易

合伙企业与合伙人的交易一般情况下将合伙人视为外部人，当正常交易处理。

若合伙人持有合伙企业资本或收益权超50%以上，则双方交易将被认为是关联交易，此时交易产生的任何损失双方均不可抵扣。关联交易只要不是资本性资产，其产生的收益均按普通收入交税。

若一个合伙人控制的两个合伙企业间进行交易，其交易产生的损失也是不可抵扣的，如购买者之后卖出资产，只有卖出收益超过之前不让抵扣的损失的部分才需缴税，如该规则下该出售收益合伙人不用交税，则合伙人的税基应按相应比例增加（类似免税收入）。

公司、合伙企业、遗产基金、信托持有的权益（间接或直接）应按比例分摊给其股东、合伙人或受益人来考虑累计持股比例。

个人家庭成员（兄弟姐妹、同父异母或同母异父兄弟姐妹、直系亲属等）直接或间接持有合伙企业份额的视同本人持有，即视同持股原则，该规则不可使用两次，即一个亲属不能被视同持股 2 次。

2. 合伙终止

当满足下列任一条件时，合伙企业可以宣布终止并进行清算：

(1) 合伙企业所有活动不可持续；

(2) 任何一个合伙人要求终止；

(3) 合伙人小于 2 人时。

四、LLC 公司纳税

有限责任公司（LLC）是独立的法人实体，兼具 C 公司股东有限责任和合伙企业或 S 公司税收可传递给股东的特征。

LLC 公司税务上可以认为是 C 公司、合伙企业或所有者的一部分，一般有 2 个以上股东的 LLC 默认为合伙企业，只有一个股东的 LLC 公司默认为非独立实体（个体户），但他们也都可以选择报 8832 表改按 C 公司纳税。

LLC 清算可按 C 公司或合伙企业或 S 公司的规则处理。

五、C 公司纳税

C 公司与我国的股份有限公司基本相同，公司发行股份获取资金，股东通过行使投票权来决定公司重大事项，公司一般成立董事会，代表股东履行权利，董事会聘请管理层进行日常经营管理。C 公司是完全独立运作的法人，其经营产生的权责与股东完全隔离，相当于独立的“个人”，故 C 公司自身需要像“个人”一样缴纳企业所得税，当其将收益分配给股东时，股东往往还需要缴纳个人所得税，故 C 公司存在双重课税的问题。

C 公司纳税主要讨论出资组建时、正常运营时、非清算分红和清算分红时股东和公司自身涉及的纳税问题。

（一）出资组建

C 公司组建时一般发行股票给股东，股东可通过现金、服务或其他资产换取股权，但不同出资形式对公司和股东来说其纳税处理存在差异。

1. 公司角度

对公司而言，发行股票、买入或卖出库存股时，不论其买入卖出交易是否形成差价，均不确认损益，无须纳税。

当公司接受投资时，换入资产的纳税基础与换入资产原有纳税基础及交易中股东是否已确认损益等有关。公司换入资产的纳税基础等于如下两项中取大值：

a. 公司取得资产的调整后纳税基础（Adjusted Basis）+ 股东已确认的收益；

b. 企业承担的债务。

2. 股东角度

对于股东投资入股的纳税处理，IRC 第 351 节（Section 351）明确了股东可不确认损益的情况，对于不满足 351 节要求的投资入股，投资人可能需根据情况确认收益。

（1）第 351 节主要要求。

第 351 节规定的投资必须同时满足如下要求：

a. 股东必须投入现金或其他资产（Property）交换股票；

b. 股东投入上述资产只用于交换公司股票；

c. 交易完成后股东立即获得 80% 的控制权，可以是几个人一起投资的，但要满足合并持有投票权占总投票权数量的80%或以上且合并持有股票数量占所有类型股票数量总和的80%或以上。若股东以投入服务换取股权的，投入服务换取的部分在计算时不得纳入。

（2）满足第351节时的纳税处理。

一般情况下，满足第351节条件的投资股东不会确认损益，并以投入资产的账面净值（Net Book Value，NBV）作为投资的成本，下列特殊情况除外：

a. 投资者收到补价（Boot），此时投资者应确认的收益等于股东已实现损益或收到补价的金额两者中取小值；

b. 股东投入了服务，此时服务不纳入上述80%指标的股权计算中，且投入的股东应将服务确认为常规收入；

c. 公司为股东承担了超额负债，即股东投入资产的账面净值（NBV）小于公司为股东承担的负债，此时股东应将超额负债部分（即公司为股东承担的负债减去股东投入资产的NBV）确认为收益，且此时股东投资的股权的纳税基础为0。

（3）不满足第351节时的纳税处理。

当投资者的出资不满足第351节的要求时，如投资者投入的为非服务类资产，则投资者应确认的收益等于投资资产的公允价值减去资产的账面价值；如果投入的为服务，则投资者应将服务全部确认为收入；如投入的为现金，则无须确认收益。

不管何种类型投资，股东取得股票的纳税基础按如下公式计算：

股票的税基 = 投入资产的税基 + 投入服务的公允价值 + 股东确认的收益 - 投资者收到的现金补价 - 企业承担的负债 - 投资者收到的非现金补价

（二）运营

C公司自成立之日起就必须根据税法要求每年报税，公司运营期间自身需要根据其收入和支出、抵扣等情况计算所得税义务，并将其填报在税表1120上。

C公司应税收入计算与个人所得税类似，均为毛收入 - 成本费用 - 特殊抵扣后计算而得，应税收入×税率减纳税抵免后为企业纳税义务。C 公司联邦企业所得税税率自 1909 年以来均采用累进税率制，1994～2017 年采用 8 档收入课税制，最低税率为 15%，最高税率为 39%，2017 年末特朗普总统公布的减税与就业法案（Tax Cuts and Job Act）将企业所得税率统一调整为 21% 且沿用至今。

1. 毛收入

C 公司企业所得税与个人所得税的应税收入项目基本类似，包括销售收入、服务收入、租金收入、投资收入、偶然所得等，但企业的免税收入项目少一些，不过市政债券利息、人寿险赔偿对企业和个人都是免税的。企业所得税应税收入以收到时点为纳税义务时点，预收的租金、利息、会费等收到时就纳税。

根据 IRS 公报 538 号 – 会计期间和方法（Publication 538 – Accounting Periods and Methods），公司成立后首年报税时可以选择采用收付实现制或权责发生制进行账务处理和报税，但选择后不得随意变更，后期变更需征得 IRS 同意。大部分个人和小型企业前 3 年年均总收入（Gross Receipts）不超过 2 600 万美元的可以选择使用收付实现制（Cash Basis）报税，必须使用权责发生制（Accrual Basis）报税的企业为：

a. 前 3 年年均总收入超 2 600 万美元的企业，存货进出必须使用权责发生制；

b. 避税主体［Tax Shelter，具体标准参见 IRC. Sec. 448（d）（3）］必须使用权责发生制；

c. 年总收入超 2 500 万美元的农业企业必须使用权责发生制；

d. 年均总收入超 2 600 万美元的 C 公司、有 C 公司合伙人的合伙企业或有非主营业务相关交易的信托公司必须使用权责发生制。

2. 成本费用的抵扣

C 公司的抵扣与个体户类似，基本所有运营相关费用都可抵扣，与个人一样，借款投资于免税证券的利息费用不可抵扣。不同的是，C 公司企业所得税直接用收入减所有抵扣项计算应税收入，而没有个税的 AGI 和分项抵扣、标准抵扣的概念，企业的资本性收益没有税收优惠，与常规收入一样纳税。

（1）存货计价方法。

对于生产、贸易型企业来说，存货的计价方法与销售成本的确认息息相关。税务上存货计价方法与会计上基本一致，如上所述，企业过去3年年均总收入超2 600万美元的必须使用权责发生制，存货方法变更必须报IRS审批。

常见的存货计价方法包括：成本法、成本与市价或净可回收额孰低法、移动平均法（Rolling-average Method，税务上不许使用）、售价法（Retail Method，用于大量类似类型存货，存货价值 = 售价 - 利润率）等，具体可参见会计准则相关规定。

此外，存货的盘存方法（Inventory Valuation Method）影响成本在不同类型存货间的分配，IRC第263A节（Section 263A）规定前3年年均总收入超2 600万美元的企业应将特定成本统一资本化形成存货。常见的存货盘存方法包括：先进先出法（First in First Out）、后进先出法（Last in First Out，使用该法时财报也应用同样方法）、加权平均法（Weighted Average Cost）个别计价法（Specific Identification）。对于老旧商品（Obsolescent Goods）可按30天内预期售价减去处置费用后的价值计价。

（2）商业费用抵扣。

商业费用主要包括企业常规经营中发生的除主营业务成本外的必要费用支出，不同费用抵扣规则不同，具体如下：

a. 组建费和开办费。

公司组建和开办费各可以抵扣5 000美元，剩余部分从公司正式运营时起分180个月摊销，但当总的组建费或开办费超过5万美元时，每超1美元，则5 000美元的额度削减1美元。即当公司开办费为5.2万美元时，其开办当年可抵扣额度等于3 000美元（即5 000美元 - 2 000美元），剩余4.9万美元可在未来180个月内摊销。

公司组建费是指与组建公司、合伙企业或有限责任公司（非个体户）有关的费用。这些费用可能包括法律、管理、咨询、会计和存档费用等。在合伙企业或C公司中发行和营销权益的成本，如经纪、注册、法律费用和印刷费用，不符合组建费要求。

公司开办费包括对潜在市场、产品、劳动力供应、交通设施等的分析或调查支出；为开业做广告的支出；接受培训的员工及其培训师的薪酬支出；为获取潜在经销商、供应商或客户而发生的差旅费和其他必要成本；管理人员、顾问或类似专业服务的工资和费用支出。

开办费用如同时符合下列两项要求，便可抵扣：支出是用于公司目前主营业务领域，为了运营现有活跃贸易或业务所发生的支出；相关支出必须是在这项活跃贸易或业务正式开始运转前支付或发生的。

允许抵扣的费用一般包括：设立时的律师费、会计服务、临时董事、股东会费用、企业注册费；不允许抵扣的费用包括：与组建或开办无关的费用，如融资、转移资产的费用等。

b. 折旧、摊销和耗减。

公司运营中可对资产进行折旧、摊销和耗减。企业持有的无形资产按15年直线法摊销，其他资产的折旧、摊销及耗减与个人所得税下规则一致，具体可参见个人所得税部分。

c. 高管薪酬。

公司支付给高管的薪酬不可以无限抵扣，公司支付给首席运营官（CEO）、首席财务官（CFO）和其他高管的薪酬中，前3个薪酬最高的高管的总薪酬每年最多只能抵扣100万美元，超过部分不得抵扣。

公司高管和合并持股10%以上股东的娱乐费用只有在其个人毛收入中纳税时才允许在企业抵扣。

d. 预提的非股东雇员的奖金。

公司预提非股东雇员的奖金是当所有发放该奖金的条件已达成、金额可合理确定并在年度结束后2.5个月内支付时才可以纳入抵扣。

e. 利息费用。

C公司用于商业目的债务的利息费用大部分均可抵扣，预付利息时应按权责发生制将利息分摊到相应期间抵扣，投资免税证券的借款形成的利息不可抵扣。

f. 慈善捐助。

公司对外进行慈善捐助的，其可抵扣的捐助支出会受到一定限制。每年最多可抵扣金额等于调整后应税收入（Adjusted Taxable Income）的10%，当年预提的捐助支出必须在年度结束后3.5个月内实际付出才能纳入抵扣，当年未抵扣的捐助费用可往后带5年进行抵扣，以后每年抵扣时金额仍然受上述10%的限制，抵扣顺序按时间先后进行。

调整后应税收入等于毛收入减去除了慈善捐助、分红抵扣、资本性损失转回以外的抵扣后的收入。

g. 商业相关意外损失、罚款及非法付款。

公司遭受与商业经营相关的意外损失时，可将保险未赔付部分的商业相关意外损失进行抵扣，根据产生损失的资产类型不同可分为资本性损失或常规损失。

公司意外损失抵扣和个人所得税下的意外损失抵扣完全不同，个人所得税下意外损失必须为发生在联邦灾区且受单个损失100以上，总额超AGI的10%才可抵扣等规则限制。

如果公司财产遭受部分损失的，可纳入抵扣的损失为资产公允价值下降值或损失发生前资产的调整后税基中取小者，财产完全损失的，可抵扣损失为资产损失前的纳税基础。

根据税法规定，企业被政府单位处罚而支付的罚金及企业向外部单位或个人支付的非法付款（如贿赂、回扣等）均不可抵扣。

h. 人寿保险费。

公司支付的人寿保险费，如果是为员工购买，但受益人是公司的，则保险费支出不可纳入抵扣，如员工为保险持有人且为受益人，则公司支出的保险费可作为员工福利支出纳入抵扣。

i. 礼品、招待费、政治相关费用。

公司为拓展业务或商业关系而赠送给他人的礼品支出、招待费用支出可在一定限额内进行抵扣，公司参与竞选游说（Lobbying）或资助竞选人等与政治相关的费用支出均不可抵扣。

礼品费支出方面，每个接收者收到的礼品金额在25美元以内的，公司可纳入抵扣，超过部分不得抵扣；公司商务招待中的餐费可按50%的比例纳入抵扣，招待中的娱乐项目支出不得抵扣。

j. 联邦、州、地方和海外税费。

公司可以纳入抵扣的税费支出包括与商业相关的州、地方税和联邦工资税，企业支出的联邦所得税不可以纳入抵扣。

公司在海外经营已经缴纳的海外企业所得税可在一定限额内纳入抵扣或申请抵免，申请抵免时需填报税表 1118（Form 1118，Foreign Tax Credit-corporations），超过当年抵免限额部分可以往前带一年、往后带 10 年进行抵免。

在 2017 年特朗普总统税改前，海外税抵免限额一般分被动收入和常规收入分别设置抵免限额，企业还可以将持有 10% 以上投票权且取得分红收入的海外子公司缴纳的海外所得税纳入抵免。2017 年特朗普总统税改对海外所得税抵免规则进行了重大改革，扩大了受控外国公司的范围，增加了海外收入类型的分类，并调整了不同类别收入的税率及抵扣限额。法案中增加了全球无形低税所得（Global Intangible Low-taxed Income，GILTI）和海外分支机构收入（Foreign Branch Income）两个类别，同时增加了反税基侵蚀条款（Base Erosion and Anti-abuse Tax），具体可参阅本书跨国税收相关专题部分。

在进行海外税费抵免时，抵免额不得超过该部分收入在美国税法计算下需要缴纳的税收金额，且不同类别收入要满足税法对该类别收入单独设置的抵免限额要求。

k. 资本性收益与损失。

公司的资本性收益按正常税率纳税，无优惠收率（个人所得税下有优惠税率）。

公司的资本性损失抵扣规则与个人或纳入个人税表报税的实体不同，公司的资本性损失只能抵扣资本性收益，不可抵扣常规收入，当年未抵扣完的资本性损失可往回带 3 年，往后带 5 年进行抵扣，带的时候会按短期资本性损失处理。

3. 收到分红的抵扣

C 公司收到其投资的公司分红时可根据持股比例不同享有不同比例的

分红抵扣（Dividends Received Deduction，DRD），提供该抵扣主要是为削减C公司双重纳税影响。

（1）抵扣比例。

DRD抵扣的标准抵扣比例为：

收到持股小于20%的企业分红可抵扣50%［即实际税率=21%×(1-50%)=10.5%］；

收到持股20%～80%的企业分红可抵扣65%(即实际税率7.35%)；

收到持股大于80%的企业分红可抵扣100%。

（2）条件。

DRD抵扣只适用于C公司，且不适用于公司从银行、储蓄机构、公共事业单位、免税机构获得的分红。

C公司想获取DRD抵扣，其必须满足股权的持有期限要求，即投资者在股票除息日前后各45天内（共91天）至少持有投资超过45天，不满足该条件的无法获得抵扣。

若投资人持股比例少于80%（即抵扣比例为50%和65%时），DRD可抵扣额还要受到应税收入限制，具体可抵扣额为抵扣比例乘以企业调整后的应税收入和标准抵扣比例下的可抵扣金额中取小，如果考虑DRD抵扣后会增加净经营损失（Net Operating Loss，NOL），则不考虑应税收入限制，即取标准抵扣。持股80%以上即100%抵扣时也不受应税收入限制。

上述调整后的应税收入等于应税收入加上分红、以前年度带来的NOL(Carry Forward NOL)、资本性损失的转回（Capital Loss Carryback）时的收入，即不考虑上述分红抵扣、NOL抵扣和资本性损失转回等因素时的应税收入。

（3）计算方法。

公司在计算DRD抵扣金额时可按如下步骤进行：

a. 根据持股比例计算标准抵扣下的抵扣额=合格分红金额×抵扣比例；

b. 计算考虑收入限制时的抵扣额=应税收入（调整后）×抵扣比例；

c. 比较a和b步骤计算的结果，取小的值为实际DRD可抵扣的额度，不受收入限制的投资可不用计算b步骤。

d. 如果企业应税收入（调整后）扣除 a 步骤计算的抵扣额后形成 NOL，则直接用 a 步骤的结果为实际抵扣额。

4. 净运营损失（NOL）的处理

根据 TCJA 规定，公司在 2017 年底前产生的 NOL 可往前带 2 年，往后带 20 年进行抵扣，抵扣时不受抵扣额不超过应税收入 80% 的比例限制，2017 年底后产生的 NOL，可往后无限期带，每年能抵扣额不超过当年应税收入（不含 NOL 抵扣）的 80%。

如果以前年度带过来的 NOL 金额大于当年应税收入的 80% 时，则公司应调整应税收入并确定本年可抵扣 NOL 金额，剩余 NOL 金额，在计算本年剩余 NOL 时要遵循以下规则：

a. 计算时不可抵扣慈善捐赠；

b. 不能含以前年度 NOL；

c. 以前年度带到本年的资本性损失可抵扣本年资本性收益，净额可纳入 NOL 计算中，但以后年度的资本性损失往回带的不能纳入 NOL 计算中。

2020 年 3 月 27 日，为应对新冠疫情对企业造成的负面影响，美国国会签署通过了一项新冠援助、减负和经济保障法案［Coronavirus Aid, Relief, and Economic Security（CARES）Act，以下简称“CARES 法案”］，该法案允许企业在 2017 年 12 月 31 日到 2021 年 1 月 1 日期间将企业产生的 NOL 往回带不超过 5 年，即可以用于抵扣过去 5 年内企业的盈利，若企业在过去 5 年内有纳税的盈利且 2017 年 12 月 31 日至 2021 年 1 月 1 日期间产生 NOL，则可用 NOL 抵扣以前已交税盈利，并获得退税。

（三）非清算分红

非清算分红主要指企业正常运营时将利润分配给股东的行为，由于 C 公司股东需对收到的投资收益缴纳所得税，故区分分红中属于投资者本金和收益的部分显得十分重要。此外，C 公司还存在一些视同分红的情况，如符合条件的与股东间的交易和资金往来、符合条件的股票回购等。

1. 可分红资源计算

可分红资源为公司通过经营获取的累计可分配收益，等于公司累计盈余加当年利润（Earning & Profit，EP），是分红的基础，超过 EP 部分的分红视为向股东归还本金。

C 公司在分红前要计算 EP，同时区分 EP 是属于当年形成的还是历史累积的。在分红时原则上优先分配当年形成的部分，再分配历史累积的部分。年末累计 EP = 期初 EP + 当年 EP - 分出的当年 EP - 分出的以前累计 EP。

2. 分红的纳税规则

C 公司分红是否纳税与分红资源的来源有关，同时与分红的形式也密切相关。

（1）分红来源。

只要公司的分红来自 EP，则收到者应作为分红纳税，超过 EP 部分的分红视为归还本金，归还本金部分未超过股东投资纳税基础的部分免税，此时分配多少本金即减多少投资者纳税基础，当股东的投资纳税基础降为 0 以后，继续分配的部分将视为资本性收益，应缴纳所得税。

当公司以前年度累积 EP 为负数，但本年 EP 为正数时，则本年可以以本年 EP 为上限进行分红，本年 EP 分完后，继续分配的部分视为还本，超过投资者投资本金的部分视为资本性收益。

当公司本年赤字（Deficit，即亏损），累计 EP 为正时，公司可将本年 EP 和以前年度累积 EP 加总求净值后作为可分红资源进行分配，如公司本年和累计 EP 均为负，则分红视为归还本金。

（2）分红形式。

C 公司的分红形式一般包括现金分红、股票分红、实物分红等，不同形式分红下企业和股东面临的纳税义务存在差异。

当公司进行现金分红时，按上述分红纳税规则处理。

当公司进行股票分红时，一般股东无须缴纳所得税，分红后股东的投资总纳税基础不变但每股的纳税基础将降低（股数增加导致）；当股东可自由选择接受股票或资产分红时，选择股票分红的应按股票的公允价值计算缴纳所得税。

当公司以实物资产进行分红时，股东将以分红日收到的实物资产的公允价值为基础计算纳税，如收到的实物资产连带负债，则股东收到的分红金额等于收到的实物资产公允价值减去负债金额。当采用实物分红时，分配出去的实物资产对公司来说视同卖出，要根据资产在分配日的纳税基础情况确认收益，但当资产在分配日的公允价值减去资产纳税基础后为负值时，企业不可以确认损失。

3. 视同分红

为防止股东不合理占用公司资产或资金或逃避分红纳税，在税务上，将下列情况视同企业对股东分红，股东需根据情况缴纳所得税：

a. 公司以优惠价向股东出售或出租资产的，相关资产或租赁的公允价值减去公司出售或出租价格的差价将视为公司对股东的分红；

b. 股东无成本使用公司资产（不包括股东作为公司员工而获得的由公司提供的正常履职待遇）的，将视资产价值和重要性程度，以股东使用的资产的公允价值或使用权公允价值为基础，确认股东收到的分红金额。股东收到公司支付的不合理报酬也应视同分红处理；

c. 股东长期借用公司资金且存在不归还可能时，视同公司对股东的分红处理，股东向公司提供的长期借款可视同股东对公司的投资处理；

d. 公司按比例赎回所有股东手里的股票时，视同公司向股东分红，股东应确认分红收入。

4. 股票回购

公司回购股票将根据回购规模、覆盖面、形式等情况确认纳税处理方式。

如前所述，公司按比例赎回所有股东手里的股票时，视同公司向股东分红；如果公司赎回股票只有部分股东参与且参与的股东赎回后持股数量锐减，则应将股票回购视为股东出售股票，股东应确认资本性损益。判断数量锐减的标准为：股东赎回后持有权益少于赎回前持有权益的80%，赎回后股东合并享有总投票权的50%以下。

当公司完全赎回所有股票时，视为股东出售股票，股东应确认损益。

当企业部分清算（如部分个人股东清算退出），公司回购股票时，应视为股东出售股票，股东确认损益。

除以上情况外的股票回购均视为股东出售股票。

5. 与分红有关的惩罚税

为防止C公司股东通过不分红或成立控股公司方式逃避纳税，IRC规定了特定情况下将对无合理理由不分红的公司征收累积收益税（Accumulated Earning Tax）或对特定控股公司征收个人控股公司税（Personal Holding Company Tax）。

（1）累积收益税。

对于C公司，一般允许留存25万美元（个人服务公司留15万美元）累积收益，剩余的应分配给股东，如果企业不分配且无明显商业目的则被认为是避税，IRS会额外征税，即累积收益税。

对于企业分红是否充分是IRS根据审计情况评估的，企业无法自己计算确定，IRS一般会对当年利润中无合理商业目的而累计不分配的利润征收20%的惩罚税。企业可通过分红和解释合理目的避免交税。

（2）个人控股公司税。

个人控股公司成立的目的通常为个人为降低个人被动投资收入的所得税税率（通常最高税率可达37%）而注册公司持有投资，从而降低投资所得税率至21%。

个人控股公司认定标准为60%收入来自投资等被动收入，且最近半年有5个以下个人持有公司50%以上股权，企业要在1120税表后附上1120PH来评估是否属于这种情况。

企业一旦被IRS认定为个人控股公司则将被征收惩罚税，一般对未分配收益征收，税率为20%。纳税额=20%×[未分配的应税收入－联邦所得税－长期资本性收益（税后）]，企业一般只交累积收益税和个人控股公司税中的一种，当C公司或个人控股公司将利润分配给股东时则可免交上述惩罚税。

（四）清算

公司清算一般包括自愿清算和非自愿清算，自愿清算指公司满足既定经营目标而自愿终止经营，非自愿清算一般指因企业经营不善或其他客观因素导致公司不得不终止经营并清算关闭。一般在公司因经营不善导致财务困难时可以通过债务重组等一系列方式避免公司被最终清算关闭。

不论何种情况下的清算，C 公司清算时均应召开董事会和股东大会，在董事会决议清算后，公司召开股东大会就清算关闭事项进行决议，一般在大部分股东（按投票权计算，大部分州为 2/3）同意的情况下，公司可正式启动清算关闭程序。公司清算关闭当年仍需向 IRS 报送当年最终税报（Final Tax Return）和 966 税表（Form 966），向税务局报送清算资产处理情况，并在纳税清算基础上缴税或退税。

1. 直接清算

当公司决定清算后，一般会在处置资产、偿还负债后将清算净剩余资金分配给股东，也有部分企业会直接将企业资产分配给股东作为清算分配。我们需要在清算时考虑处置资产和分配时企业和股东的纳税处理规则。

相比非清算分红，清算分红一般不用考虑企业 EP 因素，公司处置资产后将现金分给股东时，企业需在资产处置时确认损益，股东在收到现金分配时应将收到的金额减去股票调整后纳税基础后剩余部分确认损益。

公司直接将资产分配给股东时，企业可以确认收益也可以确认损失，非清算分配时企业只能确认收益，不许确认损失。企业将资产分配给股东时视同企业卖出资产，按资产公允价值确认损益，收到资产的股东按资产的公允价值减去其持有股票的调整后纳税基础确认损益。

母公司清算其持股 80% 以上子公司时，子公司资产可转入母公司，资产纳税基础为其账面净值，母子公司都不确认损益［IRC. Sec. 1504（a）（2）］。

2. 债务重组

债务重组一般指企业面临经营困难，无法归还债务时，为避免企业破产清算，债权人通过提出债务重组条款减轻企业还债压力而避免企业被清算。

对于企业和股东来说，符合条件的债务重组均为免税交易，企业不确认收入，股东原持有股权的纳税基础不变，股东以其在重组中收到的补价为上限确认收益；

符合条件的债务重组必须满足：

a. 有重组计划；

b. 重组后企业应持续经营且满足控制测试要求，即重组方重组后持有80%以上投票权和80%以上总股票价值；

c. 重组有正当的商业目的；

d. 不适用于法律强制交易的情况。

此外，以下情况的债务重组为法律特殊规定的（可参见IRC. Sec. 368）免税重组，具体包括：

a. 法院强制要求的并购；

b. 换股合并实现收购；

c. 用股票换资产；

d. 符合条件的业务分离、分割、析产分股时，老股东持有新公司控制权时将所有或部分资产转入新公司；

e. 资本结构重组（Recapitalization），即公司对其已发行股份的类别进行重新划分，如改变有投票权和无投票权股份比例；

f. 公司仅身份、形式或组织地点变更；

g. 公司转移资产到破产企业。

3. 小企业股东股票盈亏处理

为鼓励全民创业，降低小型创业企业投资者的纳税负担，IRC制定了针对小型企业投资者股票投资损益纳税优惠规则，即1244节－小企业股票投资损失（IRC. Sec. 1244－Losses on Small Business Stock）和1202节－特定小企业股票投资收益免税规定（IRC. Sec. 1202－Partial Exclusion for Gain From Certain Small Business Stock）。

（1）1244节－小企业股票投资损失。

IRC第1244节主要规定了给予符合条件的小型企业的非公司（Non-corporation）投资人，即个人股东或合伙企业股东，在出售符合条件的小型企业股票产生损失或当股票一文不值时，可将最高5万美元（单身，MFJ为10万美元）的损失作为常规损失抵扣收入，超过上述限额的部分作为资本性损失抵扣。

享受上述优惠纳税抵扣的小企业和投资者需满足如下条件：

a. 投资人持有的第 1244 节下的股票在发行时公司必须是小企业；

b. 投资人是通过现金或财产投入取得股票的，而不是通过劳务等方式获得的；

c. 在股票发行时，企业的总资本不能超过 100 万美元；

d. 符合条件的小型企业最近连续 5 年内，其来自会员费、租金、分红、利息、年金或买卖股票等被动投资活动的收入占总收入的比重不得超过 50%。

（2）1202 节 – 特定小企业股票投资收益免税规定。

IRC 第 1202 节指出，持有符合条件的小企业股票的个人股东（不含 C 公司），持有超过 5 年的，出售收益中可免税金额为 10 倍投资的纳税基础或 1 000 万美元中较大者。

在 2009 年 2 月 18 日以前，第 1202 节对于该项免税优惠的规定为投资者可以免除 50% 的符合条件的资本性收益，2009 年 2 月 18 日，为鼓励小型企业发展，美国复苏和再投资法案（American Recovery and Reinvestment Act）将上诉免税比例提高到 75%，直到 2010 年 9 月 27 日新的规定将在限额内的抵扣比例提高到目前的 100%，但享受该优惠的股票必须购于 2010 年 9 月 27 日以后，在此之前购入的将按前期纳税规定处理。在 2010 年 9 月 27 日以前，上述免税部分的投资收益需按替代最低税规则计算缴纳 7% 的替代最低税，在此之后的免税部分同时也免除了替代最低税和净投资收益税纳税义务。

符合第 1202 节规定的小企业和投资者需满足如下条件：

a. 符合条件的小企业股票必须是美国境内的 C 公司发行的，且不是酒店、餐馆、金融机构、房地产、农场、矿产或与法律、工程或建筑相关的公司；

b. 企业的股份必须是在 1993 年 8 月 10 日以后发行的，且投资人是通过现金或非服务及股权类财产购得的；

c. 公司股票发行结束当天，企业的资产总额小于等于 5 000 万美元；

d. 企业80%以上资产必须用于一个或一个以上符合上述条件的经营业务；

e. 企业在股票发行日前2年到前6年间未从投资者处购买任何股票；

f. 企业在股票发行日前1年到前3年间未进行重大股票回购，重大股票回购指回购股票总价值超过公司股票总价值5%的回购。

（五）纳税抵免

与个人纳税者相似，法人公司通常也可以享受纳税抵免（Tax Credit）。纳税抵免通常是政府为鼓励经济发展对特定企业、行业、业务、行为等给予特定的税收补贴，允许企业以一美元对一美元的方式从其应缴纳所得税额中扣除全部或部分特定费用，从而降低所得税负担。纳税抵免政策通常根据经济发展和政府财政变化等情况不断变化，大部分抵免政策拥有一定的时效期，在政策到期后政府会考虑延期或制定新的替代政策。

对于法人公司来说，常见的抵免包括常规经营抵免、研发税收抵免、海外税抵免和雇佣抵免等。

1. 常规经营抵免

常规经营抵免（General Business Credit）包括投资抵免、工作机会抵免、生物燃料生产抵免、研究活动增长抵免、低收入房屋抵免、残疾人抵免、合格充电汽车抵免等，具体抵免项目及政策需关注IRC当年公布的抵免政策。

常规经营抵免一般受总额限制，所有合格抵免项目加总金额中可纳入抵免的金额不得超过净所得额减去25%乘以超过2.5万美元的净正常纳税义务或75%乘以试算最低税（Tentative Minimum Tax）中较大者，即：

可抵扣总额＝净所得税－25%×（净正常纳税义务－25 000）或75%×试算最低税中较大者

其中，净所得税等于正常应纳所得税总额减去不可退款抵免（不含AMT抵免），超过上述总额限制的抵免一般可往前带1年，往后带20年。

2. 研发税收抵免

研发税收抵免是政府为鼓励企业创新而给予纳税人从事设计、开发或改进产品、工艺、技术、配方等活动给予的纳税优惠政策。企业可以选择常规经营抵免中的研发抵免也可以选择研发税收自身抵免规则，一般情况下企业会优先选择研发税收抵免自身规则。

研发税收抵免的抵免额度计算通常有两种方法，即常规计算法和替代简易法。在常规计算法下，抵免额 = 20% ×（合格研究费用 - 基数），基数的计算基于前四年相关研发费用数据，计算过程相对复杂。当使用替代简易法时，抵免额 = 14% ×（合格研究费用 - 50% × 前 3 年均合格研究费用）。

特殊情况：对于合格小企业（前 3 年年均收入小于 5 000 万美元）的，可用研发税的抵免来抵 AMT，对于年收入小于 500 万美元且取得收入时间少于 5 年的小企业，可以用研发抵免来抵 FICA 中雇主部分的工资税，每年最多可抵 25 万美元。

3. 海外税抵免

如前所述，公司在海外经营已经缴纳的海外企业所得税可在一定限额内纳入抵扣或申请抵免，当年海外税抵免额等于如下金额中取小：

a. 合格海外所得税；

b. 美国所得税的海外部分，该部分金额等于海外应税收入乘以美国所得税率

超过当年抵免限额部分可以往前带一年、往后带 10 年进行抵免。

4. 雇佣抵免

雇佣抵免亦称为工作机会纳税抵免（Work Opportunity Tax Credit，WOTC)，该抵免有效期至 2025 年，其允许企业将向特定类型员工支付的合格工资中的一定比例纳入抵免。

合格工资通常为每年支付给每位合格员工的前 6 000 美元工资，对于年度内工作时间在 120 小时至 400 小时的员工，该抵免额度为第一年合格工资的 25%，对于年度内工作时间超过 400 小时的员工，该抵免额度为第一年合格工资的 40%，每名合格员工的最高抵免额度为 2 400 美元。符合条件的免税组织雇佣符合条件的退伍军人时可以申请将 WOTC 用于抵减工资税。

六、S 公司纳税

S 公司属于法人公司中的一种，在商业经营中其并非独立的企业类型，而是在纳税角度上区别于 C 公司的一种公司类型。S 公司是独立法人，股东像 C 公司一样受保护，纳税则与合伙企业类似，不管实际是否分红，企业所有收支均传递给股东，企业层面不交税，在转换前已经交税的部分分给股东时免税。一般情况下 IRS 默认法人公司均为 C 公司，如果要成为 S 公司，则应填报特定的税表选择成为小业务企业。

（一）选择成为 S 公司

选择成为 S 公司需要满足特定条件，包括公司自身需满足的条件和选择过程需满足的条件，如果企业从 C 公司转变为 S 公司，则需考虑转换前后纳税处理的差异。此外，我们还需要考虑公司丢失 S 公司身份的主要情况和处理原则。

1. 条件

选择成为 S 公司需满足企业限制、股东限制、股票类型限制和选择限制等条件。

（1）企业限制。

选择成为 S 公司的公司必须为符合条件的法人公司，公司注册地必须为美国境内，且不能连续三年被动性收益超过 25% 毛收入。

S 公司可持有一个或多个 C 公司股权（可达 100%）但不能合并报税。S 公司也可为合伙企业合伙人。S 公司如持有任何一个合法的公司 100% 股权且将其作为子公司，则该子公司为 S 公司的合格附属子公司（Qualified Subchapter S Subsidiary，QSSS），S 公司必须向 IRS 填报表 8869（Form 8869）来使得子公司成为 QSSS，QSSS 作为 S 公司的附属机构，不能作为一个单独报税实体，所有损益将纳入母公司税表报税。

（2）股东限制。

S 公司的股东必须为个人、遗产、信托或特定免税机构（慈善组织，员工福利信托）、一人 LLC、捐助人投票信托等，不能是非居民外国人、合伙企业、C 公司、有限合伙企业、大部分 LLC、大部分 IRA 或 Roth IRA。

S 公司股东必须为美国公民或居民，股东总数不能超过 100 人，对于家庭成员（含前妻）持股的，视同一个人持股。

非美国居民外国人不能持股，如有非居民外国人配偶也不能持有股份，如股东搬出美国则必须退出投资，或 S 公司被终止变成 C 公司。

（3）股票类型限制。

S 公司只能有一个类型股权（One Class of Stock），如只有普通股，但允许有不同投票权层级，所有股票分红和清算权应相同（不能有优先股）。

（4）选择限制。

企业要想选择成为 S 公司，必须向 IRS 报送 2553 表（Form 2553 - Election by a Small Business Corporation），企业若希望自当年年初起成为 S 公司则必须在当年 3 月 15 日前报送上述税表。

企业选择成为 S 公司必须经所有股东书面同意，如有股东因特殊原因无法完成书面签字，可在 3 月 15 日前填报 2553 表时申请股东同意事项延期。如股东中有夫妻，虽夫妻视为一个股东，但也必须两人均同意才行。

如某投资人在 3 月 15 日前是股东，3 月 15 日公司填报 2553 表后不再是公司股东了则其也必须要同意选择事项，一旦选择生效后，无须征求后期新进股东意见。

2. 转换涉及的纳税事项

S 公司必须选择日历年作为报税年度，其应于每个税年结束后次年的 3 月 15 日前向 IRS 报送税报 1120 - S，申报公司收入、盈利、损失、抵扣、抵免及公司股东应享有的损益情况（通过附表 K）等。

虽然 S 公司自身无须纳税，但如果其转换前是 C 公司，则可能会因为转换前的收入涉及后进先出法转回（LIFO Recapture）、资产内含收益（Build-in Gain）、被动投资收益（Passive Investment Income）等而需缴纳所得税。

（1）后进先出法转回。

企业在是 C 公司时采用后进先出法（LIFO）作为存货计量方法的，为防止其通过转换为S公司来递延确认收益，要将其转换日用先进先出法（FIFO）核算下的存货价值高于后进先出法下的价值转回并缴纳所得税。该所得税款应分4期支付，第一期应在公司作为C公司的最后一次报税日前缴纳，剩余的下一年度缴纳。

（2）资产内含收益。

当企业从C公司转为S公司时，企业持有的资产前期已经有增值的，该部分增值为成为S公司前形成的收益，应该纳税，故从转为S公司起的5年内处置该类增值资产时，S公司应对原增值部分纳税，5年后出售则不用交税。公司转换后形成的资产损益传给股东交税。

该部分内含收益的税基为C公司转为S时已有的未实现收益（资产增值），即资产内含收益=公允价值－账面价值（均为转换日的价值），税率为21%。该收益也可以用来抵扣公司在转为S公司前未使用的NOL。

上述内含收益应在公司卖出资产时确认，当年应确认的金额应小于对应资产出售时净实现的收益减去以前已经确认和纳税的收益。应纳税金额等于当年确认的内含收益或如果S公司是C公司情况下当年的应税收入金额两者中取小者，乘以企业所得税率。

当符合下列情况时，S公司可免除确认上述内含收益：

a. S公司在转换前不是C公司；

b. 上述资产处置发生在转换日后5年后；

c. S公司能证明资产是选择日后取得的或增值发生在选择日后；

d. 未实现的内含收益已在以前年度确认并纳税。

（3）被动投资收益。

S公司在转换前，如有累积的未纳税被动投资收益，应在转换时确认并缴纳企业所得税。

当S公司满足下列条件时，应按当年净利润和被动投资收益中取小值作为当年应纳税收入，计算缴纳所得税：

a. 在年末仍有企业曾经是C公司时累积的收益；

b. 毛收入中25%以上是被动投资收益（不含销售证券的收益和租金）。

被动投资收益包括：分红、利息、版税、租金、年金、出售证券收益，从主营业务的子公司取得的分红不属于被动投资收益，如企业不曾是C公司，则无须对被动投资收益缴纳企业所得税，如需缴纳，则将扣除S公司缴纳的企业所得税后的被动投资收益分配给股东交税。

3. 丢失S公司身份

S公司在以下情况下会失去S公司身份：

a. 公司主要持股股东（持股数量占大部分即可）自愿撤销身份；

b. 持股超过一半以上的新股东不同意保留S公司身份；

c. 公司不符合小公司要求（如股东人数超出要求，有合伙人股东等）；

d. 企业未满足被动性收入限制。

上述a和b情况通常称为自愿终止S公司身份，自愿终止时，合并持有50%以上股票的股东同意即可。如果终止申请是在3月15日以后报送给IRS的，则终止日为下一年的1月1日，如为3月15日前报送的，则终止日为当年1月1日或指定日期。c和d情况为非自愿终止，常见的情况包括：股东人数超过100人、引入非居民外国人股东、进入禁止行业或过去3个纳税年度超过25%毛收入来自被动投资收益。

企业如果失去了S公司身份，则必须在5年以后才能重新申请选择成为S公司，下列情况除外：

a. 如果公司有超过50%股东发生改变（在终止第1年后）；

b. 导致身份终止的原因不是S公司或主要股东能控制的。

如果终止S公司身份发生在年中，则企业将有两个短税年，即一部分为S公司时，另一部分为C公司时，公司在报税时应同时填报S公司税报1120-S表和C公司税报1120表，当公司是S公司期间，其年内应分摊的收益也是按天计算分配给每位股东。

（二）出资组建

S公司出资时纳税要求与C公司基本一致，按IRC第351节（Section 351）执行。

公司组建时企业和股东都不确认收益的条件主要包括：

a. 以现金或资产出资而不是服务出资；

b. 出资仅为获得股票；

c. 交易完成后，股东（或一群股东）合并持股80%以上。

不满足上述条件的出资应针对出资交易产生的收益缴纳所得税，具体参见C公司投资组建相关内容。

S公司组建后每次增资都会增加股东持有股票的纳税基础。

（三）运营

S公司运营期间相关税收处理与合伙企业类似，公司自身无须缴纳所得税，但需报送税报，同时通过K－1表将公司经营的收支等主要项目传递给所有股东，由股东纳入自身税表进行纳税。

公司运营期间主要涉税事项包括应税收入的计算和列报、损益的分摊原则。

1. 应税收入的计算和列报

S公司的应税收入项目与C公司类似，计算方法也基本相同，不同之处在于S公司只在自身税报1120－S中计算和列示相关项目，除前述公司转换时可能涉及的纳税以为外，公司自身无须纳税，其通过K－1表将相关应税收入项目传递给所有股东。

S公司在税表1120－S主表中列示常规经营损益，通过营业收入减去营业成本和相关费用抵扣后计算而得。同时在附表K中列示应传递给所有股东的应税项目，包括收入、抵扣和纳税抵免等信息，在K表中，常规经营损益以主表计算后的净额列示，其他如租金收入、利息收入、分红收入等具有特殊纳税特征的项目应单独列示。

值得注意的是，上述K表中列示的常规收入股东在纳入自身税表报税时可能会享受20%的QBI抵扣，具体参见个人所得税相关部分。在计算抵扣项目时，S公司给予非股东员工或持股小于2%的股东员工的小额福利可以纳入抵扣，但给持股超过2%的股东员工的福利只有当员工将其放入个人工资表W－2中时才可以抵扣。

2. 损益的分摊

损益的分摊指S公司将其损益项目按一定原则分摊给股东，以便确认股东自身的纳税义务。

（1）基本原则。

S公司将损益分摊给股东时应按照每股和实际持有天数为基础进行，常规经营收入和单独列报的收入项目均需按此原则分摊至股东的K－1表中。

每个项目股东应分摊的金额＝该项目的金额×持股比例×持有天数/365

（2）特殊情况。

当股东持股权益中途被终止了，且所有受影响的股东一致同意将税年分为两个小短年时，则上述收益只包括年初至股东终止当天的累计收益，无须将全年收益按天分摊。

若S公司状态在年中被终止了，且S公司所有股东和转为C公司时的股东都同意按财务记录分摊S公司期间收支的，可以不用按天分摊。

（3）损失分摊的限制。

在分摊时，S公司分摊给股东的运营损失不能超过股东股票调整后纳税基础加股东借给公司的债务，超过部分待后期股东纳税基础增加时再分摊，如果股东无法提供其纳税基础的证明则不能将损失分摊给股东。

分摊时，还需考虑S公司股东在险资产价值，分摊给股东的损失不能超过股东在S公司承受风险的资产（即在险资产）的额度。

股东在险资产等于股东投资股权的纳税基础加上有追索权的债务。导致股东在险资产增加的因素包括增资、借钱给S公司（有追索权）、未被分配的分摊过来的利润；导致股东在险资产减少的因素包括公司分配损失、分配资产。S公司有追索权债务增加，股东在险资产也会增加。

（四）分配

股东在S公司中享有的收益等项目放入其自身税表报税，故无论S公司收益是否分配，其相关收益纳税义务均不可免除，对于以前年度已经纳入股东税表缴税的收益，未来分配时无须再次缴税，对于未纳税的收益，分配时股东应缴纳所得税。

为准确核算 S 公司股东已纳税但未分配的收益情况，S 公司设置累计调整账户（Accumulated Adjustments Account，以下简称“AAA 账户”）跟踪股东已纳税的未分配收益，同时设置其他调整账户（Other Adjustments Account，以下简称“OAA 账户”）记录影响股东投资的纳税基础但不影响 AAA 的项目。未来分配时，还需要考虑分配金额是否超过股东投资的纳税基础从而决定其纳税义务。

1. AAA 账户

AAA 账户主要记录已传递至股东税表纳税但公司仍未分配的收益情况。公司成立当年年初 AAA 账户余额为 0，当公司常规收入或在 K 表中单独列报的收益项目（不包含免税收入和人寿保险赔偿等）增加时，AAA 账户余额会增加，公司出现超过资产纳税基础的损耗时 AAA 账户余额也会增加，即公司当年通过 K－1 表传递给股东应纳税项目增加均会增加 AAA 账户余额；当公司出现经营损失、增加抵扣或分配收益时 AAA 账户余额均会下降。免税的收入与费用变动不影响 AAA 账户余额。

AAA 账户余额一般每年末计算一次，而不是在每次分配时计算，如年内公司分配多次，则每次分配按比例减少 AAA 账户余额，在计算 AAA 账户变动金额确定当年分配的纳税处理时，AAA 账户出现净负的余额时则可以忽略纳税影响。

2. OAA 账户

OAA 账户为调整账户，主要跟踪记录影响股东投资的纳税基础但不影响 AAA 的一些项目，包括免税的利息收入（增加股东投资税基）、不可抵扣费用（减少股东投资税基）、应归为 C 公司时期的联邦所得税（减少股东投资税基）等。

公司当年进行分配时会减少 OAA 账户余额，OAA 账户仅仅是对股东投资的纳税基础和 AAA 进行调整的账户（因 AAA 里无这些项目），OAA 账户金额不影响公司分配的纳税属性。

3. 股东投资的纳税基础

股东投资的纳税基础是计算未来分配时纳税义务的重要依据。S 公司股东初始投资时其投资纳税基础计算规则与 C 公司一致，即按 IRC. Sec.

351 规则处理，详见 C 公司相关部分介绍。

随着公司的经营运转，股东投资的纳税基础会随着股东增资、企业盈亏变化、分配等而发生变化。原则上股东投资的纳税基础即税务上认可的股东投资成本加上已纳税或无须纳税的投资损益。会导致纳税基础增加的因素主要包括：

a. 股东增资或新购买股票；

b. 公司各类收益增加，因 S 公司收益已传递给股东纳税，故会同步调增股东投资纳税基础；

c. 超过资产纳税基础的损耗。

会导致纳税基础降低的因素主要包括：

a. 企业分配时（分配 AAA 部分）；

b. 不可抵扣的费用增加；

c. 损失和抵扣增加。

上述费用与损失等能抵减的金额以最终纳税基础为上限，即纳税基础不能为负。可在股东个人税表上抵扣的损失上限 = 股票纳税基础 + 有追索权债务的纳税基础 - 分配。

当企业当年有分配时，应按如下顺序计算分配后股东投资的纳税基础：

期初股东投资的纳税基础

+ 持股比例 × 公司本年收益（含常规经营收入和分项列示的收入）

+ 股东本年新增投资

- 本年分配（此时分配中免税的部分以上面计算的余额为限）

- 持股比例 × 公司本年损失

= 期末股东投资的纳税基础

4. 分配时的纳税义务

对股东来说，当 S 公司进行分配时，若 S 公司无 C 公司收益时，则分配的金额在股票投资纳税基础范围内是免税的，超过投资纳税基础的部分应按资本性收益交税。若 S 公司有 C 公司收益时，则分配 AAA 部分免税，同时减少股东投资纳税基础，分配属于 C 公司时的收益作为分红收入纳税，不会减少股票投资基础，继续分投资基础部分时视同还本，免税，超过股票投资基础的分配视为资本性收益纳税。

（五）清算

S公司的清算分配处理与C公司类似，但其清算的损益传递给股东纳税，公司层面无须纳税。

当投资者收到清算资产时，视同股东卖出股票，则其损益=收到资产的公允价值-股票的纳税基础（截至分配当天）-资产带来的负债，此时计算出的损益作为股东的资本性损益处理。

七、免税机构

免税机构一般为联邦政府相关机构、慈善机构等，大部分免税机构无须缴纳所得税，只需填报税表990申报收入和支出情况，但如有不相关收入则可能要缴纳所得税。

（一）免税机构类型

免税机构主要为在IRC第501节（Section 501）下规定的各类机构，第501节规定了免税机构的类别、业务要求、纳税规则等内容。大部分免税机构在IRC 501（c）下进行规定，具体如表5-1所示：

表5-1

章节	免税机构类别
501（c）（1）	根据国会法案组建的公司，包括联邦信用联合会（Federal Credit Unions）和国家农业贷款协会（National Farm Loan Associations）等
501（c）（2）	免税机构的产权持有公司
501（c）（3）	宗教，教育，慈善，科学，文学，公共安全检测，培养国家或国际体育参赛队员机构，防止虐待儿童或动物组织等
501（c）（4）	市政、福利院及地方雇员协会等社会福利机构
501（c）（5）	劳工，农业和园艺组织

续表

章节	免税机构类别
501（c）（6）	行业协会，商会，房地产委员会
501（c）（7）	社交和娱乐俱乐部
501（c）（8）	共济协会
501（c）（9）	自愿性雇员受益人协会
501（c）（10）	本地共济协会
501（c）（11）	教师退休基金协会
501（c）（12）	慈善人寿保险协会，沟渠或灌溉合作社，通信合作社及类似组织
501（c）（13）	墓地公司
501（c）（14）	州特许信用合作社，共同储备基金
501（c）（15）	共同保险公司或协会
501（c）（16）	农作物贷款协作组织
501（c）（17）	补充失业福利信托
501（c）（18）	雇员自筹退休金信托（需成立于1959年6月25日前）
501（c）（19）	过去或现在的武装部队成员成立的机构等
501（c）（20）	团体法律服务计划机构
501（c）（21）	黑肺病受益信托
501（c）（22）	可支取偿债基金
501（c）（23）	退伍军人组织
501（c）（24）	第4049条雇员退休金信托
501（c）（25）	特殊房地产产权持有公司或信托
501（c）（26）	由国家资助的向高危个人提供医疗保险的组织
501（c）（27）	国家资助的工人报酬再保险组织
501（c）（28）	国家铁路退休投资信托
501（c）（29）	合格的非营利健康保险发行人

资料来源：IRS Publication 557。

上述免税机构中，最常见的为501（c）（1）、501（c）（2）、501（c）（3）、501（c）（4）规定的相关机构。

501（c）（1）一般为国会指定机构，该类机构归属于政府，天生免税，且该类机构无须向IRS申请免税身份，也无须填报税报，但其须接受政府审计等各类监督。

501（c）（2）主要为免税机构的产权持有公司，其会向免税机构分配收益，该类机构需填报申请表1024向IRS申请免税身份，并提交公司章程等材料给IRS。

501（c）（3）主要为与道德、宗教、科学、教育等相关的慈善机构，也是目前数量较多的免税机构之一，该类机构需要在成立后27天内填报申请表1023向IRS申请免税身份，并提交公司章程等材料给IRS。该类机构必须满足以下条件：

a. 机构净收益不会被个人股东或机构持有；

b. 不能尝试影响立法等活动；

c. 任何活动都不能与政治竞选相关。

违反上述任何条件即会失去免税身份。

此外，501（c）（3）中的非公共慈善机构之一私人捐助基金由IRC第509节（Sec. 509）单独规定。

501（c）（4）主要为社会福利机构，其与501（c）（3）下机构的主要区别在于该类机构是可以参与政治相关活动的，且该类机构成立时须报送8976表（Form 8976）向IRS告知机构成立的意图，其也是所有免税机构中唯一一个需要向IRS专门告知成立意图的机构。

（二）报税要求

除特定机构外，所有第501节下的机构都应向IRS报送年度税报990表（Form 990），列示收入、支出等详细情况供公众监督。毛收入小于20万美元且总资产小于50万美元的机构，可选择报送990-EZ表或990表。对于需要报送税报的机构，连续3年未报990表的将自动撤销免税身份，以第三年税报截止日为最终计算日期。

可以豁免报送990表的机构包括：

a. 501（c）（1）机构；

b. 教堂;

c. 教堂综合辅助机构（Integrated Auxiliaries of Church）;

d. 宗教管理条例中规定的特定宗教活动组织或内部自支持的辅助机构;

e. 毛收入小于5 000美元的，为了教育、宗教、公共慈善、保护儿童、保护动物等而设立和运营的特定机构。

（三）不相关业务收入处理

免税机构产生的与免税目的业务不相关的收入应在减去与该业务相关的成本与费用后确认为不相关业务收入（Unrelated Business Income）。包括常规销售业务且与慈善、教育等免税目的重大不相关的收入。与免税机构免税目的相关的业务主要包括：

a. 非营利组织的博彩项目;

b. 为组织成员、学生等提供便利的活动;

c. 与组织建立主旨相符的会议、展览;

d. 会员清单交换;

e. 出售礼物等商品;

f. 残疾人康复过程中写的文章收入;

g. 由志愿者自发提供的活动，如所有工作都是由志愿者做的，则其活动应为与免税相关的。

如免税机构存在不相关业务收入，则IRS对该机构中不相关业务的股东持股比例有一定限制，私人基金和所有不合格个人不能持有该机构合并的不相关业务所有权超过20%，如果有第三方（非私人基金和不合格个人）控制该不相关业务分部，则持股比例可提高至35%。

从纳税角度看，不相关的收益、损失按普通企业的税率征税（有1 000美元免税额度），亏损也可以同样往以后年度带。涉税机构应向IRS报送税报990－T说明不相关业务收支情况，涉税机构应纳税额超过500美元的应进行预缴。

免税机构不相关业务收入除1 000美元免税额外，还可以享受免税的收入包括：版税收入、分红、利息、年金收入、租金收入、除存货或主要为出售的资产外的资产处置收入、学校研究所研究活动收入、工会用于修建养老院和医院的收入、规定免税机构可以从事活动的收入、借出股票收入、会员清单交换收入等。

俱乐部、业主会等会员组织其收费超过可抵费用的部分应缴纳所得税，免税机构的供养组织（营利组织，挣钱后立即给免税机构的）应全额交税，不能享受免税待遇。

（四）免税身份的保持和恢复

除 501（c）（1）下机构外，大部分免税机构均需通过申请成为免税机构，且在机构存续期间满足相关要求才能保持免税身份，不满足相关要求可能会被撤销免税身份。

免税机构保持免税身份一般须满足如下要求：

a. 根据 IRC 相关要求及时向 IRS 报送税表；

b. 不为私人利益运营；

c. 不参与影响立法的活动；

d. 除特定机构外，不参与任何政治竞选相关活动；

e. 不违法和违反公共政策。

如因上述原因失去了免税身份，免税机构可视情况申请恢复身份。相关机构须向 IRS 提交申请表，并缴纳相关费用，如 IRS 认为其符合身份恢复要求则会下发新的决定书恢复机构免税身份，一般决定书自提交申请之日起生效，如免税机构因 3 年未报税而被终止身份的，可选择追溯到撤销日起恢复身份。

免税机构身份如被自动撤销的，则其可在被撤销后 15 个月内提交如下任一材料获得身份恢复：

a. 完成并提交所有恢复所需文件；

b. 补报以前所有所需税报；

c. 提交文件说明未及时报送原因。

如免税机构被自动撤销身份超过 15 个月，若想申请恢复身份且恢复日期追溯为撤销日的，需同时提交上述所有材料。

第六章

个人所得税纳税实务

一、材料准备、报税时间和方式

如本书个人所得税政策部分所述，符合条件的美国公民和外国居民应按时报税并缴纳欠税，对于年度应纳税款超过 1 000 美元的纳税人，应当在纳税义务发生时按季度进行预缴，待年度结束后报税时确定年度实际应交税额，扣除实际已交税额后多退少补。

年度报税（File Tax Return）是美国纳税人一年中最重要的涉税事项，在政府发放补贴、个人申请银行贷款、租房、申请签证等业务中，对方一般均会要求申请者提供个人上年度税报（Tax Return）确认年度收入等信息。因此，除前述超过报税阈值的纳税人应依法报税外，很多未超过阈值但想保持良好纳税记录或未来有税报使用需求的纳税人也会每年报送税报。

（一）主要税表及材料要求

对于个人纳税者来说，其税报的主要报表为 1040 表（Form 1040），根据个人是否有除工资薪金外的收入、分项抵扣、纳税抵免等情况，需要填报 1040 表中的各类附表并提供相关证明材料。对于年龄超过 65 周岁的纳税人，IRS 提供了 1040 - SR 表供选择，其与 1040 表的主要区别为其设计主要是针对老年人，报表字体和相关栏目空格会比 1040 大一些以方便老年人手写，纳税人可选择使用 1040 表也可选择使用 1040 - SR 表。此外，在

2018年以前，为方便报税情况不太复杂的纳税人报税，IRS允许纳税人使用1040－EZ表（即1040简化表）报税。

在填报税表时，纳税人需提前准备好相关信息或证明材料。具体如下：

1. 纳税人个人信息

纳税人应提前准备好个人信息或相关证明材料用于填报税表相关基础信息部分，具体如表6－1所示。

表6－1

个人信息	SSN（社安号）或TI（税号）
	配偶的名字、社安号或税号、出生日期
	政府发放的补贴（Stimulus Payment），一般会收到IRS发的1444通知书
	税报密码（Protection PIN），主要为防止其他人查看税表
	IRS 6475信函－主要用于证明受经济变化影响程度来申请特定纳税抵免
	银行汇款路径和账号（Routing and Account Numbers），用于接收退税等

2. 被扶养人信息

如纳税人在报税时有被抚养人需要抚养的，需要提供被扶养人相关信息或材料，具体如表6－2所示：

表6－2

被扶养人信息	被抚养人生日和社安号或税号
	儿童照护记录（一般由看护机构提供）
	被抚养人的收入和家庭内其他成员收入情况
	如果是别人的孩子，则需提供8332表证明亲生父母放弃申报并纳入本人税表申报
	IRS 6419信函，官方出具的预支儿童税抵免（Child Tax Credit）付款的证明

3. 个人收入信息

个人收入信息是报税时最重要的信息，对于除工资外无其他收入来源的纳税人来说只需要将雇主发放的薪资及扣税情况表（W－2）信息填入税表即可，但对于自雇人员或有投资等其他收入的纳税人来说，其要提供的信息或材料相对更复杂。表6－3列举出拥有不同收入来源的纳税人需准备的信息或材料：

表6－3

	收入来源（情况）	信息或材料
个人收入信息	雇员工资	W－2表（Forms W－2），一般由雇主在年度结束后发放
	失业者	1099－G表，主要记录收到政府发放的应纳税失业补偿金等金额
	自雇人员	1099表（Form 1099），一般为劳务合同付款方出具的付款金额证明
		K－1表（Schedules K－1），被投资的流转实体出具的传递给投资者的纳税信息，一般为未在1099－NEC或1099－MISC表上填报的信息
		所有费用支付记录，一般为付款银行账单及收据
		商业用资产的信息（成本、投入日期、折旧信息等）
		如在家办公的，提供在家设立的办公室的信息
		已预缴税信息，即表1040－ES
	租赁收入	收入和支付的记录
		出租资产的信息（成本、投入日期、折旧信息等）
		已预缴税信息，即表1040－ES
	退休金收入	养老金、IRA或年金收入，一般为1099－R表
		传统IRA的税基信息（如已缴款中已纳税金额信息）
		社安收入等，一般为表SSS－1099或RRB－1099
	储蓄、投资或分红收入	利息、分红收入，一般会收到银行或被投资单位的1099－INT表、1099－OID表或1099－DIV表
		出售股票或其他资产收入，一般会收到1099－B表或1099－S表
		出售资产的日期、该资产买入成本或其他税基相关信息（若税基未在1099－B中说明）

续表

	收入来源（情况）	信息或材料
个人收入信息	储蓄、投资或分红收入	健康储蓄账户和长期陪护报销情况，一般会收到1099-SA表或1099-LTC表
		与投资相关的费用信息
		已预缴税信息，即表1040-ES
		交易虚拟货币（Cryptocurrency）的信息
	其他收入或损失	赌博收入，一般会收到W-2G或相关盈亏的记录文件
		参加陪审团记录（Jury Duty Records）
		兴趣活动收入和支出
		奖励和奖金
		信托收入
		会员收入，一般会收到1099-MISC
		收到的其他1099-S表
		收到或支付赡养费的记录及原配偶姓名和社安号
		州退税记录

4. 申请抵扣或抵免相关材料

对于选择分项抵扣或可享受纳税抵免的纳税人，需在报税时提交不同分项抵扣或纳税抵免的具体信息或相关证明材料，具体如表6-4所示：

表6-4

	申请抵扣（抵免）类型	信息或材料
抵扣或抵免信息及材料	拥有房屋的	1098表或其他抵押贷款利息证明
		房地产税或其他相关的财产税证明
		房屋节能改造支出收据
		其他1098系列表格

续表

	申请抵扣（抵免）类型	信息或材料
抵扣或抵免信息及材料	慈善捐助	捐助给学校等慈善组织的现金金额
		非现金的慈善捐助证明
		与慈善捐助相关的行车公里数据
	医药费用	支付的医疗费、保险费记录
	健康险	一般会收到 1095 - A 表
	儿童照护支出	支付给儿童或成人看护机构的费用支出证明
		当你工作时提供照看 13 岁以下儿童的儿童座椅或照护者的费用证明
		通过被抚养者照护灵活支出账户支付的费用证明
	教育费用	教育机构出具的 1098 - T 表
		符合教育费用抵扣的相关费用收据
		收到奖学金或助学金的记录
		如支付助学贷款利息，应提供 1098 - E 表
	K - 12 教师费用	符合 K - 12 年级要求的教师教学支出收据
	州税和地方税	已支付的州和地方所得税或销售税信息
		支付的车辆销售税或与车辆相关的个人财产税收据
	退休或其他储蓄计划	显示 HAS 缴款信息的 5498 - SA 表
		显示 IRA 缴款信息的 5498 表
		其他 5498 系列表
	联邦灾区相关抵扣	居住或财产所在城市信息
		财产损失证明
		重建、修葺费用证明
		保险赔付金额信息
		FEMA（联邦紧急事务管理机构）援助信息
		联邦宣布灾区的证明

（二）报税时间与预缴要求

根据 IRS 规定，纳税人可以选择日历年或财年作为报税基准期间。选择日历年即以每年 12 月 31 日为年度结束日，此时纳税人需于下年度 4 月 15 日前报送税报；选择财年即以年内任何一个月月末作为年度结束日的，纳税人应于财年结束后的第四个月的 15 日前报送税报。上述报送截止日期如遇周末或联邦法定节假日则最终截止日顺延至下一个工作日。

纳税人税报准时提交的标准为在上述截止日期当天夜里 0：00 前提交即可，时间以纳税人报税所在地的当地时间为准。若纳税人税报通过邮寄方式报送，实际报送日期以纳税人将装有税报且已贴足邮票的信封交给邮局或投递至邮筒的时间为准。

如纳税人在上述截止日前无法按时报送税报，则可以在截止日前向 IRS 提交 4868 表（Form 4868）来获得自动延期 6 个月。自动延期仅针对纳税人税报的报送，不针对纳税人归属于上年度应纳税额的缴纳期限。

原则上，纳税人年度应纳未纳税额超过 1 000 美元或本年度已交部分小于上年度应交税的 100% 或本年度应交税的 90% 中较小者则应在纳税义务发生时按季度进行预缴。一般个人工资薪金发放时，雇主会直接代扣代缴联邦、州所得税和 FICA 税等，该部分代扣税属于个人预缴税款范围。对于自雇人员，其收入在收到时并未代扣代缴，故纳税人需计算自己的纳税义务并在 IRS 公布的每个季度的预缴税截止日期前进行预缴。此外，纳税人除工资收入或自雇收入外，还有应税利息收入、分红、出售股票或其他资产收入、经营收入、应税赡养费收入等收入的，应在收入发生后按时计算应预缴税款金额并在当季度缴款截止日前进行预缴。逾期未进行预缴的，IRS 会收取罚金和所欠税款对应的利息。

（三）报税方式

个人纳税者可以选择电子渠道报税或邮寄报税，无论采用何种方式，纳税人均应在报税截止日期前报送并缴纳所欠税款。

电子报税是目前最普遍的报税方式，其报送速度快、处理速度快，纳税人也能在最短时间内收到退税。对于应税项目简单，年度调整后收入小于73 000美元（2021年度）的纳税者，可以使用IRS免费提供的电子报税软件Free File报税，目前约有4 900万纳税者使用该软件报税。对于收入较高或应税项目较为复杂（如存在股票投资收入、商业经营收入等）的纳税人一般选择购买商业报税软件报税，常见的IRS认可的报税软件包括：TaxAct Express（功能较为齐全）、QuickBooks Self－Employed（主要用于个体户报税）、H&R Block Tax Prep and File（主要用于需大量在线支持的报税者）、TurboTax（操作界面简单快捷）、YNAB（主要用于需持续费用追踪的纳税人）。

如果纳税人选择邮寄报税，则需填写好所有税表，打印出来并签字后通过邮寄方式寄送给IRS指定的地址，寄送时同时附上W－2、1099等前述相关支持材料，IRS一般需要6～8周时间来处理税报。如纳税人提交的为已婚合并报税的税表，纳税人夫妻双方均需在税表上签字。如果报税人配偶因健康原因不能签署并要求报税人代为签署，则报税人应在税表适当位置签字并署名由“丈夫”或“妻子”代签。报税人还需附上一份声明，载明提交的税表编号、纳税年度、配偶无法签字的原因，及配偶同意授权报税人代签的说明。如果配偶为智力不全且报税人为其监护人，则需在税表上载明。

考虑到个人所得税报税较为复杂，纳税人可选择聘请专业人员代为报税，IRS认可的专业人员包括注册会计师（CPA）、税法律师（Tax Lawyers）或IRS注册的代理人（Enrolled IRS Agents），代报税人员应在税报中写明代理人相关信息。

二、税表填报—1040主表

对于个人纳税者，其税报中的主要报表为1040表（Form 1040），同时为确定主表中相关项目金额的来源和计算过程，纳税人要根据自身涉及的项目填报一系列附表。1040表及其配套附表由IRS设计，每年根据税法相关政策的调整进行微调，但调整的主要为1040表中要求填报的明细表的信息。考虑到税表的格式和填报内容基本固定，本书将以 2021 年税表为例，详细介绍相关税表格式和填写方法。

1040 表主要由三部分组成，包括纳税人信息、纳税义务计算表和报税人信息。

（一）纳税人信息部分

纳税人信息部分主要包括报税状态确认、个人信息、被扶养人信息三个方面。报税状态确认主要根据前述纳税人身份确认原则选择对应的报税身份，对于老年人或盲人，需要在表中勾选相应选项。个人信息主要填报纳税人姓名、社安号或税号、联系信息等。被抚养人信息主要针对有被扶养人的纳税人，需要将每位被抚养人信息填入税表供 IRS 核验。该部分具体内容如表 6－5 所示（根据 IRS 公布的 1040 表翻译）：

表 6－5

<table>
<tr><td colspan="3">表 1040　财政部－国税局（99）
美国个人所得税报</td><td colspan="2">2021</td><td>OMB 编号 1545－0074</td></tr>
<tr><td>报税身份</td><td colspan="5">______单身______已婚合并报税（MFJ）______已婚分开报税（MFS）
______一家之主（HOD）______合格丧偶者（QW）</td></tr>
<tr><td colspan="6">只能选择一项，如果您选中了 MFS 框，请输入配偶的姓名。如果您选中了 HOH 或 QW 框，如果符合条件，请输入孩子的姓名______________</td></tr>
<tr><td colspan="2">您的名</td><td colspan="3">姓</td><td>您的社会安全号码</td></tr>
<tr><td colspan="2">如果联合申报，配偶的名</td><td colspan="3">姓</td><td>配偶社会安全号码</td></tr>
<tr><td colspan="4">家庭住址（号码和街道）。如为邮政信箱，请参阅说明。</td><td>门牌号</td><td rowspan="3">总统竞选
如果您或您的配偶（如果共同申报）希望将 3 美元用于该基金，请勾选此处。选中下面的框不会更改您的税款或退款。
______你　______配偶</td></tr>
<tr><td colspan="3">城市、镇或邮局。如果您有外国地址，请在下方填写空格</td><td>州</td><td>邮政编码</td></tr>
<tr><td colspan="2">外国名称</td><td colspan="2">国外省/州/县</td><td>国外邮政编码</td></tr>
</table>

续表

<table>
<tr><td colspan="7">在 2021 年的任何时候，您是否接收、出售、寄送、交换或以其他方式获得任何与虚拟货币相关的经济利益？☐是 ☐否</td></tr>
<tr><td>标准抵扣</td><td colspan="6">有人可以声称：____你作为其被抚养人____你的配偶作为其被抚养人
____配偶在单独的税报中列出，或者您是双重身份的外国人</td></tr>
<tr><td>年龄/失明</td><td colspan="6">你：____生于 1957 年 1 月 2 日之前____是盲人 伴侣：____生于 1957 年 1 月 2 日之前____是盲人</td></tr>
<tr><td rowspan="8">被扶养人
如果超过四名，请参阅说明并选此项
______</td><td rowspan="3">（1）姓名（见说明）</td><td rowspan="3">（2）社会安全号码</td><td rowspan="3">（3）与你的关系</td><td colspan="2">（4）如符合条件（见说明）</td></tr>
<tr><td>儿童税收抵免</td><td>其他被扶养人的抵免</td></tr>
<tr><td>√</td><td>√</td></tr>
<tr><td></td><td></td><td></td><td>____</td><td>____</td></tr>
<tr><td></td><td></td><td></td><td>____</td><td>____</td></tr>
<tr><td></td><td></td><td></td><td>____</td><td>____</td></tr>
<tr><td></td><td></td><td></td><td>____</td><td>____</td></tr>
</table>

（二）纳税义务计算表部分

该计算表为 1040 表的核心，也是纳税人报税时最重要的表格，该表格根据前述个人所得税政策分步计算出 AGI、应纳税所得额，并通过列示各项抵扣和抵免额计算出应纳所得税额，再减去各项已预扣或预缴税款等项目计算出纳税人最终应需补税或可退税金额。

纳税义务计算表分为两个部分，第一部分计算出纳税人应纳税所得额，第二部计算出应纳税额及最终需补税或可退税金额。

1. 第一部分

第一部分从第 1 行到 15 行，需要填入工资薪金所得、各类利息、股利、养老金、社安福利、资本性收益和其他收入，计算出毛收入，然后通过附表 1 对收入进行调整，得到调整后总收入，减去标准抵扣或分项抵扣额（如选择分项抵扣需附上附表 A 列示抵扣明细），再减去所有纳税人都可享受的慈善捐赠抵扣、合格商业收入抵扣等，最终得到纳税人应纳税所得额。具体内容如表 6－6 所示（根据 IRS 公布的 1040 表翻译）：

表 6－6

税款计算							
1	工资、薪金、小费等附上表格 W－2					1	
2a	免税利息（如需，请附附表 B）	2a		b	应税利息	2b	
3a	合格股息（如需，请附附表 B）	3a		b	普通股利	3b	
4a	IRA 分配	4a		b	应税金额	4b	
5a	养老金和年金	5a		b	应税金额	5b	
6a	社安福利	6a		b	应税金额	6	
7	资本性收益或（损失）。如果需要，请附上附表 D。如果不需要，请选此 ____					7	
8	附表 1 第 10 行的其他收入					8	
9	第 1、2b、3b、4b、5b、6b、7 和 8 行相加。这是您的总收入					9	
10	附表 1 第 26 行的收入调整					10	
11	用第 9 行减去第 10 行。这是你的调整后的总收入					11	
12a	标准抵扣或分项抵扣（来自附表 A）					12a	
b	如果您选了标准抵扣，则慈善捐款额（请参阅说明）					12b	
c	12a 和 12b 行相加					12c	
13	从表格 8995 或表格 8995－A 中获取的合格商业收入抵扣					13	
14	第 12c 和 13 行相加					14	
15	应纳税所得额。用第 11 行减去第 14 行。如果为零或更小，请输入－0－					15	
标准抵扣额标准－－• 单身或已婚分开申报 $12 550　• 已婚合并报税或合格丧偶者 $25 100　• 一家之主 $18 800　如果你选择了任何标准抵扣，请参阅说明。							

该部分内容多数需根据前述已准备的报税材料中列示项目填报，对于免税利息、合格股息、免税养老金和年金分配、免税社安福利等需要列示但无须纳税。对于纳税情况相对复杂（如有大量租赁、流转实体权益投资、资本性投资损益等）的纳税人来说，重点在于填报对应的附表并计算得出准确的金额。

2. 第二部分

第二部分从 16 行至 38 行，主要通过第一部分的应纳税所得额乘以税率计算出税额，加上替代最低税（如有）、部分不可退款抵免和附表 2 中的其他应付税款，计算出纳税人总应纳税金额，然后减去纳税人已预扣所得税、已预缴所得税、可退款抵免等付款总额，得到纳税人应补缴税款余额，如余额为负数则可申请退款或将其转为下年度预缴税款。对于需补缴税款的，应根据要求补缴税款。该部分具体内容如表 6－7 所示（根据 IRS 公布的 1040 表翻译）：

表 6－7

16	税（见说明）。如果有任何表格，请选择：1 __8814，2 __4972，3 ___	16	
17	附表 2 第 3 行的金额	17	
18	第 16 和 17 行相加	18	
19	附表 8812 中的不可退款儿童税抵免或给予其他被抚养人的抵免	19	
20	附表 3 第 8 行的金额	20	
21	第 19 和 20 行相加	21	
22	用第 18 行减去第 21 行。如果为零或更小，请输入 －0－	22	
23	附表 2 第 21 行中的其他税款，包括自雇税	23	
24	第 22 和 23 行相加。这是您的总应纳税金额	24	
25	预扣联邦所得税：		
a	表格 W－2	25a	
b	表格 1099	25b	
c	其他形式（见说明）	25c	
d	第 25a 到 25c 行相加	25d	
26	2021 年预缴税和从 2020 年税报中代入金额	26	
27a	挣得收入抵免（EIC）（如果您有符合条件的孩子，请附上附表 EIC。）	27a	
	如果您出生于 1998 年 1 月 1 日之后 2004 年 1 月 2 日之前，并且您满足所有其他年满 18 岁的纳税人申请 EIC 的条件，请勾选此处____		
b	免税参战补助选择	27b	
c	上一年挣得的收入	27c	
28	附表 8812 中的可退款儿童税收抵免或额外儿童税收抵免	28	
29	来自 8863 表第 8 行的美国机会抵免	29	
30	经济恢复补贴抵免。查看说明	30	
31	附表 3 第 15 行的金额	31	
32	第 27a 和 28 到 31 行相加。这些是您的其他付款和可退款抵免总额	32	
33	第 25d、26 和 32 行相加。这些是您的总付款	33	
退款（直接转账？请查看说明）			
34	如果第 33 行大于第 24 行，则从第 33 行中减去第 24 行。这就是您多付的金额	34	
35a	申请第 34 行金额退还给你。如果已附表格 8888，请选此处____	35a	
b	收款行号____ c 类型：____活期户____储蓄户		
d	银行账号____		
36	第 34 行金额中你想　转为你 2022 年的预缴税金额	36	

续表

<table>
<tr><td colspan="4">你的欠税金额：</td></tr>
<tr><td>37</td><td>你欠的金额。从第 24 行中减去第 33 行。有关如何付款的详细信息，请参阅说明</td><td>37</td><td></td></tr>
<tr><td>38</td><td>预估罚款（见说明）</td><td>38</td><td></td></tr>
</table>

该部分填报时需要事先完成的附表包括附表 2、附表 3、表 8812、表 EIC、表 8863 等，对于无相关项目的可不填。

3. 第三部分

第三部分主要填报报税人相关信息，纳税人自己报税的，需在该部分填报自身职业、联系方式等信息并签字，如为已婚合并报税的，夫妻双方均应在此部分签字；如果纳税人请第三方代为报税，则需在该部分提供报税者姓名、联系信息并要求代报者签名，同时可授权第三方代表纳税人与 IRS 讨论税表可能存在的问题。该部分具体内容如表 6－8 所示（根据 IRS 公布的 1040 表翻译）：

表 6－8

<table>
<tr><td>指定第三方</td><td colspan="4">您是否要允许其他人与 IRS 讨论此申报表？查看说明
□是。下面完成。□否
指定人姓名：________电话：________身份识别码（PIN）（5 位）________</td></tr>
<tr><td rowspan="4">这里签字
合并报税？请参阅说明。保留一份供您存档。</td><td colspan="4">在伪证罪的处罚规定下，我声明我已经检查了这个税报和随附的表格和说明，并且据我所知和所信，它们是真实的，正确，完整的。报税人（纳税人除外）的声明基于报税人所知的所有信息。</td></tr>
<tr><td>你的签字：</td><td>日期</td><td>你的职业</td><td>如果 IRS 向您发送了身份验证，验证码，在这里输入（6 位）________</td></tr>
<tr><td>配偶签字：</td><td>日期</td><td>配偶职业</td><td>如果 IRS 向您发送了身份验证，验证码，在这里输入（6 位）________</td></tr>
<tr><td>电话号码：</td><td colspan="3">电子邮件地址：</td></tr>
<tr><td rowspan="3">仅供付费
报税者使用</td><td>报税者姓名</td><td>日期</td><td>PTIN</td><td>检查是否：____自雇人士</td></tr>
<tr><td colspan="2">公司名称</td><td colspan="2">电话号码</td></tr>
<tr><td colspan="2">公司地址</td><td colspan="2">公司纳税人识别号</td></tr>
</table>

需要注意的是，1040 表在正式提交 IRS 前必须根据要求完成签字，未签字的税表将不被 IRS 受理。

综上，纳税义务计算表的填报逻辑可归纳如下：

（1）计算 AGI。

AGI = 工资薪金收入 + 应税利息收入 + 常规分红 + 养老、年金及社安福利应税部分 + 资本性收益净额（通过附表 D 算出金额）+ 其他收入（通过附表 1 算出净额）+ 或 – 对收入的调整（从附表 1 上算出净额）

（2）计算应税收入总额。

应税收入总额 = AGI – 标准抵扣或分项抵扣额（通过附表 A 计算出净额）– QBI 抵扣（通过表 8995 算出净额）等 = 应税收入 Taxable Income

（3）计算基本税额。

基本税额 = 应税收入总额 × 税率

（4）计算应补缴或退税金额。

应补缴或退税金额 = 基本税额 + 其他附加税（通过附表 2 计算出净额）– 不可退款儿童及其他被抚养人抵免 – 额外抵免及付款情况（通过附表 3 计算出净额）+ 其他税如自雇税（通过附表 2 计算净额）– 已交税（已预扣或预缴税款）情况 – 可退款抵免（挣得收入抵免、额外儿童税抵免、美国机会抵免等）

三、税表填报—主要附表

1040 表配套附表是 1040 主表相关数据的重要支撑，其一般详细列示了主表相关数据的计算过程，并根据要求附上了相关证明文件，是 IRS 审阅报税数据的重要依据，如主表中相关数据与附表数据不匹配或相关计算存在不合理之处，将会被 IRS 要求更改，且附表部分往往是 IRS 对税表进行审计时的重点关注内容。

根据 IRS 最新发布的个人所得税表填报指引，1040 表主要附表包括 4 个数字附表和 12 个字母附表，其中数字附表 1 ~ 附表 3 为主表的补充表，填报了额外的收入和调整、税收和抵免信息，字母附表主要为一些复杂纳税项目的计算明细。具体附表名称和主要填报内容如表 6 - 9 所示：

表 6 - 9　　1040 表主要附表

名称	填报内容
附表 1（Schedule 1）	额外收入和收入调整明细
附表 2（Schedule 2）	额外税收明细
附表 3（Schedule 3）	额外抵免和付款明细
附表 A（Schedule A）	分项抵扣明细
附表 B（Schedule B）	利息和常规分红明细
附表 C（Schedule C）	商业经营损益明细（个体户）
附表 C - EZ（Schedule C - EZ）	商业经营净利润明细（个体户）- 小规模
附表 D（Schedule D）	资本性收益和损失明细
附表 E（Schedule E）	补充收入和损失明细
附表 EIC（Schedule EIC）	挣得收入抵免明细
附表 F（Schedule F）	农场损益明细
附表 H（Schedule H）	一家之主雇佣税明细
附表 J（Schedule J）	农场主和渔民收入均值计算明细
附表 R（Schedule R）	老年人或残疾人抵免信息
附表 SE（Schedule SE）	自雇税明细
附表 8812（Schedule 8812）	合格儿童和其他被抚养人信息

上述附表中，比较常用的包括附表 1、2、3 和附表 A、B、C、D、E，本书主要对上述附表格式及填报方法进行讨论。为便于阅读，本书后续部分将上述附表翻译成中文版本进行介绍，并对部分较难理解的填报项目进行了说明，使用的表格为 2021 年度版本，与其他年份的主要差别在于可能增加或删减了当年税法变动项目涉及的行次，但主要项目和填报逻辑一般不会变化，相关表格英文原版可在美国 IRS 官网下载或参阅本书附表部分。

（一）附表 1 ~ 附表 3 填报

附表 1 ~ 附表 3 是主表的重要数据支撑部分，也是大部分纳税人可能需要涉及的附表，附表1、2、3分别用于计算额外收入、收入调整、其他税款、付款和纳税抵免等项目金额，计算结果直接用于填报1040表相关行次，具体如表6-10所示。

表6-10

名称	计算内容	结果填报位置
附表1（Schedule 1）	额外收入（其他收入）	1040表第8行
	收入调整额	1040表第10行
附表2（Schedule 2）	税款（如替代最低税）	1040表第17行
	其他税项总额	1040表第23行
附表3（Schedule 3）	不可退款抵免额	1040表第20行
	其他付款和可退款抵免额	1040表第31行

1. 附表1

附表1主要包括两个部分，第一部分填报额外收入情况，第二部分为对收入的调整，调整后将得到调整后的AGI。

（1）第一部分。

第一部分主要列明了除工资薪金、利息、资本性收益等收入外的非常见收入的情况，包括退税、商业经营收入、流转实体收入、失业补助及各类其他收入，具体如表6-11所示。

表6-11

第一部分	额外收入		
1	州和地方所得税的应税退款、抵免或抵消	1	
2a	收到的赡养费	2a	
b	离婚协议载明的最初离婚或分手日期（见填报说明）________		
3	商业经营收入或（损失），附上附表C	3	
4	其他收益或（损失）。附上表格4797	4	
5	房地产租赁、特许权费、合伙企业、S公司、信托等，附上附表E	5	
6	农场收入或（损失），附上附表F	6	
7	失业补助	7	

续表

第一部分	额外收入		
8	其他收入：		
a	净经营损失	8a	（ ）
b	赌博收入	8b	
c	债务豁免	8c	
d	2555 表中豁免的境外挣得收入	8d	（ ）
e	应税健康储蓄账户分配	8e	
f	阿拉斯加永久基金分红	8f	
g	陪审员工资	8g	
h	奖品和奖励	8h	
i	非营利性活动收入	8i	
j	股票期权	8j	
k	非从事租赁业务个人将个人房产出租盈利而获得的收入	8k	
l	奥运会和残奥会奖牌和美国奥委会奖金（看说明）	8l	
m	第 951（a）节所含内容（见说明）	8m	
n	第 951A（a）节包含内容（见说明）	8n	
o	第 461（l）节超额经营损失调整	8o	
p	来自 ABLE 账户的应税分配（见说明）	8p	
z	其他收入，列明类型和数量▶________	8z	
9	其他收入总额，第 8a 行至 8z 行相加	9	
10	把第 1 到 7 行和第 9 行相加，将金额填入 1040，1040－SR，或者 1040－NR 表，第 8 行	10	

该部分中商业经营收入、其他收益或损失、房地产租赁、特许权费、合伙企业、S 公司、信托等相关收入均需提交对应的附表载明详细的情况。此外，本部分中的第 951 节相关收入指美国投资人持有受控外国子公司股权时应根据持股比例将受控子公司特定收入纳入股东收入处理，具体填报时可参考跨国税收处理相关专题进行分析计算。

（2）第二部分。

第二部分为对收入的调整，也称 AGI 线上调整（或抵扣），主要在毛收入基础上抵扣教育者合格费用支出、特定的 IRA 账户抵扣、自雇人员合格费用的抵扣、学生贷款利息抵扣等方面，具体抵扣规则可查阅本书个人所得税政策相关部分。该部分主要包括的项目如表 6－12 所示：

表 6－12

第二部分	收入调整		
11	教育者费用	11	
12	预备役人员、表演艺术家和基于费用标准定薪的政府官员的特定商业费用，附上附表 2106	12	
13	健康储蓄账户抵扣。附上表格 8889	13	
14	武装部队成员的搬家费用，附上表格 3903	14	
15	自雇税的可抵扣部分，附上附表 SE	15	
16	自雇人员 SEP、SIMPLE 和合格退休计划缴费	16	
17	自雇者医疗保险抵扣	17	
18	定期储蓄提前取款罚款	18	
19a	支付的赡养费________________	19a	
b	收到者的社安号________________		
c	离婚协议载明的最初离婚或分手日期（看填报说明）		
20	IRA 抵扣	20	
21	学生贷款利息抵扣	21	
22	IRS 预扣未来抵用的金额	22	
23	MSA 医药储蓄账户抵扣	23	
24	其他调整：		
a	陪审员工资（见说明）	24a	
b	与第 8k 行报告的收入相关的可扣除费用	24b	
c	第 8l 行奥运会和残奥会奖牌及美国奥委会奖金免税部分	24c	
d	造林支出摊销及费用	24d	
e	1974 年贸易法下补充失业补贴返还	24e	
f	对第 501（c）（18）（D）条养老金计划的缴款	24f	
g	某些牧师对第 403（b）节的计划的缴款	24g	
h	与非法歧视相关索赔案件发生的律师和诉讼费（见说明）	24h	
i	与因向 IRS 提供信息帮助 IRS 发现纳税违法行为而获得奖励相关的律师和诉讼费	24i	
j	表 2555 中的住房抵扣	24j	
k	来自附表 K－1 的第 67（e）节费用相关的超额抵扣（表 1041）	24k	
z	其他调整，列明类型和金额▶________	24z	
25	其他调整总计。第 24a 到 24z 行相加	25	
26	将第 11 至 23 行和 25 行相加，这些是您的收入调整金额。在此处和 1040 表或 1040－SR 表第 10 行或 1040－NR 表第 10a 行填入此金额	26	

该部分中特定人员的特定商业费用抵扣、健康储蓄账户抵扣、自雇税相关抵扣等均需要附上对应的附表列示明细或计算过程。该部分所有抵扣加总后便得到对收入的调整总额，将其填入 1040 主表对应位置即可用于计

算 AGI 等数据。

2. 附表 2

附表 2 主要用于计算额外的（或附加的）税费情况，即替代最低税、抵免的转回、未缴纳的 FICA 税等。

该附表包括两个部分，第一部分填报最低替代税和超额保险费纳税抵免转回情况，第二部分为其他税费。

第一部分内容相对简单，主要计算纳税人是否需要缴纳替代最低税，并将计算结果填入 1040 主表第 17 行位置，具体如表 6－13 所示。

表 6－13

第一部分	税		
1	替代最低税。附上表格 6251	1	
2	超额保险费纳税抵免转回。附上表格 8962	2	
3	第 1 行和第 2 行相加。值填入此处和表格 1040/1040－SR 或 1040－NR 的第 17 行	3	

第二部分为该表的主体部分，主要计算了未缴或欠缴的 FICA 税、自雇税、额外的医保税、净投资收益税、部分抵免的转回及其他附加税收等情况，具体如表 6－14 所示。

表 6－14

第二部分	其他税项		
4	自雇税，附上附表 SE	4	
5	未上报小费对应的 FICA 税，附上附表 4137	5	
6	工资收入中未缴纳的 FICA 税，附上附表 8919	6	
7	FICA 税（社安税和医保税）总额。第 5 行和 6 行相加	7	
8	IRA 或其他税收优惠账户的附加税，附上附表 5329	8	
9	家主雇佣税（即向 HOH 现金支付工资时应交的 FICA 或预扣的税），请附表 H	9	
10	首次购房者抵免转回。如需，请附上附表 5405	10	
11	额外的医保税，附上附表 8959	11	
12	净投资收益税，附上附表 8960	12	

续表

第二部分	其他税项		
13	W－2，第12项中针对小费或团体寿险收入未实缴FICA或RRTA税金额	13	
14	出售特定住房或分时度假房时，分期付款收入应纳税额对应的利息	14	
15	售价超过15万美元的特定分期付款销售收益对应递延所得税的利息	15	
16	低收入住房抵免的转回，附上附表8611	16	
17	其他附加税收：		
a	其他抵免的转回，请列明类型，税表号码和金额▶________	17a	
b	联邦抵押贷款补贴转回。如果你在2021年出售了房产，详见说明	17b	
c	HSA分配的附加税。附上附表8889	17c	
d	因您未保持合格个人身份而产生的HSA附加税，请附表8889	17d	
e	MSA医药储蓄账户分配的附加税，附上附表8853	17e	
f	医保优势储蓄账户（MSA）分配的附加税。请附表8853	17f	
g	与有形个人财产利益相关的慈善捐助抵扣转回	17g	
h	您从不符合第409节规定的非合格偿付计划收到的收入	17h	
i	您从第457A节中描述的非合格递延偿付计划中收到的补偿	17i	
j	第72（m）（5）节中的超额福利税	17j	
k	收到的黄金降落伞计划付款（一般授予被收购公司高管）	17k	
l	对信托积累分配（超当期应分配额部分）的征税	17l	
m	从外移企业获得的内部股票报酬征收的特许权税	17m	
n	第167（g）或460（b）条规定下来自8697表或8866表的重算收益	17n	
o	针对1040－NR表中年内任何时候您是非居民外国人时非有效关联收入征的税	17o	
p	与1291节基金的股票分配或处置相关的，在8621表第16f行记录的任何利息	17p	
q	来自8621表第24行的任何利息	17q	
z	任何其他税项，列明类型和金额▶________	17z	
18	额外税收总额，将第17a到17z行相加	18	
19	附表8812中的附加税	19	
20	第965节下表格965－A中的净纳税义务分期付款额	20	
21	将第4、7到16、18和19行相加。这些是您的其他税款总额 在此和1040表或1040－SR表第23行或1040－NR表第23b行输入	21	

考虑到FICA税一般针对工资薪金征收且多采用代扣代缴模式，但对于自雇人员和收取小费的服务行业从业人员，其收入在取得时可能并未直接代扣代缴FICA税，故该部分需将其纳入其他税项考虑。此外，对于部分抵免的转回将形成新的纳税义务，亦需在此填报。上述FICA税和抵免

的转回需根据要求提交相关附表，显示数据计算过程和依据。该部分计算的总的其他税项金额将填报到1040主表第23行，用于计算总应纳税金额。

3. 附表3

附表3主要包括两个部分，第一部分为不可退款抵免详细情况，第二部分为除代扣代缴和预缴税款外的其他已付税款及可视为已付税款的可退款纳税抵免情况。

（1）第一部分。

不可退款抵免包括外国税收抵免、儿童和被抚养人照护费用抵免、合格教育抵免、IRA缴费抵免、住宅能源抵免和其他抵免等项目，具体各项的抵免政策请参阅本书个人所得税政策相关部分。附表3第一部分的不可退款抵免不包括8812表中的儿童纳税抵免和其他被抚养人的纳税抵免中的可退款部分，但包括儿童和被抚养人照护费用的抵免。该部分具体项目如表6－15所示。

表6－15

第一部分	不可退款抵免		
1	外国税收抵免，如需，请附上附表1116	1	
2	从2441表第11行获取的儿童和被抚养人照护费用抵免，请附上表2441	2	
3	从8863表第19行获取的教育抵免	3	
4	退休储蓄账户缴费抵免，请附上附表8880	4	
5	住宅能源抵免，请附上附表5695	5	
6	其他不可退款抵免：		
a	一般商业抵免。请附上附表3800	6a	
b	上年度最低税抵免，请附上附表8801	6b	
c	收养抵免，请附上附表8839	6c	
d	老年人或残疾人抵免，请附上附表R	6d	
e	替代机动车抵免，请附上附表8910	6e	
f	合格插电式机动车抵免，请附上附表8936	6f	
g	住房抵押贷款利息抵免，请附上附表8396	6g	
h	哥伦比亚地区首次购房者抵免，请附上附表8859	6h	
i	合格电动汽车抵免，请附上附表8834	6i	
j	替代能源汽车补能设施抵免，请附上附表8911	6j	
k	对税收抵免债券持有人的抵免，请附上附表8912	6k	

续表

第一部分	不可退款抵免		
l	8978 表第 14 行的金额，见说明	6l	
z	其他不可退款抵免。请列出类型和金额▶________	6z	
7	其他不可退款抵免总额，将第 6a 至 6z 行相加	7	
8	将第 1 至 5 行和第 7 行相加，并将金额填在此处及 1040 表，1040 - SR 表，或 1040 - NR 表第 20 行	8	

上述不可退款抵免中，大部分均需填报对应的附表列明计算明细和依据，对于第 6 行其他不可退款抵免往往包括 IRS 或联邦政府根据当年经济社会情况设置的临时性抵免项目，具体可参看每年税表相关项目和填报说明。该部分计算出的不可退款抵免总额应填入 1040 主表第 20 行，用于减少纳税人应纳税额。

（2）第二部分。

第二部分主要列示和计算除代扣代缴和预缴税款外的其他已付税款及可退款纳税抵免情况。其他付款包括申请延迟报税时已经支付的税款、超额预扣的社安税及其他已付的款项；可退款纳税抵免在税务上因为是在纳税人没有纳税义务时其获得的抵免可以退款给纳税人，故在此视同为纳税人已缴纳的税款，在此处列示的可退款抵免包括净保费纳税抵免、联邦燃料税抵免、健康险纳税抵免、特定时期家庭陪护抵免、合格健康保险纳税抵免等，具体如表 6 - 16 所示。

表 6 - 16

第二部分	其他付款和可退款抵免		
9	净保费纳税抵免，请附上附表 8962	9	
10	申请延期报税时已支付金额（见说明）	10	
11	超额预扣的社安税和第一类 RRTA 税款	11	
12	联邦燃料税抵免，请附上附表 4136	12	
13	其他付款或可退款抵免：		
a	附表 2439	13a	
b	附表 H 和表 7202 中载明的 2021 年 4 月 1 日前发生的合格病假或家庭陪护假抵免	13b	
c	表格中 8885 中载明的健康保险纳税抵免	13c	

续表

第二部分	其他付款和可退款抵免		
d	已在以前年度税表中包括的税收转回抵免	13d	
e	预留未来使用的金额	13e	
f	净 965 应纳税义务的递延金额（见说明）	13f	
g	2441 表第 10 行载明的儿童和被抚养人照护费用抵免，请附表 2441	13g	
h	附表 H 和表 7202 中载明的 2021 年 3 月 31 日后发生的合格病假或家庭陪护假抵免	13h	
z	其他付款或可退款抵免，请列明类型和金额▶________	13z	
14	其他付款或可退款抵免总额。将第 13a 行至 13z 行相加	14	
15	将第 9 行至 12 行和第 14 行相加，填入此处和 1040 表、1040 - SR 表或 1040 - NR 表第 31 行	15	

上述可退款纳税抵免项目不包括在 1040 主表上单独列报的可退款抵免，如 8812 表中的儿童纳税抵免和其他被抚养人的纳税抵免中的可退款抵免、挣得收入抵免、美国机会抵免等项目。部分抵免项目需根据要求提交计算明细底表或证明材料。此外，b 行和 h 行为新冠肺炎疫情期间政府给予的纳税人病假或照顾家属的家庭陪护抵免，该类抵免为临时性纳税优惠政策。

（二）附表 A ~ 附表 E 填报

附表 A ~ 附表 E 是 1040 主表的主要字母附表，用于计算分项抵扣总额、利息、常规分红、商业经营损益、资本性损益和补充收益与损失等项目，是拥有金融资产投资、持有流转实体、开展商业经营活动等的纳税人最常用且最为主要的报表。附表 A、B、D 结果将直接填报至 1040 主表相关位置，附表 C 和 E 结果将主要用于填报前述附表 1 相关栏目，具体如表 6 - 17 所示。

表 6 - 17

名称	计算内容	结果填报位置
附表 A（Schedule A）	分项抵扣总额	1040 表第 12a 行
附表 B（Schedule B）	利息	1040 表第 2b 行
	常规分红	1040 表第 3b 行

续表

名称	计算内容	结果填报位置
附表 C（Schedule C）	商业经营净损益	附表 1 第 3 行
附表 D（Schedule D）	净资本性损益	1040 表第 7 行
附表 E（Schedule E）	补充收益和损失	附表 1 第 5 行

1. 附表 A

附表 A 为分项抵扣总额计算明细表，当纳税人选择分项抵扣时需要完整填写该表并附上相应的证明材料供 IRS 审核，当纳税人选择标准抵扣时可不填写此表。

附表 A 包括 6 个分项共 18 行（2021 年），分别填报了医疗相关费用抵扣、地方税抵扣、合格利息抵扣、慈善捐赠抵扣、偶然损失抵扣和其他抵扣项目，具体分项内容及填报要求如表 6－18 所示。

表 6－18

附表 A	分项抵扣			
医疗和牙科费用		注意：不包括由他人报销或支付的费用。		
	1	医疗和牙科费用（见说明）	1	
	2	填入表格 1040 或 1040－SR 第 11 行金额	2	
	3	将上面的第 2 行乘以 7.5%（0.075）	3	
	4	用第 1 行减去第 3 行。如果第 3 行大于第 1 行，请输入－0－	4	
您支付的税款	5	州和地方税		
	a	州和地方所得税或一般销售税。您可以在第 5a 行包含所得税或一般销售税，但不能同时包含两者。如果您选择包含一般销售税而不是所得税，请选中此框	5a	
	b	州和地方房地产税（见说明）	5b	
	c	州和地方个人财产税	5c	
	d	将第 5a 到 5c 行相加	5d	
	e	输入第 5d 行或 10 000 美元（MFS 为 5 000 美元）中的较小者	5e	
	6	其他税收。列明类型和金额	6	
	7	将第 5e 行和第 6 行相加	7	

续表

附表 A	分项抵扣			
您支付的利息 注意：关于抵押贷款利息限制请见说明	8	房屋抵押贷款利息和积分。如果您没有使用所有房屋抵押贷款来购买、建造或改善您的房屋，请参阅说明并选中此框		
	a	在 1098 表上载明的房屋抵押贷款利息和积分。请参阅说明	8a	
	b	未在 1098 表上载明的房屋抵押贷款利息。请参阅说明。如果支付给您购买房屋的人，请查看说明并列示该人的姓名、身份证号码和地址	8b	
	c	未在 1098 表上向您报告的抵免。请参阅特殊规则说明	8c	
	d	按揭保险费（见说明）	8d	
	e	将第 8a 行至 8d 行相加	8e	
	9	投资相关贷款利息。如果需要，请附上表格 4952。查看说明	9	
	10	将第 8e 行和第 9 行相加	10	
慈善捐赠 如果捐赠并受益请阅说明。	11	现金或支票捐赠。如果您捐赠了 250 美元或更多，请见说明	11	
	12	现金或支票外的其他捐赠。如果捐赠了 250 美元或以上，请见说明。如果捐赠额超过 500 美元，请务必附上 8283 表	12	
	13	上年结转金额	13	
	14	将第 11 行至 13 行相加	14	
伤亡和盗窃损失	15	在联邦宣布的灾难中产生伤亡和被盗损失（净合格灾难损失除外）。附上表格 4684 并输入该表格第 18 行的金额。查看说明	15	
其他分项抵扣	16	其他——来自说明中的清单。列出类型和金额：________	16	
分项抵扣总额	17	将第 4 行至 16 行的最右侧列中金额相加。此外，在表格 1040 或 1040 - SR 的第 12a 行输入此金额	17	
	18	如果即使您的分项抵扣总额低于标准抵扣额时仍坚持选择分项抵扣，请勾选此框		

上述分项抵扣各项目的具体抵扣规则和抵扣限制可参阅本书个人所得税政策相关部分。纳税人将所有分项抵扣金额相加后得到分项抵扣总额，并将其填报至 1040 主表第 12a 行。纳税人在申报上述分项抵扣时需保留好相关抵扣项目所涉金额对应的发票、单据以备 IRS 后期可能的审计，若在审计中发现相关数据存在造假，纳税人除面临补税、罚金外，还可能涉及欺诈的指控。

2. 附表 B

附表 B 为利息和常规分红计算明细表，该表中不包含免税利息和可以免税的合格分红，计算出的应税利息总额直接填报至 1040 主表 2b 行，常规分红总额填报至 3b 行。

该表由三个部分组成，第一部分和第二部分分别填报利息和常规分红收入情况，当满足特定条件时，纳税人需要填报第三部分报告外国账户和信托情况。第一部分和第二部分主要内容和填报要求如表 6 – 19 所示。

表 6 – 19

附表 B	利息和常规分红			
第一部分利息	1	列出付款人的姓名。如果任何利息来自卖方融资的抵押贷款并且买方将该物业用作个人住宅，请参阅说明并列明该利息。另外，写明买方的社会安全号码和地址 使用工作表“1099 – INT”输入利息金额。	1	金额
	2	将第 1 行金额加总	2	
（请参阅表格 1040 和 1040 – SR 的说明第 2b 行。）	3	剔除 1989 年之后发行的 EE 和 I 系列美国储蓄债券的利息。 附上表格 8815	3	
	4	用第 2 行减第 3 行。在此处和表 1040 或 1040 – SR 的第 2b 行输入结果。	4	
	注：如果您从经纪公司收到表格 1099 – INT、表格 1099 – OID 或替代表格，请将公司名称列为付款人，并输入表格上显示的总利息。			
	提示：如果第 4 行金额超过 1 500 美元，您必须完成第三部分。			

续表

附表 B	利息和常规分红			
第二部分 常规分红 （请参阅表格 1040 和 1040－SR 第 3b 行的说明。）	5	列出付款人姓名 使用表“1099－DIV”输入分红金额。	5	金额
	6	将第 5 行金额加总。在此处和表格 1040 或 1040－SR 的第 3b 行输入总额	6	
	注：如果你从经纪公司收到表格 1099DIV 或替代表格，将公司名称列为付款人，并输入该表格上显示的普通分红。			
	提示：如果第 6 行金额超过 1 500 美元，您必须完成第三部分。			

一般情况下，纳税人进行债权投资或股权投资收到利息或分红时，被投资单位或银行等机构会向投资人出具 1099 系列报表，载明向投资人分配的利息或分红等具体情况，1099 系列报表名称中不同后缀代表不同类型的收入，如 INT 为利息收入，DIV 为分红收入，投资人可根据 1099 系列报表具体信息填报上述表格。

当纳税人收到超过 1 500 美元的利息、股息或拥有外国账户，或收到来自外国信托的分配时，需根据要求填报第三部分，报送外国账户和信托情况，具体填报内容如表 6－20 所示。

第三部分主要报送相关账户信息，并非计算相关账户收益纳税义务，但纳税人在满足报送条件但未报送该信息时将面临高额罚款。

表 6－20

<table>
<tr><th>附表 B</th><th colspan="4">利息和常规分红</th></tr>
<tr><td rowspan="5">第三部分
外国账户
和信托</td><td colspan="2">如果您（a）收到超过 1 500 美元的利息或股息；（b）拥有外国账户；（c）收到来自外国信托的分配，或者是外国信托的资助人或转让人，则您必须填写此部分</td><td>是</td><td>否</td></tr>
<tr><td>7a</td><td>在 2021 年的任何时候，您是否在位于外国的金融账户（例如银行账户、证券账户或经纪账户）有利益、签名权或其他权限？查看说明</td><td></td><td></td></tr>
<tr><td>b</td><td>如果“是”，您是否需要提交 FinCEN 表格 114 及外国银行和金融账户报告（FBAR），以报告该经济利益或签字权？请参阅 FinCEN 表格 114 及其关于提交要求和这些要求的例外情况的说明
如果您需要提交 FinCEN 表格 114，请输入金融账户所在国的名称</td><td></td><td></td></tr>
<tr><td>8</td><td>在 2021 年期间，您是否收到来自外国信托的分配，或者您是外国信托的资助人或转让人？如果“是”，您可能需要提交 3520 表。请参阅说明</td><td></td><td></td></tr>
<tr><td colspan="5">注意：如果需要，未能提交 FinCEN 表格 114 可能会导致巨额罚款。请参阅说明。</td></tr>
</table>

3. 附表 C

附表 C 主要用于从事商业经营活动的纳税人（一般为个体户）填报商业经营活动收支及损益情况，商业经营活动必须为以盈利为主要目的且一般是连续、规律的，不包括业余爱好性的、慈善性等的活动。此外，附表 C 还可以用于报送在法律上视同雇员（如独立合同工等自由从业者）的人员的工资和费用、特定合格合资公司（JV）的收入和抵扣、特定类型的其他业务收入（如 1099－MISC、1099－K 和 1099－NEC 等表上的收益金额）。

附表 C 包括基本信息和主表，主表包括收入、费用、销货成本、车辆信息和其他费用五个分项部分。

（1）基本信息。

基本信息部分主要填报纳税人或商业经营活动实体的纳税信息，包括税号、企业名称、地址、核算方法、业务开始日期、是否被动业务活动及是否有 1099 表相关费用支出，具体如表 6－21 所示。

表 6 - 21

<table>
<tr><td rowspan="2">附表 C
（表 1040）
财政部
国税局（99）</td><td rowspan="2">商业经营损益
（个体户）
附在表 1040、1040SR、1040NR 或 1041 上，合伙企业通常必须提交 1065 表格。</td><td>OMB 编号 1545 - 0074</td></tr>
<tr><td>2021
附件序号 09</td></tr>
<tr><td colspan="2">业主姓名</td><td>社会安全号码（SSN）</td></tr>
<tr><td colspan="2">A　主要业务或专业，包括产品或服务（见说明）</td><td>B　输入说明中的代码</td></tr>
<tr><td colspan="2">C　企业名称，如果没有单独的公司名称，请留空。</td><td>D　雇主身份识别码（EIN）</td></tr>
<tr><td colspan="3">E　营业地址（包括单元号或房号）城市、
镇或邮局、州和邮政编码</td></tr>
<tr><td colspan="3">F　核算方法：（1）☐ 收付实现　（2）☐ 权责发生　（3）☐ 其他</td></tr>
<tr><td colspan="2">G　您在 2021 年是否“实质性参与”了该业务的运营？如果“否”，请参阅损失限制说明。
H　如果您在 2021 年开始或收购此业务，请勾选此处
I　您是否在 2021 年支付了任何需要您提交 1099 表格的款项？（见说明）
J　如果“是”，您是否或将要提交所有必需的 1099 表格？</td><td>☐ 是 ☐ 否
☐
☐ 是 ☐ 否
☐ 是 ☐ 否</td></tr>
</table>

（2）收入、费用和利润情况。

附表 C 主表第一部分和第二部分主要为收入、费用和利润明细情况，也是附表 C 的核心部分，通过总收入减去总费用得到净利润（或亏损）然后将结果填报至附表 1 第 3 行。

a. 第一部分。

第一部分为收入部分，纳税人需填报服务或销售等业务活动的销售收入，扣除退货或折让后减去销货成本得到毛利润，加上其他收入后得到总收入金额，具体如表 6 - 22 所示。

b. 第二部分。

第二部分为费用和净利润计算部分，商业经营活动费用包括广告费、车辆费用、佣金、员工工资福利费用、保险费用、办公费用、差旅费用等与商业经营相关的支出，部分费用抵扣存在一定的限制。

表 6－22

第一部分	收入			
1	总收入或销售额。请参阅第 1 行的说明，如果您在 W2 表格上报告了该收入且已勾选表格上的“法定雇员”，请选此	□	1	
2	退货和折让		2	
3	将第 1 行减去第 2 行		3	
4	销货成本（来自第 42 行）		4	
5	毛利润。用第 3 行减去第 4 行		5	
6	其他收入，包括联邦和州的汽油或燃油税抵免或退款（见说明）		6	
7	总收入。将第 5 行和第 6 行相加		7	

将总收入减去总费用（可抵扣费用）后即得到商业经营活动利润，在调整纳税人将自身住家作为商业办公场所的费用后得到商业经营活动净损益，具体如表 6－23 所示：

表 6－23

第二部分	费用。将家作为商业用途的相关费用只能填在第 30 行。						
8	广告	8		18	办公费用（见说明）	18	
9	汽车和卡车费用（见说明）	9		19	养老金和利润分享计划	19	
				20	出租或租赁（见说明）：		
10	佣金和费用	10		a	车辆、机械和设备	20a	
11	合同工（见说明）	11		b	其他商业地产	20b	
12	消耗	12		21	维修与保养	21	
13	折旧和第 179 节费用抵扣（不包括在第三部分）（见说明）	13		22	用品（不含第三部分中的）	22	
				23	税收和执照费	23	
				24	差旅和餐费：		
14	员工福利计划（不包括第 19 行部分）	14		a	差旅	24a	
				b	可抵扣餐费（见说明）	24b	
15	保险（健康险除外）	15					
16	利息：			25	物业相关费用	25	
a	抵押贷款（支付给银行等）	16a		26	工资（减去雇工抵免）	26	
b	其他	16b		27a	其他费用（来自第 48 行）	27a	
17	法律和专业服务	17		b	预留未来使用的金额	27b	
28	总费用（未包含将住家作为办公用途的相关费用），将第 8 行到 27a 行相加					28	
29	暂定盈利（亏损）。用第 7 行减去第 28 行					29	

续表

第二部分	费用。将家作为商业用途的相关费用只能填在第 30 行。		
30	用于商业用途的住家相关费用。不要在其他地方填报这些费用。除使用简化方法外，请附上表格 8829（请参阅说明）。 仅使用简化方法时填报：输入以下总面积：(a) 您的家：________ (b) 您家中用于商业的部分：________ 使用说明中的简化法计算底稿算出金额并输入第 30 行	30	
31	净利润或（亏损）。用第 29 行减去第 30 行。 • 如果获利，请同时输入附表 1（表格 1040）第 3 行，和附表 SE 第 2 行。 （如果您选中了第 1 行的复选框，请参阅说明）。遗产和信托，请填写表格 1041 第 3 行。 • 如果亏损，您必须转到第 32 行。	31	
32	如果您有损失，请选中描述您投资活动的框。请参阅说明。 • 如果您选择了 32a，请将损失同时输入附表 1（表格 1040）第 3 行，和附表 SE 第 2 行（如果您选中了第 1 行的复选框，请参阅第 31 行的说明）。遗产和信托，输入表格 1041，第 3 行。 • 如果您勾选了 32b，您必须附表格 6198，您的损失抵扣可能受限。	☐ 32a 所有投资有风险。 ☐ 32b 有些投资无风险	

上述费用中受抵扣限制的具体情况请查阅本书个人所得税政策相关部分，费用中销货成本、车辆费用和其他费用具体情况需在附表 C 第三、第四、第五部分计算后填列至第二部分对应行次。本部分最终计算得到的商业经营损益将填报至附表 1 第 3 行。

c. 其他部分。

附表 C 第三部分、第四部分和第五部分为第二部分的补充信息部分，分别填报销货成本的具体核算方法和计算过程、车辆购买和使用信息及其他费用情况，具体如表 6－24 所示：

表 6－24

第三部分	销货成本（见说明）
33	用于评估期末存货的方法 a ☐ 成本　b ☐ 成本或市价孰低　　c ☐ 其他（附说明）
34	在确定期初和期末库存的数量、成本或估值时方法是否有任何变化？

续表

第三部分	销货成本（见说明）		
	如果“是”，请附上说明	□是　□否	
35	年初存货。如果与去年期末存货不同，请附上说明	35	
36	买价减去用于个人用途部分的成本	36	
37	劳动力成本。不包括支付给自己的任何金额	37	
38	材料和用品	38	
39	其他费用	39	
40	将第 35 行至 39 行相加	40	
41	年末库存	41	
42	销售商品的成本。用第 40 行减去第 41 行。在此处和第 4 行输入结果	42	
第四部分	关于您车辆的信息		
	仅当您在第 9 行申报汽车或卡车费用且无须为此业务提交 4562 表时，才填写此部分。请参阅第 13 行的说明，了解您是否必须提交 4562 表。		
43	您何时将您的车辆用于商业目的？（月日年）________/________/________		
44	在 2021 年您驾驶车辆的总里程中，输入您下列用途的里程数： a 商业________ b 通勤（见说明）________ c 其他________		
45	您的车辆在下班时间是否可以使用？	□是　□否	
46	您（或您的配偶）是否有其他车辆可供个人使用？	□是　□否	
47a	你有证据支持你的抵扣吗？	□是　□否	
b	如果“是”，是否是书面证据？	□是　□否	
第五部分	其他费用。下面列出第 8 行至 26 行或第 30 行未包括的业务费用		
48	其他费用合计。在此处和第 27a 行输入	48	

第三部分计算的商品销货成本需填报至第二部分第 4 行，第四部分主要核实车辆使用情况是否满足相关费用抵扣要求，第五部分其他费用合计需填报至第二部分第 27a 行。

4. 附表 D

附表 D 主要用于报告未在其他表格中报告的资本性收益和损失，包括资本性资产出售或交换形成的资本性损益和非自愿交换非商业经营或盈利目的持有的资本性资产产生的收益。

根据IRC对资本性资产的期限分类，为便于计算，附表D将分别列报短期资本性损益和长期资本性损益详细情况，然后根据IRC相关抵销规则计算出净资本性收益和损失金额，将资本性损益填至1040主表。此外，该表中会对不同类型资本性损益进行鉴别，并根据IRC要求提交配套附表。

（1）第一部分。

第一部分主要报告持有期限在一年或以内的资本性资产处置情况及对应的短期资本性损益情况，包括经过中介机构交易的证券或其他资产处置、其他渠道交易的资本性资产处置、分期收款资本性资产处置、合伙企业等流转实体传递至投资者的资本性资产处置等，对于大部分交易需分类填报处置价款及资产纳税基础情况，从而得到应确认的损益金额。该部分具体项目及填报要求如表6－25所示。

表6－25

第一部分	短期资本性损益——通常资产持有一年或更短时间				
	具体每行计算方法请参阅说明。请四舍五入到美元。	（d）处置款（售价）	（e）成本（或其他税基）	（g）根据表8949第1部分第2行（g）栏调整损益	（h）收益或（损失）（d）列减（e）列后加（g）列
1a	表格1099－B上报告的所有短期交易总数，其税基已向IRS报告并且您没有税基调整（请参阅说明）。但是，如果您选择在8949表上报告所有这些交易，请将此行留空并转到第1b行				
1b	表8949上勾选方框A的交易的总和				
2	表8949上勾选方框B的交易的总和				
3	表8949上勾选方框C的交易的总和				
4	表6252的短期收益，以及表4684、6781和8824的短期收益或（损失）			4	

续表

第一部分	短期资本性损益——通常资产持有一年或更短时间		
5	来自附表 K-1 的合伙企业、S 公司、遗产和信托的净短期收益或（损失）	5	
6	短期资本性损失结转。请将说明中的资本性损失结转底稿的第 8 行的金额（如果有）输入此处	6	（ ）
7	净短期资本性收益或（损失）。将（h）列中的第 1a 行到第 6 行加总。如果您有任何长期资本性收益或损失，请转到下面的第二部分。否则，转到后面的第三部分	7	

上述 1a 行中的 1099-B 表主要为通过中介机构交易的证券或其他财产交易情况，该表一般由中介机构于年度结束后向投资者提供。1b 行至第 3 行中的表 8949 为出售或处置资本性资产明细情况申报表，一般由纳税人自己根据资本性资产处置情况填写，对于已收到 1099-B 的交易可以不用在表 8949 重复填写交易。表 6252 为分期付款资本性资产处置情况申报表，表 4684 为偶然损失情况申报表，表 6781 为第 1256 节和 1092 节下交易损益申报表，表 8824 为商业或投资类相似资产交换交易情况表，这些交易中部分符合条件的损益可作为资本性损益处理。第一部分计算后将得到净短期资本性收益（或损失）金额，如果纳税人有长期资本性损益则需要填报第二部分后再合并计算损益净额，如无长期资本性损益则可直接填报第三部分。

（2）第二部分。

第二部分主要报告持有期限在一年以上的资本性资产处置情况及对应的长期资本性损益情况，具体包括的交易类型、填报内容与第一部分基本相同。该部分计算出净长期资本性损益后将与第一部分计算的短期资本性损益加总，在第三部分核算出净值，并根据情况填报至目标税表的对应位置。该部分具体项目及填报要求如表 6-26 所示：

表 6 -26

第二部分	长期资本性损益——通常资产持有超过一年				
	具体每行计算方法请参阅说明。请四舍五入到美元。	(d) 处置款(销售价格)	(e) 成本(或其他税基)	(g) 从表格 8949 第 II 部分第 2 行 (g) 栏调整损益	(h) 收益或(损失)(d) 列减 (e) 列后加 (g) 列
8a	表 1099 - B 上报告的所有长期交易总数,其税基已向 IRS 报告并且您没有税基调整(请参阅说明)。但如果您选择在表 8949 上报告所有这些交易,请将此行留空并转到第 8b 行				
8b	表 8949 上勾选方框 D 的交易的总和				
9	表 8949 上勾选方框 E 的交易的总和				
10	表 8949 上勾选方框 F 的交易的总和				
11	表 4797 第 I 部分的收益;表 2439 和表 6252 的长期收益;表 4684、6781 和 8824 的长期收益或(损失)			11	
12	来自附表 K - 1 的合伙企业、S 公司、遗产和信托的净长期收益或(损失)			12	
13	资本性收益分配。请参阅说明			13	
14	长期资本性损失结转。请将说明中的资本性损失结转底稿的第 13 行的金额(如果有)输入此处			14	( )
15	净长期资本性收益或(损失)。将(h)列中的第 8a 行至 14 行加总。然后转到后面的第三部分			15	

(3)第三部分。

第三部分为总结部分,在第一部分和第二部分计算的基础上将净短期资本性损益与净长期资本性损益加总,如果得到的为净收益,则可将金额填入 1040 主表的第 7 行,同时判断净长期资本性损益是否也同时为净收益,如果是则需要判断是否需要补充 28% 税率的收益计算底稿和未转回 1250 节收益计算底稿。如果第一部分和第二部分加总后得到净资本性损失,则需要根据个人所得税中资本性损失抵扣限制计算最终可抵扣金额。

该部分具体项目及填报要求如表 6 -27 所示:

表 6－27

第三部分	总结		
16	将第 7 行和第 15 行相加并输入结果	16	
·	如果第 16 行是收益，输入表 1040、1040SR 的第 16 行或 1040NR 的第 7 行金额。然后转到下面的第 17 行		
·	如果第 16 行是损失，跳过下面的第 17 行至 20 行。然后转到第 21 行。同时请务必完成第 22 行		
·	如果第 16 行为零，跳过下面的第 17 行至 21 行，并在表 1040 或表 1040SR 的第 7 行输入 －0－。然后转到第 22 行		
17	第 15 行和第 16 行是否均为收益？ ☐是。转到第 18 行 ☐否。跳过第 18 行至 21 行，转到第 22 行		
18	如果您需要完成 28% 税率的收益计算底稿（请参阅说明），请将该底稿第 7 行中的金额（如果有）输入此处	18	
19	如果您需要完成未转回 1250 节收益计算底稿（请参阅说明），请将该底稿第 18 行的金额（如有）输入此处	19	
20	第 18 行和第 19 行是否均为零或是空白，且您未提交 4952 表？ ☐是。完成表 1040 或表 1040SR 第 16 行说明中提到的合格股息和资本性收益计算底稿。并请勿填写下面的第 21 行和第 22 行 ☐否。完成说明中提到的附表 D 税收底稿。请勿填写下面的第 21 行和第 22 行		
21	如果第 16 行是损失，请在此和表 1040、表 1040SR、表 1040NR 的第 7 行中输入如下最小的值： •第 16 行的损失或 •3 000 美元（或者如果已婚分开报税者为 1 500 美元） 提示：在确认哪个数最小时，将两个数都视为正数	21	( )
22	您是否在表 1040、表 1040SR 或表 1040NR 表格第 3a 行有合格分红？ ☐是。完成表 1040 或表 1040SR 第 16 行说明中的合格分红和资本性收益纳税底稿 ☒否。完成表 1040、表 1040SR 或表 1040NR 的其余部分		

5. 附表 E

附表 E 主要用于填报补充收益和损失情况，包括房地产租赁、特许使用权、合伙企业、S 公司、遗产、信托和房地产抵押贷款投资通道权益等相关业务的收益或损失情况。此表中房地产租赁一般指存在个人使用和出租混用情况下的租赁业务，个人专门从事出租个人财产业务的应作为商业经营活动处理，在附表 C 填报，且需针对租赁收入缴纳自雇税等税费，而此处的租赁业务收入不作为自雇收入处理，无须缴纳自雇税等税费；表中合伙企业、S 公司、信托等流转实体的收益与损失指该类实体正常经营时产生的损益项目传递给纳税人的部分，数据来自流转实体给投资者出具的K－1表，投资者处置该类流转实体产生资本性损益时应在附表D填报。

附表E包括五个部分，分别为租赁房地产和特许使用权的损益情况申报、合伙企业和S公司损益申报、遗产或信托损益申报、房地产抵押贷款投资通道权益损益申报和总结部分。

（1）第一部分。

附表E第一部分主要用于申报租赁房地产和特许使用权收入与损失情况，该类收入属于被动性收入，其损失抵扣一般受到限制，具体限制规则请查阅本书个人所得税政策相关部分。如前所述，个人将自用房地产中的一部分对外出租时应该在此表填写租赁收入与损失情况，该租赁收入不属于自雇收入。本表中的特许使用权（Royalties）业务指纳税人出租商标（Trade Marks）、贸易名称（Trade Names）、服务标志（Service Marks）或版权（Copyrights）等业务，该类业务收入一般称为特许使用权费收入，亦可称为版税收入。

第一部分具体内容和填报要求如表6－28所示：

表6－28

<table>
<tr><td>第一部分</td><td colspan="8">租赁房地产和特许使用权的收益或损失
提示：如果您从事出租个人财产的业务，请使用附表C。请参阅说明。如果您是个人，请将表4835中的农场租金收益或损失填在第2页第40行。</td></tr>
<tr><td>A</td><td colspan="5">您是否在2021年支付了任何需要您提交1099表格的款项？请参阅说明。</td><td></td><td>是</td><td>否</td></tr>
<tr><td>B</td><td colspan="5">如果“是”，您是否或将要提交所有必需的1099表格？</td><td></td><td>是</td><td>否</td></tr>
<tr><td>1a</td><td colspan="8">每个物业的实际地址（街道、城市、州、邮政编码）</td></tr>
<tr><td>A</td><td colspan="8"></td></tr>
<tr><td>B</td><td colspan="8"></td></tr>
<tr><td>C</td><td colspan="8"></td></tr>
<tr><td>1b</td><td>财产类型</td><td rowspan="4">2
对于每个出租房地产，请报告市价出租天数和个人使用天数。仅当满足作为合格合资企业申报的要求时勾选QJV</td><td></td><td>市价租赁日</td><td>个人使用天数</td><td colspan="3">QJV</td></tr>
<tr><td>A</td><td></td><td>A</td><td></td><td></td><td></td><td></td><td></td></tr>
<tr><td>B</td><td></td><td>B</td><td></td><td></td><td></td><td></td><td></td></tr>
<tr><td>C</td><td></td><td>C</td><td></td><td></td><td></td><td></td><td></td></tr>
</table>

续表

<table>
<tr><td colspan="6">物业类型：
1 ____单户住宅　3 ____假期、短期租赁　5 ____土地　7 ____自租
2 ____多户住宅　4 ____商业的　6 ____版税　8 ____其他</td></tr>
<tr><td>收入：</td><td>物业：</td><td></td><td>A</td><td>B</td><td>C</td></tr>
<tr><td colspan="2">3　收到的租金</td><td>3</td><td></td><td></td><td></td></tr>
<tr><td colspan="2">4　收到的特许权费</td><td>4</td><td></td><td></td><td></td></tr>
<tr><td colspan="2">费用：
5　广告</td><td>5</td><td></td><td></td><td></td></tr>
<tr><td colspan="2">6　汽车和差旅（见说明）</td><td>6</td><td></td><td></td><td></td></tr>
<tr><td colspan="2">7　清洁和维护</td><td>7</td><td></td><td></td><td></td></tr>
<tr><td colspan="2">8　佣金</td><td>8</td><td></td><td></td><td></td></tr>
<tr><td colspan="2">9　保险</td><td>9</td><td></td><td></td><td></td></tr>
<tr><td colspan="2">10　法律和其他专业费用</td><td>10</td><td></td><td></td><td></td></tr>
<tr><td colspan="2">11　管理费</td><td>11</td><td></td><td></td><td></td></tr>
<tr><td colspan="2">12　支付给银行等的抵押贷款利息（见说明）</td><td>12</td><td></td><td></td><td></td></tr>
<tr><td colspan="2">13　其他利息</td><td>13</td><td></td><td></td><td></td></tr>
<tr><td colspan="2">14　维修</td><td>14</td><td></td><td></td><td></td></tr>
<tr><td colspan="2">15　补给品</td><td>15</td><td></td><td></td><td></td></tr>
<tr><td colspan="2">16　税收</td><td>16</td><td></td><td></td><td></td></tr>
<tr><td colspan="2">17　物业相关费用</td><td>17</td><td></td><td></td><td></td></tr>
<tr><td colspan="2">18　折旧费用或损耗</td><td>18</td><td></td><td></td><td></td></tr>
<tr><td colspan="2">19　其他（列表）</td><td>19</td><td></td><td></td><td></td></tr>
<tr><td colspan="2">20　总费用。第 5 行到第 19 行相加</td><td>20</td><td></td><td></td><td></td></tr>
<tr><td colspan="2">21　从第 3 行（租金）和/或第 4 行（特许使用权）中减去第 20 行。如果结果是（损失），请参阅说明以确定您是否必须提交表格 6198</td><td>21</td><td></td><td></td><td></td></tr>
<tr><td colspan="2">22　8582 表格上的扣除限制后可扣除的租赁房地产损失（如有）（请参阅说明）</td><td>22</td><td>(　　)</td><td>(　　)</td><td>(　　)</td></tr>
<tr><td colspan="3">23a　第 3 行报告的所有出租物业的所有金额的总和</td><td>23a</td><td></td><td></td></tr>
<tr><td colspan="3">b　在第 4 行报告的所有特许权财产的所有金额的总和</td><td>23b</td><td></td><td></td></tr>
<tr><td colspan="3">c　第 12 行报告的所有物业的所有金额的总和</td><td>23c</td><td></td><td></td></tr>
<tr><td colspan="3">d　第 18 行报告的所有物业的所有金额的总和</td><td>23d</td><td></td><td></td></tr>
<tr><td colspan="3">e　在第 20 行报告的所有属性的所有金额的总和</td><td>23e</td><td></td><td></td></tr>
</table>

续表

24	收入。将第 21 行显示的正数加总。不要包括任何损失	24	
25	损失。将第 21 行的特许使用权损失和第 22 行的租赁房地产损失加总。在此处输入总损失	25	(　　)
26	总出租房地产和特许使用权收入或（损失）。第 24 行和第 25 行加总。在此处输入结果。如果第Ⅱ、Ⅲ、Ⅳ部分和第 2 页第 40 行不适用于您，请在附表 1（表格 1040）第 5 行也输入此金额。否则，请将此金额计入第 2 页第 41 行的总额中	26	

填报时，需详细列出每个租赁物业的地址、个人使用天数、出租天数，然后将相关收入加总后加上特许使用权收入，减去与该两类业务相关的各类支出，得到收益或损失净额，如果是损失，则应根据 IRC 规定剔除不可抵扣损失部分后填列，最后将净收益或损失金额填报至附表 1 第 5 行。

（2）第二部分。

第二部分主要填报纳税人从合伙企业和 S 公司传递过来的收益或损失情况。纳税人需要填报投资的合伙企业或 S 公司的名称、雇主识别号等信息，同时根据收到的 K－1 表格信息分别填报被动、非被动收入和允许抵扣的被动、非被动损失情况，最终计算出合伙企业和 S 公司的总收益或损失。本部分具体填报内容和要求如表 6－29 所示：

表 6－29

第二部分	合伙企业和 S 公司的收益或损失 注意：如果您报告的是损失，收到分配，处置股票，或从 S 公司获得贷款偿还，您必须选中第 28 行（e）栏中的框并附上所需的纳税基础计算表。如果您报告风险活动的损失但其投资金额属于在险资产，您必须选中第 28 行（f）栏中的框并附上表格 6198（请参阅说明）。					
27	您是否报告了上一年由于在险资产限制或税基限制而不允许抵扣的任何损失、上年不许抵扣的来自被动活动的损失（如果该损失未在 8582 表中报告）或未报销的合伙费用？ 如果您回答“是”，请在完成本部分之前查看说明　　☐ 是　☐ 否					
28	（a）名称	（b）合伙企业请输入 P；S 公司输入 S	（c）是否外国合伙企业	（d）雇主识别号	（e）是否需要税基计算	（f）是否有金额不属于在险资产
A			____		____	____
B			____		____	____

续表

C			——		——	——
D			——		——	——

被动收益和损失			非被动收益和损失		
（g）允许的被动损失（附表8582，如果需要）		（h）来自附表K－1的被动收入	（i）允许的非被动损失（附表K－1）	（j）表4562的第179节费用扣除	（k）来自附表K－1的非被动收入
A					
B					
C					
D					
29 a 总计					
b 总计					
30	将第29a行的（h）和（k）列相加			30	
31	将第29b行的（g）、（i）和（j）列相加			31	（　）
32	合伙企业和S公司的总收入或（损失）。将第30行和第31行相加			32	

值得注意的是，合伙企业和S公司的损失可抵扣额度受在险价值、纳税基础、被动性损失限额等多个指标限制，故填报时需根据上述要求报送纳税基础和在险价值等信息。

（3）其他部分。

其他部分为第三、第四和第五部分，分别填报来自遗产和信托的损益、房地产抵押投资通道业务损益和总结信息。

第三部分来自遗产和信托的损益填报内容、要求和填报方法与第二部分基本相同，纳税人需取得遗产或信托提供的K－1并根据K－1信息填报。第四部分需要根据房地产投资抵押通道业务机构（REMIC）向纳税人出具的附表Q填报相关信息。第五部分为上述所有业务类别的损益情况的汇总信息，需将前述业务净损益额相加后得到总收益或损失金额，填报至附表1第5行。具体各部分填报内容和要求如表6－30所示：

表 6－30

第三部分	来自遗产和信托的收益或损失	
33	（a）名称	（b）雇主识别号
A		
B		

	被动收益和损失		非被动收益和损失	
	（c）允许的被动性活动扣除或损失（附表格 8582，如需）	（d）来自附表 K－1 的被动收入	（e）附表 K－1 的抵扣或损失	（f）来自附表 K－1 的其他收入
A				
B				
34a 总计				
b 总计				

35	将第 34a 行的（d）和（f）列相加	35	
36	将第 34b 行的（c）和（e）列相加	36	（　）
37	总遗产和信托收益或（损失）。将第 35 行和第 36 行相加	37	

第四部分	房地产抵押投资通道业务（REMIC）的收益或损失——剩余持有人			
38　（a）名称	（b）雇主识别号	（c）来自附表 Q 的超额部分，第 2c 行（见说明）	（d）来自附表 Q 第 1b 行的应纳税所得额（净亏损）	（e）来自附表 Q 第 3b 行收益

39	仅将列（d）和（e）相加。在此处输入结果并包含在下面第 41 行的总计中	39	

第五部分	总结		
40	来自表格 4835 的净农场租金收益或（损失），同时完成下面的第 42 行	40	
41	总收益或（损失）。将第 26、32、37、39 和 40 行相加。在此处和附表 1（表格 1040）第 5 行输入结果	41	
42	农业和渔业收入的分类调整。输入您在下列位置报告的总的农业和渔业收入：4835 表第 7 行、附表 K－1（表格 1065），第 14 栏，代码 B、附表 K－1（表格 1120S），方框 17，代码 AC 和附表 K－1（表格 1041），方框 14，代码 F（见说明）	42	
43	房地产专业人士收入分类调整。如果您是房地产专业人士（请参阅说明），请输入在表格 1040、1040SR 或 1040NR 的任何地方填报的你在被动活动损失规则下实质性参与房地产租赁活动产生的净收益或损失	43	

第七章

企业所得税纳税实务

一、概述

根据IRS公布的企业所得税纳税相关信息，税务上的企业组织形式包括个体户、合伙企业、有限责任公司（简称LLC公司）、C公司（C Corporation）和S公司（S Corporation），不同组织形式纳税规则、需填报税表等均有差异。

为方便不同类型企业了解其报税要求，笔者将在此对所有类型企业通常情况下需填报的税表（包含所得税及其他可能涉及的主要税种）进行归纳。

（一）个体户

个体户从事商业经营的所得纳入所有者个人所得税进行申报，故个体户无须单独报送企业所得税相关税表，但其需根据IRS要求报送和缴纳自雇税。此外，作为雇主，其还需向政府和员工提供FICA税和代扣代缴所得税等相关信息，特殊行业的个体户还需根据要求报送和缴纳消费税，特定业务还可能涉及关税和州政府征收的相关税收。

由IRS管理的与个体户相关的常见税表如表7-1所示：

表7－1　　个体户常见税表（税报）

所得税	美国个人所得税申报表1040或1040SR，并填写其中的附表C商业经营活动损益表
	1040－ES－个人预缴税表
自雇税	1040或附表SE－自雇税
雇佣相关	表941－雇主季度联邦所得税报
	表943－雇主年度联邦所得税表－农业相关雇员
	表944－雇主年度联邦所得税报
	表940－雇主年度联邦失业税报
	W－2－雇员工资及纳税情况表（报告企业代扣代缴所得税及FICA税信息，由雇主于年度结束后向雇员提供），未代扣代缴的合同工应提供1099表
消费税	根据行业要求报送，如表720－季度联邦消费税报

资料来源：IRS官网，https：//www. irs. gov。

（二）合伙企业

合伙企业为流转实体，其自身通常无须缴纳所得税，但需将相关纳税信息传递给合伙人由合伙人纳税。为掌握合伙企业经营情况，便于与合伙人申报税务信息核对，IRS要求合伙企业报送企业所得税信息税报，即表1065－美国合伙企业所得税报，同时向合伙人提供报税所需的K－1表。

此外，与个体户类似，合伙企业也需报送雇佣相关税收报表，对涉及消费税的合伙企业应报送表720等相关报表。对于有个人合伙人的，个人合伙人自身需按个人所得税要求报送1040表及其附表、自雇税和预缴税相关税表，涉及外国合伙人的还应报送国际税收相关税表。

由IRS管理的与合伙企业相关的常见税表如表7－2所示：

表7－2　　合伙企业常见税表（税报）

所得税信息税报	表1065－美国合伙企业所得税报，同时应向合伙人提供K－1表
雇佣相关	表941－雇主季度联邦所得税报
	表943－雇主年度联邦所得税表－农业相关雇员

续表

雇佣相关	表 944 – 雇主年度联邦所得税报
	表 940 – 雇主年度联邦失业税报
	W –2 – 雇员工资及纳税情况表，未代扣代缴的合同工应提供 1099 表
消费税	根据行业要求报送，如表 720 – 季度联邦消费税报、表 8990 – 第 163（j）节下商业利息费用限制
个人合伙人相关税报	表 965 – A – 个人报告净 965 纳税义务情况
	所得税，即 1040 表及其附表 E – 额外收入和损失税表
	自雇税 –1040 或附表 SE – 自雇税
	预缴税，1040 – ES – 个人预缴税表
	国际税收，包括表 5471 – 代表特定国外企业的美国纳税人信息税报、表 8288 – 外国人处置美国房地产权益的预扣税税报、表 8865 – 代表特定外国合伙人的美国纳税人税报

资料来源：IRS 官网，https：//www. irs. gov。

（三）LLC 公司

LLC 公司是一种特殊的法人实体，其兼具 C 公司和合伙企业或 S 公司特征，在纳税上，LLC 公司可以认为是 C 公司、合伙企业或所有者的一部分，一般有 2 个以上股东的 LLC 默认为合伙企业，只有一个股东的 LLC 公司默认为非独立实体（个体户），但他们也都可以选择报 8832 表改按 C 公司纳税。

基于以上特征，LLC 公司企业所得税纳税将视其选择的企业形式确定，除所得税外，其也应向其他企业一样报送雇佣相关税表或消费税相关税表。

（四）C 公司

C 公司作为法人公司，其纳税事项相对复杂，除企业自身应缴纳企业所得税外，股东还应根据自身类型缴纳个人所得税或企业所得税。

C 公司需报送的税表包括与所得税相关的表 1120 – 美国企业所得税税报，该表包括一系列附表，填报与企业所得税相关的收支、账户、关联方等信息。此外，作为雇主，C 公司也需报送与雇佣相关的税表，对于特定行业的企业或从事特定业务的还应报送消费税相关税表。

由 IRS 管理的与 C 公司相关的常见税表如表 7－3 所示：

表 7－3　　C 公司常见税表（税报）

所得税	表 1120－美国企业所得税报
	表 1120－W－企业预估税表
雇佣相关	表 941－雇主季度联邦所得税报
	表 943－雇主年度联邦所得税表－农业相关雇员
	表 940－雇主年度联邦失业税报
	W－2－雇员工资及纳税情况表，未代扣代缴的合同工应提供 1099 表
消费税	根据行业要求报送，如表 720－季度联邦消费税报等

资料来源：IRS 官网，https：//www. irs. gov。

（五）S 公司

S 公司也为法人公司，其一般由 C 公司转换而来，当企业通过报送表 2553 选择成为 S 公司后即可像其他流转实体一样将企业收入和损失等信息传递给股东由股东纳税。原则上 S 公司自身无须缴纳所得税，但对于在转换时有内含收益的应缴纳所得税。

S 公司每年应向 IRS 报送企业所得税报，即表 1120－S，同时应像 C 公司一样报送雇佣相关税报和消费税相关税表。

由 IRS 管理的与 S 公司相关的常见税表如表 7－4 所示：

表 7－4　　S 公司常见税表（税报）

所得税	表 1120－S－美国 S 公司企业所得税报，同时应向股东提供 K－1 表
	表 1120－W－企业预估税表
雇佣相关	表 941－雇主季度联邦所得税报
	表 943－雇主年度联邦所得税表－农业相关雇员

续表

雇佣相关	表 940 - 雇主年度联邦失业税报
	W - 2 - 雇员工资及纳税情况表，未代扣代缴的合同工应提供 1099 表
消费税	根据行业要求报送，如表 720 - 季度联邦消费税报等

资料来源：IRS 官网，https：//www. irs. gov。

综上，在不同组织形式的企业中，个体户纳税事项将纳入个人所得税管理，合伙企业虽将纳税信息传递给合伙人纳税和报税，但合伙企业自身亦需根据要求报送信息税报，C 公司和 S 公司均需根据要求报送单独的所得税报，LLC 公司将根据其选择成为的类型按个体户、合伙企业或 C 公司的要求报税，故本部分实务操作内容将重点围绕合伙企业、C 公司和 S 公司所得税相关的税表填报要求和方法展开。

报税时间方面，个体户报税时间与申请延期报税方式与个人所得税一致，合伙企业和 S 公司通常为下年度 3 月 15 日，C 公司为下年度第 4 个月的 15 日，当纳税人因特殊情况无法按时报送税报时，可在截止日前缴清所欠税款后向 IRS 报送相应报表申请延期，未缴清的税款将自原截止日起征收利息和罚金，不同类型企业具体报税截止日期及延期方式等情况如表 7 - 5 所示：

表 7 - 5

企业类型	纳税年度选择	报税截止日期	延期方式
个体户	日历年	下年度 4 月 15 日	报送表 4868 延期 6 个月
合伙企业	通常为日历年	下年度 3 月 15 日	报送表 7004 延期 6 个月
C 公司	日历年或财年	下年度第 4 个月的 15 日	报送表 7004 延期 6 个月
S 公司	通常只能选日历年	下年度 3 月 15 日	报送表 7004 延期 6 个月

注：上述报税截止日期若遇法定节假日则顺延至下一个工作日。

二、合伙企业报税

合伙企业自身需要报送的税报为表 1065 及附属的套表，此外，合伙企业应同时向 IRS 和每位合伙人提供 K－1 表。

（一）材料准备

为确保报税信息准确全面，合伙企业在报税前应准备好报税所需相关材料，包括企业基本信息材料、合伙人信息材料、从外部收到的文件、企业经营和财务记录及企业资产相关记录等，具体如表 7－6 所示：

表 7－6　　合伙企业报税前需准备的主要材料清单

企业基本信息	确定在 IRS 注册的企业申报类型（表格 1065、1120 或 1120S）
	在 IRS 注册的雇主识别号码（EIN）。如果您没有 EIN，需在 IRS. gov 在线申请
	企业在有业务关联且有报税义务的州的纳税识别号
	合伙协议或章程或修订章程的副本
	去年的联邦、州和地方纳税申报表
	已支付的联邦、州及地方预缴税信息
合伙人信息	每个合伙人在纳税年度的姓名、地址和 SSN/EIN
	各合伙人盈亏/持股比例明细
	所有合伙人的出资、退款或关联债务的明细
	所有合伙人的保证付款、在合伙企业领的报酬和福利明细
	合伙人权益变动明细
外部收到的文件	收到的所有表 1099－B、1099－DIV、1099－INT、1099－K 或 1099－MISC
	从投资的实体收到的 K－1 表
	所有联邦或州税务机关给予的纳税抵免证明
经营和财务记录	科目余额表
	支持利息和其他日常业务费用的银行和信用卡账单
	对外签发的 1099 表和 W－2 表副本或证明
	已缴纳所有联邦失业税、社安税和医保税的报告（表格 940 和 941）

续表

经营和财务记录	支付州和地方工资税报告
	如果在多个州有业务，则编制各州销售、工资和资产价值明细报告
	存货报告，原料采购成本、加工成本及期末库存成本等
资产记录	资产折旧明细表，包括资产购入时间记录、折旧情况等
	纳税年度内获新增资产的购买日期、成本、以旧换新对价和业务使用占比
	纳税年度内处置的资产的购买日期、成本、卖价、销售费用和累计折旧等信息
	每辆自有或租赁车辆的里程记录（商业用途和总用途）
	每辆自有车辆的业务使用占比和实际费用报告（汽油和维护成本）

（二）1065 主表填报

1065 主表主要由两部分组成，即基础信息部分和盈亏及税款计算部分，基础信息部分主要为企业经营和税表类别的基础信息，盈亏及税款计算部分主要列示企业收入和抵扣明细情况和合伙企业自身需要缴纳的部分税费信息。

基础信息部分企业需要填报主要业务活动、产品或服务、业务开始日期和总资产规模，该类信息主要用于 IRS 进行数据统计分析，总资产规模超过 1 000 万美元的合伙企业还需要填报附表 C 和 M－3 对会计数据和税务数据进行差异分析和调整。此外，合伙企业还要在基础信息部分选择税报类型和采用的会计核算方法，标明向合伙人发放的 K－1 表的数量，同时明确是否有被动性业务活动。具体表格内容如表 7－7 所示。

盈亏及税款计算部分需要填报合伙企业净销售收入、成本、毛利、其他收入，减去可以抵扣的运营管理费用（如工资薪金、维修费用、折旧费、利息等）等得到企业常规业务利润，然后填报合伙企业层面因在回溯法下的应付利息调整和其他税费纳税义务和已缴税情况。具体填报内容如表 7－8 所示。

表 7－7

表 1065 财政部国税局	美国合伙收入所得税申报表 用于 2021 日历年或纳税年度始于________，2021，结束于________，20 ________ ▶去 www. irs. gov/Form1065 获取说明和最新信息		OMB 编号 1545－0123 2021
A 主要业务活动	手写或输入	合伙企业名称	D 雇主识别号
B 主要产品或服务		号码、街道和房间或公寓号	E 业务开始日期
C 业务代码		城市或城镇、州或省、国家和邮政编码或外国邮政编码	F 总资产－见说明
			$________
G 选中适用的项：（1）____首次报税（2）____最后一次报税（3）____名称变更（4）____地址变更（5）____修正税报			
H 选择核算方法：（1）____收付实现（2）____权责发生（3）____其他（指定）▶________			
I 附表 K－1 数量。为纳税年度内任何时候是合伙人的每人附上一份▶________			
J 检查是否附有附表 C 和 M－3▶________			
K 选择合伙企业是否：（1）____基于第 465 节在险目的的综合业务，（2）____基于第 469 节项下被动业务目的的分类业务			

表 7－8

注意：下列第 1a 行至第 22 行仅包含贸易或业务收入和支出。有关更多信息，请参阅说明。				
收入	1a	总收入或销售额	1a	
	b	退货和折让	1b	
	c	余额。用第 1a 行减去第 1b 行	1c	
	2	销货成本（附表 1125－A）	2	
	3	毛利。用第 1c 行减去第 2 行	3	
	4	来自其他合伙企业、遗产和信托的常规收入（损失）（附上报表）	4	
	5	净农业利润（亏损）（附表 F（表格 1040））	5	

续表

收入	6	来自表格4797第Ⅱ部分第17行的净收益（损失）（附上表格4797）	6	
	7	其他收入（损失）（附表）	7	
	8	总收入（损失）。加总第3行至7行	8	
抵扣（见限制说明）	9	薪金和工资（合伙人除外）（减去雇佣抵免）	9	
	10	合伙人保证付款支出	10	
	11	维修与保养	11	
	12	坏账	12	
	13	租金	13	
	14	税收和执照	14	
	15	利息（见说明）	15	
	16a	折旧（如需，请附上表格4562）	16a	
	b	减1125－A表和税报其他地方报告的折旧	16b	
	17	耗减（不扣除石油和天然气耗减）	17	
	18	退休计划等	18	
	19	员工福利计划	19	
	20	其他抵扣（附报表）	20	
	21	抵扣额合计。将最右列第9行至20行的金额相加	21	
	22	常规业务收入（亏损）。用第8行减去第21行	22	
税额和付款	23	回溯法下的应付利息——已完成的长期合同（附表8697）	23	
	24	回溯法下的应付利息——收入预测法（附表8866）	24	
	25	根据BBAAAR推算的少付款项（见说明）	25	
	26	其他税费（见说明）	26	
	27	总应付税款金额。加总第23行至26行	27	
	28	已付款金额（见说明）	28	
	29	欠缴税款。如果第28行小于第27行，请输入欠款金额	29	
	30	多付税款。如果第28行大于第27行，请输入多付的金额	30	

上表第23行和第24行中回溯法下的应付利息一般针对长期建造合同或采用收入预测法进行折旧的资产，应确认的收入或折旧与实际的差异导

致的应纳税金额存在差异，在进行回溯测算时，针对原少缴纳或多缴纳的税款进行利息计算并最终算出应付利息金额。注意，此处的税费信息并非根据合伙企业利润情况计算的应缴所得税信息。第25行为按BBA或AAR法下推算出的少支付的税款，其他税费一般为除上述情况外的合伙企业应付的税费。

（三）1065附表填报

1065附表包括附表B、附表C、附表K、附表L和附表M。附表B为其他信息表，附表C为填报M－3表格的合伙企业的额外问题，附表K为分配给合伙人的项目信息表，附表M包括M－1、M－2和M－3表，M－1表为会计账面损益与税表损益的调整，M－2表为合伙人资本账户分析，M－3表为特定合伙企业账面数据与税报数据调整对账明细表。当合伙企业规模较小（年度总收入小于25万美元、年末总资产小于100万美元）且满足一定条件（详见附表B第4行）时无须报送附表L和附表M。

附表C和M－3表为满足以下任意条件的合伙企业需填报的税表：

a. 纳税年度末总资产大于或等于1 000万美元；

b. 年内调整后总资产大于等于1 000万美元；

c. 年度内主营业务总销售收入大于等于3 500万美元；

d. 年度内任何一天持有合伙企业资本或损益权益比例大于等于50%的需报告实体合伙人。

考虑到附表C和M－3表主要用于分析会计数据与税表数据的临时性差异与永久性差异，即分析收入和费用在会计确认时点、范围与税务上确认时点、范围差异导致的递延所得税事项，本书将不独立分析填报方法，填报时可参阅会计相关书籍中的递延所得税相关章节和填报指引。

1. 附表B

附表B主要填报与合伙企业类型、合伙人、主要交易和经营重大事项相关的信息，以问答形式为主，相关信息主要用于IRS分析合伙企业经营情况、持股情况并将其用于与合伙企业相关的其他实体的纳税数据校验。该表格共有29个问题，大部分问题企业只需根据实际情况回答是或否即可，具体如表 7－9 所示：

表 7－9

附表 B	其他信息		
1	提交此申报表实体是什么类型？选中适用的框：	是	否
	a ________国内普通合伙　b ________国内有限合伙		
	c ________国内有限责任公司　d ________国内有限责任合伙		
	e ________国外合伙企业　f ________其他▶________________		
2	在纳税年度结束时：		
a	是否有任何外国或国内公司、合伙企业（包括任何被视为合伙企业的实体）、信托或免税组织，或任何外国政府直接或间接拥有合伙企业 50% 或以上利润、亏损或资本的权益？有关所有权推定相关规则，请参阅说明。如果“是”，请附上附表 B－1，即关于拥有 50% 或更多合伙企业权益的合伙人信息表		
b	是否有任何个人或遗产直接或间接拥有合伙企业利润、亏损或资本 50% 或以上的权益？有关所有权推定相关规则，请参阅说明。如果“是”，请附上附表 B－1，即关于拥有 50% 或更多合伙企业权益的合伙人信息表		
3	在纳税年度结束时，合伙企业是否：		
a	直接拥有 20% 或更多，或直接或间接拥有任何外国或国内公司总投票权的 50% 或更多？有关所有权推定相关规则，请参阅说明。如果“是”，请填写以下（i）至（iv）		

（i）公司名称	（ii）雇主识别号码（如有）	（iii）注册国家	（iv）拥有投票权的百分比

		是	否
b	直接拥有 20% 或以上的权益，或直接或间接在任何外国或国内合伙企业（包括被视为合伙企业的实体）或信托的受益权中享有 50% 或以上收益、损失或资本的权益？有关所有权推定相关规则，请参阅说明。如果“是”，请填写以下（i）至（v）		

（i）实体名称	（ii）雇主识别号码（如有）	（iii）实体类型	（iv）成立国	（v）在利润、亏损或资本中的最大百分比

		是	否
4	合伙企业是否同时满足以下四个条件？		
a	该合伙企业在纳税年度的总收入不到 250 000 美元。		
b	该合伙企业在纳税年度结束时的总资产不到 100 万美元。		
c	附表 K－1 与申报表一起提交，并在合伙企业税报报送截止日（包括延期）或之前提供给合伙人。		

续表

附表 B	其他信息		
d	合伙企业没有提交且不需要提交附表 M－3。如果“是”，则合伙企业无须填写附表 L、M－1 和 M－2；1065 表第 1 页的 F 项；或附表 K－1 上的 L 项。		
5	该合伙企业是否为第 469（k）（2）节所定义的公开交易合伙企业？		
6	在纳税年度，合伙企业是否有任何债务被取消，被免除，或是修改了条款以减少债务的本金？		
7	该合伙企业是否已提交或是否需要提交 8918 表，即重要顾问披露表，以披露任何需要披露的交易的信息？		
8	在 2021 日历年的任何时候，合伙企业是否对外国的金融账户（例如银行账户、证券账户或其他金融账户）拥有权益、签名或其他权限？请参阅说明中有关豁免及填报 FinCEN 表格 114、外国银行和金融账户报告（FBAR）的要求。如果“是”，请输入外国名称▶________		
9	在纳税年度的任何时候，合伙企业是否从外国信托获得分配，或者它是外国信托的授予人或转让人？如果“是”，则合伙企业可能必须提交 3520 表，即报告与外国信托的交易和收到特定外国礼物的年度申报表。请参阅说明。		
10a	合伙企业是否进行了，或者之前是否进行过（且未撤销）第 754 节下的选择？有关第 754 节下选择的详细信息，请参阅说明。		
b	合伙企业是否根据第 743（b）或 734（b）条对本纳税年度进行了可选的税基调整？如果“是”，请附上一份说明税基调整的计算和各项明细的报表。请参阅说明。		
c	合伙企业是否因存在重大内含损失（根据第 743（d）节的定义）或重大税基减少（根据第 734 节的定义（d））而需要根据第 743（b）或 734（b）节调整合伙资产的税基？如果“是”，请附上一份说明税基调整的计算和各项明细的报表。查看说明。	是	否
11	如果合伙企业在本税年或上一个纳税年度内分配了以相似资产交换方式获得的资产或将该资产投入了另外一个实体（除纳税年度内合伙企业全资拥有的排除实体），请在此勾选。▶________		
12	在纳税年度的任何时候，合伙企业是否将合伙企业财产中共同租赁权益或其他未分割权益向任何合伙人进行了分配？		
13	如果合伙企业需要提交 8858 表格，即美国人对外国非独立实体（FDE）和外国分支机构（FB）有关事项的信息税报，输入随附的 8858 表格的数量。参阅说明。▶________		
14	合伙企业是否有外国合伙人？如果“是”，请输入为该合伙企业报送的外国合伙人在第 1446 节预扣税款相关规定下的信息税报 8805 表的数量。▶________		
15	输入 8865 表的数量，即美国人就特定外国合伙企业的税报，附在此税报后。▶________		
16a	您是否在 2021 年支付了任何需要您提交 1099 表格的款项？查看说明。		
b	如果“是”，您是否提交或将提交所需的 1099 表格？		

续表

附表 B	其他信息		
17	请输入 5471 表的数量，即美国人就特定外国公司相关事项的信息税报，附在此税报后。▶ ________		
18	在输入属于第 892 节下规定的外国政府合伙人的数量。▶ ________		
19	在合伙企业的纳税年度，合伙企业是否支付了任何款项，要求其根据第 3 章（第 1441 至 1464 条）或第 4 章（第 1471 至 1474 条）提交表格 1042 和 1042－S?		
20	合伙企业是否是需要在纳税年度提交 8938 表的指定国内实体？请参阅表格 8938 的说明。		
21	该合伙企业是否属于 IRC 第 1.721（c）－1（b）（14）节所定义的第 721（c）条相关合伙企业？		
22	在纳税年度内，合伙企业是否支付或预提了任何在第 267A 节下一个或多个合伙人不能抵扣的利息或特许权费？请参阅说明。如果“是”，请输入不允许抵扣的总金额。▶ $ ________		
23	公司在纳税年度内是否有生效的对任何不动产贸易或业务或任何农业业务在 163（j）条下的选择??请参阅说明。		
24	合伙企业是否满足以下一项或多项要求？请参阅说明。		
a	该公司拥有一个具有当前或上一年结转的超额商业利息费用的流转实体。		
b	在当前纳税年度之前的 3 个纳税年度，合伙企业的总平均年总收入（根据第 448（c）条确定）超过 2 600 万美元，并且合伙企业具有商业利息费用。		
c	合伙企业是避税机构（见说明），且合伙企业有商业利息费用。 如果以上任何回答“是”，请填写并附上表格 8990。		
25	合伙企业是否附有表格 8996 以证明其为合格机会基金？ 如果“是”，请输入表格 8996 第 15 行中的金额。▶ $ ____		
26	请输入涉及因转让全部或部分股权或收到合伙企业分配而受第 864（c）（8）条约束的外国合伙人的数量▶ ________ 为每个受第 864（c）（8）条约束的涉及转让或分配的外国合伙人填写附表 K3（表格 1065）第ⅩⅢ部分。		
27	在纳税年度的任何时候，合伙企业与其合伙人之间是否有任何需根据第 1.707－8 条披露管理规定披露的转让交易？		
28	自 2017 年 12 月 22 日以来，是否有外国公司直接或间接收购了构成您合伙企业的贸易或业务的几乎所有财产，并且根据第 7874 条的目的，所有权百分比（按投票或价值）是否大于 50%（对于例如，合伙人持有外国公司 50% 以上的股份）？如果“是”，请按投票权和价值列出所有权百分比。请参阅说明。百分比：按投票权 ________，按价值 ________		
29	该合伙企业是否选择退出第 6221（b）条规定的集中合伙企业审计制度？请参阅说明。如果“是”，则合伙企业必须填写附表 B－2（表格 1065）。输入附表 B－2 第Ⅲ部分第 3 行的总数▶ ________ 如果“否”，请填写下方的合伙企业指定代表。		

2. 附表 K

附表 K 为分配（传递）给合伙人的项目明细信息。因合伙企业自身不纳税，需将所有纳税相关信息传递给合伙人进行纳税，附表 K 为合伙企业整体需传递给合伙人的所有项目信息，而 K－1 表将在附表 K 的基础上根据合伙人持有份额将主要项目传递给每一位合伙人。

附表 K 包括收入（损失）、抵扣、自雇信息、抵免、国际交易、替代最低税项目、其他信息及净收益（损失）分析 8 个部分，整体逻辑为用经营收入（损失）减去抵扣金额得到常规经营损益（也称净收益或损失，即 K－1 中非单独列报项目）并在表格最后按合伙人类型进行分类分配；自雇信息、抵免信息等具有特殊纳税特征的信息在附表 K 上直接列报，然后根据合伙人权益比例分配至 K－1 表中。具体各部分列报内容如表 7－10 所示：

表 7－10

附表 K		分配（传递）给合伙人的项目	总金额	
收入（损失）	1	常规业务收入（损失）（第 1 页，第 22 行）	1	
	2	房地产租赁净收入（损失）（附表 8825）	2	
	3a	其他总租金收入（损失）	3a	
	b	其他租赁活动的费用（附报表）	3b	
	c	其他净租金收入（亏损）。用第 3a 行减去第 3b 行	3c	
	4	保证付款：a 服务 4a ________ b 资本	4b	
		c 总计。加总第 4a 行和第 4b 行	4c	
	5	利息收入	5	
	6	分红和视同分红：a 常规分红	6a	
		b 合格分红 6b ________ c 视同分红	6c	
	7	特许权费	7	
	8	净短期资本性收益（损失）（附表 D（表格 1065））	8	
	9a	净长期资本性收益（损失）（附表 D（表格 1065））	9a	
	b	收藏品（28%）收益（损失）	9b	
	c	未转回的第 1250 节收益（附声明）	9c	
	10	净第 1231 节收益（损失）（附表 4797）	10	
	11	其他收入（损失）（见说明）类型▶	11	

续表

附表 K		分配（传递）给合伙人的项目	总金额	
抵扣	12	第 179 节抵扣（附表 4562）	12	
	13a	出资缴款	13a	
	b	投资利息费用	13b	
	c	第 59（e）（2）节支出：（1）类型▶________（2）金额▶	13c（2）	
	d	其他抵扣（见说明）类型▶________	13d	
自雇	14a	自雇净收入（损失）	14a	
	b	农业或渔业总收入	14b	
	c	非农总收入	14c	
抵免	15a	低收入住房抵免（第 42（j）（5）节）	15a	
	b	低收入住房抵免（其他）	15b	
	c	合格再出租支出（租赁房地产）（附表 3468，如适用）	15c	
	d	其他出租不动产抵免额（见说明）类型▶________	15d	
	e	其他租赁抵免（见说明）类型▶________	15e	
	f	其他抵免（见说明）类型▶________	15f	
国际交易	16	附上附表 K2（表格 1065），分配给合伙人的项目国际，并选中此框以表明您正在报告与国际税收相关的项目。▶________		
替代最低税项目	17a	1986 年后的折旧调整	17a	
	b	损益调整	17b	
	c	耗减（石油和天然气除外）	17c	
	d	石油、天然气和地热资产——总收入	17d	
	e	石油、天然气和地热资产——抵免	17e	
	f	其他 AMT 项目（附上报表）	17f	
其他信息	18a	免税利息收入	18a	
	b	其他免税收入	18b	
	c	不可抵扣费用	18c	
	19a	现金和有价证券的分配	19a	
	b	其他财产的分配	19b	
	20a	投资收益	20a	
	b	投资费用	20b	
	c	其他项目和金额（附报表）		
	21	已付或预提的海外税款总额	21	

净收益（损失）分析							
1	净收益（损失）。加总附表 K 第 1 行至 11 行。从结果中减去附表 K 第 12 到 13d 行和第 21 行的总和						
2	按合伙人类型分析：	（i）公司	（ii）个人（主动）	（iii）个人（被动）	（iv）合伙企业	（v）豁免组织	（vi）代持人/其他
a	普通合伙人						
b	有限合伙人						

附表 K 是 K－1 表数据填报的基础，纳税人应确保所有 K－1 表相关数据加总后与附表 K 数据一致，IRS 在审计中亦会核对相关数据真实性与准确性。

3. 附表 L

当合伙企业满足附表 B 第 4 行的所有条件时则需要填写附表 L，附表 L 为合伙企业的资产负债表信息，该信息必须与合伙企业账面信息一致，对于需要填报 M－3 表的合伙企业，该信息也要与 M－3 表中相关账面信息匹配。对于该信息与账面信息不匹配的，企业应向 IRS 提供详细说明。填报完成后，该表中资产总额应与 1065 表其他位置的总资产金额一致。该表具体填报内容如表 7－11 所示：

表 7－11

附表 L	资产负债表（账面）	纳税年度期初		纳税年度期末	
	资产	(a)	(b)	(c)	(d)
1	现金				
2a	商业票据和应收账款				
b	减坏账准备				
3	存货				
4	美国政府债务				
5	免税证券				
6	其他流动资产（附报表）				
7a	向合伙人（或合伙人相关人员）贷款				
b	抵押贷款和房地产债务投资				
8	其他投资（附报表）				
9a	建筑物和其他可折旧资产				
b	减累计折旧				
10a	可耗减资产				
b	减累积耗减				
11	土地（扣除任何摊销）				
12a	无形资产（仅可摊销的）				
b	减累计摊销				
13	其他资产（附报表）				
14	总资产				

续表

附表 L	资产负债表（账面）	纳税年度期初		纳税年度期末	
	负债和权益				
15	应付账款				
16	1 年内应付的抵押贷款、票据、债券				
17	其他流动负债（附表）				
18	所有无追索权的贷款				
19a	来自合伙人（或合伙人相关人员）的贷款				
b	1 年或以上应付的抵押贷款、票据、债券				
20	其他负债（附表）				
21	合伙人的权益（资本）				
22	总负债和权益				

表 7－11 中第 18 行无追索权的贷款指合伙企业的外部融资，且该融资无须任何合伙人承担连带责任，对于有追索权的贷款，应计算出合伙企业应承担的部分并加总在此处。

4. 附表 M

附表 M 主要为账面和税表收入（损失）的差异分析和合伙人资本账户分析，包括 M－1 表、M－2 表和 M－3 表，其中 M－3 表是更加详细版的账面与税表差异分析，规模较大的企业需要填写，一般企业只需填写 M－1 表和 M－2 表即可。

M－1 表主要将账面收入（损失）调整成税表的收入（损失），通过账面收入（损失）加上税务上已确认账面未确认收入项目、减去账面已确认但税务上未确认的收入，再加上账面已确认税务上未确认的费用、减去税务上已确认账面上未确认的费用。具体填报项目如表 7－12 所示。

M－2 表为合伙人资本账户分析，即合伙人权益的变化情况，通过年初合伙人权益加本年新增出资和本年损益减去本年分配或其他导致合伙人权益减少的项目得到年末合伙人权益结余金额。具体填报项目如表 7－13 所示。

表 7－12

附表 M－1	账面收入（损失）与税表收入（损失）调整				
提示：合伙企业可能需要提交附表 M－3。请参阅说明。					
1	账面净收入（损失）		6	未包括在附表 K 第 1 行至第 11 行中的但已记入账簿的本年收入（逐项列出）： a 免税利息 $________	
2	附表 K 第 1、2、3c、5、6a、7、8、9a、10 和 11 行已计入税表但未计入账簿的收入（逐项列出）：________				
3	保证付款（健康保险除外）		7	已包含在附表 K 第 1 行至第 13d 行和第 21 行中但并未抵减账面本年收入的项目（逐项）： a 折旧 $________	
4	未包括在附表 K 第 1 行至第 13d 行和第 21 行中的但已计入账簿的本年费用（逐项列出）：				
a	折旧 $________		8	加总第 6 行和第 7 行	
b	差旅和娱乐支出 $________		9	收入（损失）（净收入（损失）分析，第 1 行）。用第 5 行减去第 8 行	
5	加总第 1 行至第 4 行				

表 7－13

附表 M－2	合伙人资本账户分析				
1	年初余额		6	分配：a 现金	
2	出资：a 现金			b 财产	
	b 财产		7	其他减少（逐项）：________	
3	净收益（损失）（见说明）				
4	其他增加（逐项）：		8	加总第 6 行和第 7 行	
5	加总第 1 行至第 4 行		9	年底结余。从第 5 行减去第 8 行	

（四）K－1 表填报

K－1 表主要用于将纳税信息传递给合伙人，该表由合伙企业完成，每位合伙人一份，企业需同时将该表发送至 IRS 用于备查。

K－1 表主要由三部分组成，第一部分为合伙企业信息，第二部分为与合伙人相关的信息，第三部分为传递给合伙人的相关纳税信息。

第一部分和第二部分为基础信息部分，但第二部分也是报税时需要关注的重要部分，其需要明确合伙人的类型，合伙人期初和期末在合伙企业中的利润、损失和资本分配比例，也即权益份额，合伙人期初和期末在合伙企业债务中应分担的金额。此外，该部分还列示了合伙人资本账户的变动情况及出资资产的内含损益、第704（c）节净损益情况。第一和第二部分具体填报内容如表7－14所示：

表7－14

第一部分	合伙企业信息		
A	合伙企业的雇主识别号		
B	合伙企业的名字、地址、城市、州和邮政编码		
C	合伙企业提交税报所在地区的IRS中心名称▶		
D			请勾选此处，如果是公开交易的合伙企业（PTP）
第二部分	与合伙人相关的信息		
E	合伙人的SSN或TIN（请勿使用排除实体的TIN。请参阅说明。）		
F	E行输入的合伙人的名字、地址、城市、州和邮政编码，请参阅说明。		
G	□普通合伙人或LLC成员高管 □有限合伙人或其他LLC成员		
H1	□国内合伙人 □外国合伙人		
H2	□如果合伙人是排除实体（DE），请输入合伙人的 税号________名字________		
I1	该合伙人是什么类型的实体？________		
I2	如果此合伙人是退休计划（IRA/SEP/Keogh/等），请在此处勾选▶□		
J	合伙人享有的利润、损失和资本份额（见说明）：		
		期初	期末
	利润	%	%
	损失	%	%
	资本	%	%
	如果比例下降是由于出售或交换合伙权益，请勾选。▶		□
K	合伙人享有的负债份额：		
		期初	期末
	无追索权 $		$
	合格的无追索权融资 $		$
	有追索权 $		$
	如果K项包括来自低一层级合伙企业的债务，请选中此框▶		□

续表

第二部分	与合伙人相关的信息
L	合伙人资本账户分析 期初资本账户金额。$ ________ 年内出资。$ ________ 本年度净收入（亏损）。$ ________ 其他增加（减少）。（附说明） $ ________ 提款和分配。$ ___(　)___ 期末资本账户余额。$ ________
M	合伙人是否出资了带有内含收益（损失）的财产？ ☐是　☐否如果“是”，请附上报表。请参阅说明。
N	合伙人享有的净未确认第 704（c）节收益或（损失） 期初。……． $ ________ 期末。….． $ ________

纳税人在使用 K－1 表信息前需核实第二部分中的相关权益份额及资本账户变动情况是否准确，该信息主要用于计算合伙人投资的相关税基。第 N 行中合伙人享有的净未确认第 704（c）节收益或损失主要指合伙人在用财产出资时由于出资资产的纳税基础与公允价值存在差异而产生的应分摊给出资人的未确认损益。

第三部分为 K－1 表的核心数据部分，该部分中大部分数据会被用于填报纳税人自身税表。如企业所得税政策讲解部分所述，该部分主要列示了非独立列报项目和具有特殊纳税特征的独立列报项目，相关金额以 1065 表的附表 K 的数据为基础，根据合伙人享有的权益份额测算而得。该部分具体项目如表 7－15 所示：

表 7－15

第三部分	合伙人在当年收入、抵扣、抵免和其他项目中的份额				
1	常规业务收入（亏损）		14	自雇收入（亏损）	
2	净租赁房地产收入（亏损）				
3	其他净租赁收入（亏损）		15	抵免	
4a	服务相关的保证付款				
4b	资本相关的保证付款		16	如果选中，附表 K－3。…▶	

续表

第三部分	合伙人在当年收入、抵扣、抵免和其他项目中的份额				
4c	保证付款总额		17	替代最低税（AMT）项目	
5	利息收入				
6a	常规分红				
6b	合格分红		18	免税收入和不可抵扣费用	
6c	视同分红				
7	特许权费				
8	净短期资本性收益（损失）		19	分配	
9a	净长期资本性收益（损失）				
9b	收藏品（28%）收益（损失）		20	其他信息	
9c	未转回的第 1250 节收益				
10	净第 1231 节收益（损失）				
11	其他收入（损失）				
12	第 179 节抵扣		21	已支付或预提的海外税额	
13	其他抵扣				
22	□ 不止一项业务是在险目的 *				
23	□ 不止一项业务是被动业务活动目的 *				
* 额外信息请查看附件 * IRS 使用区域					

值得注意的是，纳税人在使用上表信息时需考虑合伙企业相关损失在抵扣时受一系列限制，一般按税基限制、在险价值限制、被动性活动限制的顺序测算具体可纳入抵扣的金额，具体可参阅本书个人所得税中商业性活动损失等的抵扣限制及合伙企业纳税政策部分。

三、C 公司报税

C 公司需要报送的税报为表 1120 及其附属套表。该税报整体逻辑和结构与合伙企业的表 1065 及附属报表有很多相似地方，包括主表的收入、抵扣与纳税计算部分，其他信息部分及附表 L（资产负债表）和附表 M 部分内容。

（一）材料准备

C 公司报税前需准备的材料与合伙企业基本类似，主要区别在于 C 公司无须提供每位股东相关信息，仅需提供持股超过 20% 的股东信息。具体所需准备的主要材料如表 7－16 所示：

表 7－16　　C 公司报税前需准备的主要材料清单

企业基本信息	确定在 IRS 注册的企业申报类型（表格 1065、1120 或 1120S）
	在 IRS 注册的雇主识别号码（EIN）。如果您没有 EIN，需在 IRS. gov 在线申请
	企业在有业务关联且有报税义务的州的纳税识别号
	公司章程或修订章程的副本
	如果企业本年申请转为 S 公司报税，需提供 IRS 的接收函或表格 2553，确认本年报税要求
	表格 8832 的副本（如果已提交复选框选择作为 C 公司征税）
	去年的联邦、州和地方纳税申报表
	已支付的联邦、州及地方预缴税信息
	拥有公司 20% 或更多股份的每个个人或实体的信息
收到的外部文件	收到的所有表格 1099－B、1099－DIV、1099－INT、1099－K 或 1099－MISC（或其他股息、利息或业务收入记录）
	从投资的实体收到的 K－1 表
	所有联邦或州税务机关给予的纳税抵免证明
经营和财务记录	科目余额表
	支持利息和其他日常业务费用的银行和信用卡账单
	对外签发的 1099 表和 W－2 表副本或证明
	已缴纳所有联邦失业税、社安税和医保税的报告（表格 940 和 941）
	支付州和地方工资税报告
	如果在多个州有业务，则编制各州销售、工资和资产价值明细报告
	上一年纳税申报表中结转的损失、抵扣或抵免信息
	存货报告，原料采购成本、加工成本及期末库存成本等

续表

资产记录	资产折旧明细表，包括资产购入时间记录、折旧情况等
	纳税年度内获新增资产的购买日期、成本、以旧换新对价和业务使用占比
	纳税年度内处置的资产的购买日期、成本、卖价、销售费用和累计折旧等信息
	每辆自有或租赁车辆的里程记录（商业用途和总用途）
	每辆自有车辆的业务使用占比和实际费用报告（汽油和维护成本）

（二）预缴要求

目前C公司的企业所得税率为21%。当企业应交税金额大于500美元时必须要进行预缴，一般分季度预缴，预缴截止日一般为4月15日、6月15日、9月15日、12月15日，具体以IRS网站公布的日期为准。

小型C公司（应税收入小于100万美元的）的预缴额为当年应缴税金额或100%上年的应纳税金额中取小。

大型C公司（应税收入大于100万美元的）必须交清100%当年应缴税金额。

大型公司或小型公司上年未交税或应税月数小于12都不可以用上年交的税确定本年应预缴数。

（三）1120主表填报

1120主表与合伙企业的1065主表十分相似，也包括基础信息和盈亏及税款计算部分，不同的是1120主表的税款计算部分需要计算出企业的应纳税所得和应纳所得税总额。

基础信息部分企业需要填报税表年度及企业雇主识别号、地址、成立日期和总资产等信息，同时需要确认该税表的类型，具体内容如表7－17所示：

表 7－17

<table>
<tr><td colspan="2">表 1120
财政部国税局</td><td colspan="2">美国公司所得税申报表
用于 2021 日历年或纳税年度始于____，2021，结束于____，20 ____</td><td>OMB 编号
1545－0123
2021</td></tr>
<tr><td colspan="2">A 检查是否:</td><td rowspan="5">手写或键入</td><td>姓名</td><td>B 雇主识别号码</td></tr>
<tr><td>1a 合并报税（附表 851）</td><td></td><td rowspan="2">号码、街道和房间或公寓号。邮政信箱请见说明</td><td rowspan="2">C 成立日期</td></tr>
<tr><td>b 寿险/非寿险合并报税</td><td></td></tr>
<tr><td>2 个人控股公司（附 PH 表）</td><td></td><td rowspan="2">城市或城镇、州或省、国家和邮政编码或外国邮政编码</td><td rowspan="2">D 总资产（见说明）
$</td></tr>
<tr><td>3 个人服务公司（见说明）</td><td></td></tr>
<tr><td>4 已附表 M－3</td><td></td><td colspan="3">E 检查是否:（1）____首次报税（2）____最后一次报税（3）____名称变更（4）____地址变更</td></tr>
</table>

盈亏及税款计算部分由收入、抵扣和税款计算三个子部分组成。收入部分主要用净销售（服务）收入减去销货成本得到毛利润，然后加上分红、利息、租金、特许权费等被动性收入再加上净资本性收入和出售经营用财产的净损益（来自于表 4797）和其他收入后得到总收入。抵扣部分主要包括与经营相关的员工薪酬、维修保养费用、租金、证照费、利息支出、广告费、慈善捐助和净经营亏损抵扣和特殊抵扣等项目，但部分费用存在抵扣限制，具体可详见本书企业所得税政策部分。用收入减去抵扣即得到应纳税所得额，乘以税率可得到应纳税总额，减去已预缴部分和抵免额即可得到多缴或应补缴金额。具体填报内容如表 7－18 所示：

表 7－18

收入	1a	总收入或销售额	1a	
	b	退货和折让	1b	
	c	余额。用第 1a 行减去第 1b 行	1c	
	2	销货成本（附表 1125－A）	2	
	3	毛利。用第 1c 行减去第 2 行	3	
	4	股息和其他项分红（附表 C，第 23 行）	4	
	5	利息	5	
	6	租金	6	

续表

收入	7	特许权费收入	7	
	8	资本性收益净收入（附表 D（表格 1120））	8	
	9	来自表格 4797 第Ⅱ部分第 17 行（附上表格 4797）的净收益或（损失）	9	
	10	其他收入（见说明—附上报表）	10	
	11	总收入。将第 3 行至第 10 行相加▶	11	
抵扣（有关抵扣限制，请参阅说明）	12	高管报酬（见说明—附上表格 1125－E）▶	12	
	13	薪金和工资（减去雇佣抵免）	13	
	14	维修与保养	14	
	15	坏账	15	
	16	租金	16	
	17	税收和执照	17	
	18	利息（见说明）	18	
	19	慈善捐助	19	
	20	表格 4562 中未在表格 1125－A 或其他地方申报的折旧（附上表格 4562）	20	
	21	耗减	21	
	22	广告	22	
	23	养老金、利润分享等计划	23	
	24	员工福利计划	24	
	25	留待未来使用	25	
	26	其他抵扣（附报表）	26	
	27	抵扣额合计。将第 12 行至 26 行相加▶	27	
	28	扣除净经营亏损和特别抵扣前的应纳税所得额。用第 11 行减去第 27 行	28	
	29a	净经营亏损抵扣（见说明）	29a	
	b	特殊抵扣（附表 C，第 24 行）	29b	
	c	将第 29a 行和第 29b 行相加	29c	
税收、可退还抵免和付款	30	应纳税所得额。用第 28 行减去第 29c 行。请参阅说明	30	
	31	总税额（附表 J，第一部分，第 11 行）	31	
	32	留待未来使用	32	
	33	总付款和抵免额（附表 J，第Ⅲ部分，第 23 行）	33	
	34	预计纳税罚款。请参阅说明。检查是否附上了表格 2220 ▶________	34	
	35	欠缴金额。如果第 33 行小于第 31 行和第 34 行的总和，请输入欠款金额	35	
	36	多付金额。如果第 33 行大于第 31 行和第 34 行的总和，请输入多付金额	36	
	37	输入第 36 行您想按如下处理的金额：记入 2022 年预缴税 ▶________退款▶	37	

表7－18中第4行股息和其他分红应在附表C上计算后填列，第8行资本性收益净额应在附表D上计算后填列，部分项目填报需附上对应的附表以供核验。值得注意的是，第12行和第13行将高管薪酬与员工薪酬分开列示，主要因高管薪酬存在抵扣限制，此处仅填写可抵扣高管薪酬金额，员工薪酬一般可全额抵扣。对于欠缴的税款应在税报原报送截止日前缴纳，逾期会罚款和罚息；对于多缴的税款可以申请转入下年度的预缴税款中，也可申请退款，申请退款时一般IRS会在税报审核通过后向纳税人寄送退款支票。

（四）1120附表填报

1120附表包括附表B、附表C、附表D、附表J、附表K、附表L和附表M。附表B为填报M－3表的企业的额外问题，附表C为股息、其他项分红和特殊抵扣明细，附表D为资本性收益和损失明细表，附表J为税收计算和支付情况明细表，附表K为有关企业具体情况的其他信息表，附表L为企业资产负债表，附表M包括M－1表、M－2表和M－3表，M－1表为会计账面损益与税表损益的调整，M－2表为企业账面未拨定（即未指定用途）留存收益分析表，M－3表为特定企业账面数据与税报数据调整对账明细表。当C公司单独或集团合并税表中年末总资产规模超过1 000万美元时，必须填报附表B，并用附表M－3替代附表M－1。

考虑到附表B和M－3表主要用于分析会计数据与税表数据的临时性差异与永久性差异，即分析收入和费用在会计确认时点、范围与税务上确认时点、范围差异导致的递延所得税事项，本书将不独立分析填报方法，填报时可参阅会计相关书籍中的递延所得税相关章节和填报指引。

1. 附表C

附表C主要填报股息、其他项分红和特殊抵扣事项明细，此处的股息和分红主要包括来自投资于不同持股比例、持有目的的境内和境外机构的股息和分红。本表中a列需填报各不同类型的股息和分红的金额，原则上所有分红均应纳入毛收入缴税，但为避免双重征税，对于大部分股息和分红可享受特殊抵扣，即特定比例的股息和分红金额可直接抵扣应税收入，对于不同持有目的、不同持股比例的股息可抵扣的比例不同，具体可参阅本书企业所得税政策部分。附表 C 具体填报内容如表 7－19 所示：

表 7－19

附表 C	股息、其他项分红和特殊抵扣（见说明）	（a）股息和其他项分红	（b）%	（c）特殊抵扣（a）×（b）
1	来自持股不到 20% 的国内公司股息（债务融资股票除外）		50	
2	来自持股 20% 或以上的国内公司股息（债务融资股票除外）		65	
3	国内和外国公司特定债务融资股票的股息		见说明	
4	持股比例低于 20% 的特定公用事业优先股的股息		23	
5	持有 20% 或更多公用事业的特定优先股的股息		27	
6	来自持股不到 20% 的外国公司和特定海外销售公司的股息		50	
7	来自持 20% 或更多股权的外国公司和特定海外销售公司的股息		65	
8	来自全资外国子公司的股息		100	
9	小计。将第 1 行至 8 行相加。请参阅说明中相关限制		见说明	
10	根据 1958 年《小企业投资法》运营的小企业投资公司从国内公司获得的股息		100	
11	来自集团附属成员的股息		100	
12	来自特定海外销售公司（FSC）的股息		100	
13	从指定的 10% 股权的外国公司收到的来源于海外部分收益的股息（不包括混合股息）（见说明）		100	
14	不包括在第 3、6、7、8、11、12 或 13 行的外国公司的股息（包括任何混合股息）			
15	留待未来使用			
16	a 来自于受控外国公司出售其更低一级海外公司股票而产生视同分红的 Subpart F 相关分红。（附表 5471）（见说明）		100	
	b 来自海外分层公司（Tiered Corp.）混合股息的 Subpart F 相关分红（附表 5471）（见说明）			
	c Subpart F 规则下来自于受控外国公司的未包含在第 16a、16b 或 17 行的其他分红（附表 5471）（见说明）			
17	全球无形低税所得（GILTI）（附上表格 5471 和表格 8992）			
18	被视为已支付的外国税款的总额			

续表

附表 C	股息、其他项分红和特殊抵扣（见说明）	(a) 股息和其他项分红	(b)%	(c) 特殊抵扣 (a)×(b)
19	不包括在第 1、2 或 3 行的 IC - DISC（类似出口退税机构）和过去 DISC 股息			
20	其他分红			
21	特定公共事业优先股支付的股息的抵扣			
22	第 250 节抵扣（附表 8993）			
23	总股息和其他项分红。将第（a）列，第 9 行至 20 行相加。在此处和第 1 页第 4 行输入			
24	特殊抵扣总额。将第（c）列，第 9 到 22 行相加。在此处和第 1 页第 29b 行输入			

表 7 - 19 中有关受控外国公司和 Subpart F 规则下相关股息和分红主要受特朗普税改时提出的对特定海外企业股息和分红征税的相关规定影响，具体内容将在跨国税收处理相关专题讲解。本表中第 23 行计算的总股息和其他项分红金额将填报至 1120 主表第 4 行——股息和其他项分红处，第 24 行特殊抵扣总额将直接填报至 1120 主表第 29b 行——特殊抵扣处，即本表第 23 行金额减第 24 行金额的净额为应纳税的股息和分红金额。

2. 附表 D

附表 D 为资本性收益和损失明细表，该表格与个人所得税 1040 表的附表 D 基本一致，第一部分和第二部分为短期资本性损益和长期资本性损益明细统计，相关数据信息也主要来源于表 1099 - B、表 8949、表 4797 和表 6252 等，最终计算得出净短期资本性损益和净长期资本性损益。1120 表的附表 D 与 1040 表的附表 D 的主要区别在于第三部分总结部分，主要因企业所得税和个人所得税中资本性损失的抵扣规则不同，本处将主要介绍第三部分填报方法。

第三部分的主要内容如表 7 - 20 所示：

表 7－20

第三部分	第 I 部分和第 II 部分总结		
16	输入净短期资本性收益（第 7 行）超过净长期资本性损失（第 15 行）的金额	16	
17	净资本性收益。输入净长期资本性收益（第 15 行）超过净短期资本性损失（第 7 行）金额	17	
18	加总第 16 和 17 行。在此处和 1120 表第 1 页第 8 行或其他申报表的适用行中输入	18	
提示：如果损失超过收益，请参阅资本损失在说明中。			

因企业所得税中资本性损失的抵扣额只能以资本性收益为上限，故表 7－20 中第 16 行和第 17 行仅计算不同期限下资本性收益超过资本性损失的部分，最终计算净资本性收益并填入至 1120 主表第 8 行。

3. 附表 J

附表 J 为税收计算和支付情况表。该表由三个部分组成，第一部分为税收计算部分，第二部分为留待未来使用金额，第三部分为付款和可退款抵免部分，第二部分无须纳税人填写，故该表主要部分为第一和第三部分。

第一部分主要用于计算纳税人应纳税款总额，通过纳税人应纳税所得额乘以税率得到所得税额，减去纳税抵免，然后加上个人控股公司税（如有）和转回的抵免等最终得到应纳税款总额。具体填报内容如表 7－21 所示：

表 7－21　　第一部分——税收计算

1	如果公司是一个控股集团的成员，请选此处（附上表 O－表格 1120）。见说明►________			
2	所得税。请参阅说明		2	
3	税基侵蚀最低税额（附表 8991）		3	
4	将第 2 行和第 3 行相加		4	
5a	外国税收抵免（附表 1118）	5a		
b	来自 8834 表的抵免（见说明）	5b		
c	一般商业抵免（附表 3800）	5c		
d	上年最低税抵免（附表 8827）	5d		
e	表格 8912 中的债券抵免	5e		
6	总抵免。将第 5a 行至 5e 行相加		6	
7	用第 4 行减去第 6 行		7	

续表

8	个人控股公司税（附表 PH（表格 1120））	8	
9a	投资抵免转回（附表 4255）	9a	
b	低收入住房抵免转回（附表 8611）	9b	
c	回溯法下针对已完成长期合同的应付利息——（附表 8697）	9c	
d	回溯法下针对收入预测法调整的应付利息——（附表 8866）	9d	
e	合格航运业务的替代税（附表 8902）	9e	
f	第 453A（c）节和/或第 453（l）节下的应付利息/税款	9f	
g	其他（见说明——附表格）	9g	
10	小计。加总第 9a 行至 9g 行	10	
11	总税。加总第 7、8 和 10 行。在此处和第 1 页的第 31 行输入	11	

表 7－21 第 2 行的金额等于 1120 主表第 30 行的应纳税所得额乘以企业所得税率（2021 年为 21%）。第 3 行为税基侵蚀最低税，该税自 2017 年起生效，主要为防止跨国企业通过向境外关联企业支付款项达到逃避美国税收目的而征收的税收，在过去连续三年中任何一年毛收入超过 5 亿美元的法人公司（除免税投资公司和房地产投资信托外）必须就其满足“税基侵蚀付款”要求的，向海外关联实体支付的款项征收 10% 的税收，企业需通过填报表 8991 来申报相关数据并计算应缴税额。

第三部分为已付税款及可退款抵免计算明细，总付款中包括以前年度多付且计入本纳税年度的税款、本年预缴税款等，抵免包括免税投资公司（RIC）和房地产投资信托（REITs）未分配长期资本性收益涉及的抵免（表 2439）、特定行业免税燃油涉及的抵免（表 4136）等，最后需将总付款加上总抵免后填至 1120 主表第 33 行。该部分具体填报内容如表 7－22 所示：

表 7－22　　　　第三部分——付款和可退款抵免

13	2020 年多付的款项记入 2021 年	13	
14	2021 年预缴税额	14	
15	在 4466 表上申请的 2021 年退款	15	（　）
16	加总第 13、14 和 15 行	16	
17	表格 7004 中预缴税款	17	
18	预扣（见说明）	18	

续表

19	总付款。加总第 16、17 和 18 行	19	
20	可退款抵免来自：		
a	表格 2439	20a	
b	表格 4136	20b	
c	留待未来使用	20c	
d	其他（附上附表——见说明）	20d	
21	总抵免。加总第 20a 行至 20d 行	21	
22	留待未来使用	22	
23	付款和抵免总额。加总第 19 和 21 行。在此处和第 1 页的第 33 行输入	23	

4. 附表 K

附表 K 为其他信息，类似于合伙企业税报 1065 表的附表 B，填报企业的业务信息、财务核算信息、股东信息、特定交易信息等，主要以问答为主，该部分内容可根据企业实际情况回答相关问题即可，具体内容如表 7－23 所示：

表 7－23

附表 K	其他信息（见说明）		
1	选择核算方法：a ____收付实现　b ____权责发生　c ____其他（说明）▶ ________	是	否
2	请参阅说明并输入：		
a	业务活动代码编号▶ ________________		
b	业务活动▶ ________________		
c	产品或服务▶ ________________		
3	公司是关联集团的子公司或母子公司形式控股集团的子公司？		
	如果“是”，请输入母公司的名称和 EIN▶ ________________		
4	在纳税年度结束时：		
a	是否有任何外国或国内公司、合伙企业（包括任何被视为合伙企业的实体）、信托或免税组织直接拥有 20% 或更多股权，或直接或间接拥有公司总投票权的 50% 或更多？如果“是”，请填写附表 G 的第一部分（表格 1120）（附表 G）		
b	是否有任何个人或遗产直接拥有 20% 或以上，或直接或间接拥有公司总投票权的 50% 或更多？		
	如果“是”，请填写附表 G（表格 1120）的第二部分（附表 G）。		
5	在纳税年度结束时，公司是否：		

续表

附表 K	其他信息（见说明）				
a	对未包含在表 851 附表中的任何外国或本国公司直接拥有 20% 或更多，或直接或间接拥有所有公司总投票权的 50% 或更多？有关所有权推定相关规则，请参阅说明。 如果“是”，请填写以下（i）至（iv）。				

（i）公司名称	（ii）雇主识别号码（如有）	（iii）注册国家	（iv）拥有投票权的百分比

b	直接拥有 20% 或更多，或直接或间接拥有 50% 或以上任何外国或本国合伙企业（包括被视为合伙企业的实体）或信托受益权益？有关所有权推定相关规则，请参阅说明。		

（i）实体名称	（ii）雇主识别号码（如有）	（iii）成立国	（iv）在收益、损失或资本中拥有的最大百分比

6	在本纳税年度，公司支付的股息（除了股票股息和换取股票的分配）是否超过了公司当前和累计的收益和利润？参见第 301 和 316 节		
	如果“是”，请提交表 5452，非股息分配的公司报告。请参阅表 5452 的说明。		
	如果这是合并税报，请在此处填写母公司情况，并在表格 851 上填写每个子公司情况。		
7	在纳税年度的任何时间，是否有外国个人直接或间接拥有公司所有投票权的 25% 或更多，或至少持有公司所有类别股票总价值的 25%？		
	有关归属规则，请参阅第 318 节。如果“是”，请输入： （a）拥有百分比▶________和（b）所有者所在国家/地区▶________ （c）公司可能必须提交 5472 表，即外资拥有美国公司或从事美国贸易或业务的外国公司 25% 权益的信息申报表。输入所附表格 5472 的数量▶________		
8	如果公司发行了具有原始发行折扣的公开发行债务工具，请选此框。▶____		
	如果选中，公司可能必须提交表格 8281，公开发行折扣发行工具的信息申报表。		
9	输入纳税年度收到或应计的免税利息金额▶ $________		
10	输入纳税年度结束时的股东人数（如果 100 人或更少）▶________		
11	如果公司本纳税年度有 NOL 并选择放弃往回带，请在此勾选（请见说明）▶________		
	如果公司提交的是合并税报，则必须附上法规第 1. 150221（b）（3）节要求的附表，否则上述勾选将无效。		

续表

附表 K	其他信息（见说明）		
12	输入以前纳税年度可用 NOL 的结转金额（不要通过第 1 页第 29a 行报告的任何抵扣来减少它。）▶ $________		
13	公司在纳税年度的总收入（第 1 页，第 1a 行，加上第 4 行至 10 行）及其在纳税年度结束时的总资产是否低于 250 000 美元？	是	否
	如果“是”，则公司无须填写附表 L、M1 和 M2，并请输入在纳税年度进行的现金分配总额和财产分配（现金除外）的账面价值▶ $________		
14	公司是否需要提交附表 UTP（表格 1120），不确定的税务状况声明？请参阅说明。		
	如果“是”，请填写并附上附表 UTP		
15a	公司是否在 2021 年支付了任何需要提交 1099 表格的款项？		
b	如果“是”，公司是否提交或将提交所需的 1099 表格？		
16	在本纳税年度，公司所有权是否发生了 80% 或以上的变化，包括因赎回自己的股票而发生的变化？		
17	在本纳税年度或之后，但在提交本申报表之前，公司是否在应税、非应税或延期纳税的交易中处置了超过 65%（按价值计算）的资产？		
18	公司是否在第 351 条转让中收到资产，其中任何转让资产的市场税基或市场公允价值超过 100 万美元？		
19	在公司的纳税年度，公司是否支付了任何款项，要求其根据 IRC 第 3 章（第 1441 至 1464 节）或第 4 章（第 1471 至 1474 节）提交表格 1042 和 1042－S？		
20	公司是否在合作基础上运营？		
21	在纳税年度，公司是否支付或预提了任何根据第 267A 条不允许抵扣的利息或特许权使用费？请参阅说明。......		
	如果“是”，请输入不允许抵扣的总金额▶ $________		
22	公司在前 3 个纳税年度的任何一个纳税年度中的总收入是否至少为 5 亿美元？（见第 59A（e）（2）和（3）条）		
	如果“是”，请填写并附上表格 8991		
23	公司在纳税年度内是否有生效的对任何不动产贸易或业务或任何农业业务在 163（j）条下的选择？请参阅说明		
24	公司是否满足以下一项或多项？请参阅说明		
a	该公司拥有一个具有当前或上一年结转的超额商业利息费用的流转实体		
b	公司在当前纳税年度之前的 3 个纳税年度的总平均年总收入（根据第 448（c）条确定）超过 2 600 万美元，并且公司有商业利息费用		
c	公司是避税机构，且公司有商业利息费用		
	如果“是”，请填写并附上表格 8990（商业利息费用抵扣限制表）		
25	公司是否附上表格 8996 以证明其为合格机会基金？		
	如果“是”，请输入表格 8996 第 15 行中的金额。▶ $________		
26	自 2017 年 12 月 22 日以来，外国公司是否直接或间接收购了该公司直接或		

续表

附表 K	其他信息（见说明）		
	间接持有的几乎所有财产，并且按第 7874 条目的下的所有权百分比（按投票或价值）是否大于 50%（例如，股东持有外国公司 50% 以上的股份）？如果"是"，请按投票权和价值的占比列出所有权百分比。请参阅说明 百分比：按投票权________，按价值________		

5. 附表 L

附表 L 为公司资产负债表，填报公司纳税年度期初和期末资产负债相关数据，该表与合伙企业税报 1065 表的附表 L 几乎相同，相关数据需与企业财务报告数据一致。对于公司在纳税年度的总收入（1120 主表第 1a 行，加上第 4 行至 10 行）及其在纳税年度结束时的总资产低于 250 000 美元的企业无须填报附表 L 和后续的附表 M。附表 L 具体填报内容如表 7－24 所示：

表 7－24

附表 L	资产负债表（账面）	纳税年度期初		纳税年度期末	
1	资产	(a)	(b)	(c)	(d)
2a	现金				
b	商业票据和应收账款				
3	减坏账准备	(　)		(　)	
4	存货				
5	美国政府债务				
6	免税证券（见说明）				
7	其他流动资产（附报表）				
8	向股东贷款				
9	抵押贷款和房地产债务投资				
10a	其他投资（附报表）				
b	建筑物和其他可折旧资产				
11a	减累计折旧	(　)		(　)	
b	可耗减资产				
12	减累积耗减	(　)		(　)	
13a	土地（扣除任何摊销）				
b	无形资产（仅可摊销的）				
14	减累计摊销	(　)		(　)	
15	其他资产（附报表）				
15	总资产				

续表

附表 L	资产负债表（账面）	纳税年度期初		纳税年度期末	
	负债和股东权益				
16	应付账款				
17	1 年内应付的抵押贷款、票据、债券				
18	其他流动负债（附表）				
19	股东借款				
20	一年或以上应付的抵押贷款、票据、债券				
21	其他负债（附表）				
22a	股本：优先股				
b	普通股				
23	资本公积				
24	留存收益——已拨定（附报表）				
25	留存收益——未拨定				
26	股东权益调整（附表）				
27	减库存股成本		（ ）		（ ）
28	总负债和股东权益				

表7－24 第 24 行和 25 行中已拨定留存收益（Appropriated Retained Earnings）指公司董事会已经明确用途的留存收益，包括用于并购、偿还贷款、研发支出等，该部分留存收益一般不得用于向股东分配，未明确用途的留存收益则成为未拨定留存收益。

6. 附表 M

1120 表的附表 M 与合伙企业税报 1065 表的附表 M 内容和填报要求大体一致，1120 表的附表 M－1 和 M－3 表均为账面和税表收入（损失）的差异分析，与合伙企业的基本相同，M－2 为账面未拨定留存收益分析而不是股东权益分析。M－3 表是更加详细版的账面与税表差异分析，规模较大的企业需要填写，一般企业只需填写 M－1 表和 M－2 表即可。

M－1 表的具体填报项目如表 7－25 所示：

表 7－25

附表 M－1	账面收入（损失）与税表收入（损失）调整 注意：公司可能需要提交附表 M－3。请参阅说明。				
1	账面净收入（损失）		7	本年已入账但未纳入本税报的收入（逐项）：免税利息 $________	
2	账面联邦所得税		8	本税报上不抵减账簿上本年收入的抵扣（逐项）：	
3	资本损失超过资本收益金额		a	折旧 $________	
4	本年未入账的应税收入（逐项）：________		b	慈善捐款 $________	
5	本税表未抵扣的账面已入账本年费用（逐项）：			________________	
a	折旧　$________				
b	慈善捐助　$________				
c	差旅和娱乐费用 $________		9	加总第 7 行和第 8 行	
6	加总第 1 行至 5 行		10	收入（第 1 页，第 28 行）—第 6 行减去第 9 行	

M－2 表为账面未拨定留存收益分析，即对附表 L 中的未拨定留存收益进行分析，期初未拨定留存收益加本年增加（收益变动等导致）减去本年减少（分配等导致）额即得到年末未拨定留存收益金额。具体填报内容如表 7－26 所示：

表 7－26

附表 M－2	账面未拨定留存收益分析（附表 L，第 25 行）				
1	年初余额		5	分配：a 现金	
2	账面净收益（损失）		b	股票	
3	其他增加（逐项）：________		c	财产	
	________________		6	其他减少（逐项）：________	
			7	加总第 5 行和第 6 行	
4	加总第 1，2 和 3 行		8	年末余额（第 4 行减第 7 行）	

（五）合并报税

合并报税指将母子公司组成的集团作为一个整体的纳税主体申报和缴纳企业所得税。申请合并报税的企业必须在填报表 1120 的同时向 IRS 递交

表 1122，当 IRS 同意后企业正式纳入集团税报范围，企业一旦选择合并报税则不可随意撤销，一般须经 IRS 同意或集团终止运营时方可撤销。

1. 合并报税的条件

申请合并报税的企业必须为联营集团的成员之一，联营集团内的一个公司要拥有另一个公司至少 80% 的投票权和 80% 的股票市值，且年内每天都要满足该条件。

联营集团的成员还必须满足企业性质要求，集团的母公司必须为 C 公司，不能纳入集团合并报税范围的企业包括：S 公司、大部分房地产投资信托、一些保险公司、大部分免税组织、外国企业。此外，个人持有一家或多家子公司股权超 80% 的亦不可合并报税，如兄妹公司，及 5 个或更少的普通所有者（个人、信托、遗产基金等）直接或间接持有 90% 以上公司股权的公司不得纳入合并报税范围。

2. 报税方法

合并报税时各企业仍需要申报自身的税报表 1120 和相关附件，集团在申报整体的合并税报时需要将各成员企业的部分项目合并后计算合并应税收入后确定合并纳税义务。

合并应税收入的计算步骤如下：

（1）计算每家公司单独税表的应税收入；

（2）在 a 步骤基础上抵销企业内部交易的应税收入（分红、设备等交易）；

（3）调出单个税表上需要从集团合并角度考虑的一些抵扣因素（慈善捐助、资本性收益、DRD、NOL 等）；

（4）在步骤 c 的基础上加总数据，得到合并应税收入（CTI）；

（5）调入需从合并角度考虑的抵扣事项（慈善捐助、资本性收益、DRD、NOL 等）。

合并报税后，企业仍可继续使用以前的会计方法，所有子公司纳税年度应与母公司相同。集团中每家公司都要对整体的纳税义务负责，有连带责任。集团要针对合并纳税义务进行预缴，相关要求与非合并报税的企业预缴要求相同，合并后前 2 年可针对合并层面或单个企业层面进行预缴。

3. 优劣势分析

合并报税的优势包括：

（1）一个企业的亏损可以抵另一个企业的收入；

（2）内部企业间分红纳税义务被抵销；

（3）部分纳税抵扣或抵免等收入减项可最大化（如一些抵扣基于调整后的应纳税所得额计算，合并后规模会放大）；

（4）合并后特定的内部交易收入被递延征税。

合并报税也存在一定的缺点，具体包括：

（1）企业一旦选择合并报税，则以后难以变更；

（2）集团内部交易的亏损也会被递延；

（3）要求所有子公司用母公司的税年导致部分小公司税年变短；

（4）因为合并报税的复杂性增加导致管理难度和费用增加；

（5）集团合并报税时不能包括海外子公司，但集团财报一般是包含海外子公司的，所以企业需要解释相关数据差异。

四、S 公司报税

S 公司自身需要报送的税报为表 1120－S 及其附属的套表，此外，与合伙企业类似，S 公司应同时向 IRS 和每位股东提供 K－1 表。由于 S 公司兼具 C 公司和合伙企业的特征，故其报税要求也兼具 C 公司和合伙企业特征，S 公司的税报 1120－S 表填报内容大部分与 C 公司税报 1120 表相似，部分附表与合伙企业相似。

（一）材料准备

S 公司需准备的报税材料与合伙企业基本相同，只是其需提供股东相关信息而不是合伙人信息，此外，其需提供公司选择成为 S 公司的证明，其他材料要求与合伙企业和 C 公司基本一致。具体所需准备的主要材料如表 7－27 所示：

表 7－27　　　　　S 公司报税前需准备的主要材料清单

企业基本信息	确定在 IRS 注册的企业申报类型（表格 1065、1120 或 1120S）
	在 IRS 注册的雇主识别号码（EIN）。如果您没有 EIN，需在 IRS. gov 在线申请
	企业在有业务关联且有报税义务的州的纳税识别号
	公司章程或修订章程的副本
	IRS 同意公司转为 S 公司的函或以前提交的表 2553
	去年的联邦、州和地方纳税申报表
	州和地方估计税款的所有金额和日期
股东信息	纳税年度内每位股东的姓名、地址和 SSN/EIN
	各股东持股明细
	所有股东出资、退资或关联债务的明细
	所有股东薪酬和福利的报告，包括医疗和人寿保险费用
	纳税年度内所有权变更的明细
收到的外部文件	收到的所有表格 1099－B、1099－DIV、1099－INT、1099－K 或 1099－MISC（或其他股息、利息或业务收入记录）
	从投资的实体收到的 K－1 表
	所有联邦或州税务机关给予的纳税抵免证明
经营和财务记录	科目余额表
	支持利息和其他日常业务费用的银行和信用卡账单
	对外签发的 1099 表和 W－2 表副本或证明
	已缴纳所有联邦失业税、社安税和医保税的报告（表格 940 和 941）
	支付州和地方工资税报告
	如果在多个州有业务，则编制各州销售、工资和资产价值明细报告
	存货报告，原料采购成本、加工成本及期末库存成本等
资产记录	资产折旧明细表，包括资产购入时间记录、折旧情况等
	纳税年度内获新增资产的购买日期、成本、以旧换新对价和业务使用占比
	纳税年度内处置的资产的购买日期、成本、卖价、销售费用和累计折旧等信息
	每辆自有或租赁车辆的里程记录（商业用途和总用途）
	每辆自有车辆的业务使用占比和实际费用报告（汽油和维护成本）

（二）1120－S 主表填报

1120－S 主表与 C 公司的 1120 主表内容大体相同，只有少数行次存在差异。1120－S 主表也包括基础信息和盈亏及税款计算部分。

基础信息部分企业除填写税表年度及企业雇主识别号、地址、成立日期和总资产等信息外，还需填写 S 公司生效相关信息。具体内容如表 7－28 所示：

表 7－28

<table>
<tr><td colspan="2" rowspan="2">表 1120－S
财政部国税局</td><td rowspan="2">S 公司的美国所得税申报表
►除非公司已提交或附表格 2553 选择成为 S 公司，否则请勿提交此表格。
►去 www. irs. gov/Form1120S 获取说明和最新信息。</td><td>OMB 号 1545－0123</td></tr>
<tr><td>2021</td></tr>
<tr><td colspan="4">用于 2021 日历年或纳税年度始于________，2021，结束于________，20 ________</td></tr>
<tr><td>AS 公司选择生效日期</td><td rowspan="6">手写或键入</td><td>名称</td><td>D 雇主识别号</td></tr>
<tr><td></td><td></td><td></td></tr>
<tr><td rowspan="3">B 业务活动代码（见说明）</td><td>号码、街道和房间或公寓号</td><td>E 成立日期</td></tr>
<tr><td></td><td></td></tr>
<tr><td>城市或城镇、州或省、国家和邮政编码或外国邮政编码</td><td>F 总资产（见说明）</td></tr>
<tr><td>C 检查是否附上表 M－3 ☐</td><td></td><td>$</td></tr>
<tr><td>G</td><td colspan="3">该公司是否申请自本年初起成为 S 公司 ☐是 ☐否</td></tr>
<tr><td>H</td><td colspan="3">是否：（1）____最后一次报税 （2）____名称变更 （3）____地址变更 （4）____修正报税 （5）____终止选 S 公司</td></tr>
<tr><td>I</td><td colspan="3">输入在纳税年度内任何时候是股东的股东人数►________</td></tr>
<tr><td>J</td><td colspan="3">检查是否为公司：（1）基于第 465 节在险目的的综合业务 （2）基于第 469 节项下被动业务目的的分类业务</td></tr>
</table>

盈亏及税款计算部分与 C 公司 1120 主表填报内容基本相同，主要差异在于 S 公司除在选择成为 S 公司时的内含收益和部分项目调整产生的税收外，自身无须纳税，故其税款计算并非基于自身盈亏数据。具体各项目

填报内容如表 7－29 所示：

表 7－29

收入	1a	总收入或销售额	1a	
	b	退货和折让	1b	
	c	余额。用第 1a 行减去第 1b 行	1c	
	2	销货成本（附表 1125－A）	2	
	3	毛利。用第 1c 行减去第 2 行	3	
	4	来自表格 4797 第 17 行的净收益（损失）（附上表格 4797）	4	
	5	其他收入（损失）（见说明——附表）	5	
	6	总收入（损失）。加总第 3 到 5 行　▶	6	
抵扣（见限制说明）	7	高管的报酬（见说明——附上表格 1125－E）	7	
	8	薪金和工资（减去雇佣抵免）	8	
	9	维修与保养	9	
	10	坏账	10	
	11	租金	11	
	12	税收和执照	12	
	13	利息（见说明）	13	
	14	未在 1125－A 表或其他地方申报的折旧（附上 4562 表）	14	
	15	耗减（不扣除石油和天然气耗减）	15	
	16	广告	16	
	17	养老金、利润分享等计划	17	
	18	员工福利计划	18	
	19	其他抵扣（附报表）	19	
	20	抵扣额合计。加总第 7 到 19 行▶	20	
	21	常规经营收益（损失）。用第 6 行减去第 20 行	21	
税收和付款	22a	超额净被动收入或 LIFO 转回税（见说明）	22a	
	b	附表 D 中的税款（表格 1120－S）	22b	
	c	加总第 22a 和 22b 行（请参阅额外税说明）	22c	
	23a	2021 年预缴税额和 2020 年多付税额记入 2021 年部分	23a	
	b	表格 7004 中预缴税款	23b	
	c	为燃料支付的联邦税收的抵免（附表 4136）	23c	
	d	加总第 23a 到 23c 行	23d	
	24	预计纳税罚款（见说明）。检查是否附上了表格 2220▶	24	
	25	欠缴金额。如果第 23d 行小于第 22c 行和第 24 行的总和，请输入欠款金额	25	
	26	多付金额。如果第 23d 行大于第 22c 行和第 24 行的总和，请输入多付的金额	26	
	27	输入第 26 行金额：记入 2022 年预缴税▶________　退款▶	27	

（三）1120－S 附表填报

1120－S 的附表主要包括附表 B、附表 D、附表 K、附表 L 和附表 M。附表 B 主要为其他信息表，附表 D 为资本性损益和内含收益表，附表 K 为分配给合伙人的项目信息表、附表 M 包括 M－1 表、M－2 表，M－1 表为会计账面损益与税表损益的调整，M－2 表为累计调整账户、股东已纳税未分配的应纳税所得额、累计盈余及其他调整账户分析。

1120－S 的附表 B 与合伙企业税报 1065 表的附表 B 相似，主要填报企业的业务信息、财务核算信息、股东信息、特定交易信息等，主要以问答为主，该部分内容可根据企业实际情况回答问题即可，具体内容如表 7－30 所示：

表 7－30

附表 B	其他信息（见说明）		
1	选择核算方法：a ____收付实现制　b ____权责发生制	是	否
	c 其他（指定）▶____		
2	请参阅说明并输入：		
	a 商业活动▶____　b 产品或服务▶____		
3	在纳税年度的任何时候，公司的任何股东是否是排除实体（如一人有限责任公司）、信托、遗产或代持者或类似人？如果“是”，请附上附表 B－1，即 S 公司特定股东信息表。		
4	在纳税年度结束时，公司是否：		
a	直接拥有 20% 或更多，或直接或间接拥有任何外国或国内公司已发行和流通的总股票的 50% 或更多？有关所有权推定相关规则，请参阅说明。		
	如果“是”，请填写以下（i）至（v）		

（i）公司名称	（ii）雇主识别号码（如有）	（iii）注册国家	（iv）持股比例	（v）如果（iv）中的百分比为 100%，请输入选择成为合格的 Subchapter S 子公司的日期（如适用）

续表

附表 B	其他信息（见说明）					
b	直接拥有 20% 或以上的权益，或直接或间接在任何外国或国内合伙企业（包括被视为合伙企业的实体）或信托的受益权中享有 50% 或以上收益、损失或资本的权益？有关所有权推定相关规则，请参阅说明。如果"是"，请填写以下（i）至（v）					
	(i) 实体名称	(ii) 雇主识别号码（如有）	(iii) 实体类型	(iv) 成立国	(v) 在收益、损失或资本中拥有的最大百分比	
5a	在纳税年度结束时，公司是否有任何已发行的限制性股票？					
	如果"是"，请填写下面的（i）和（ii）行。					
	(i) 限制性股票的股份总数。……… ▶________					
	(ii) 非限制性股票的总数。……… ▶________					
b	在纳税年度结束时，公司是否有任何已发行的股票期权、认股权证或类似工具？					
	如果"是"，请填写下面的（i）和（ii）行。					
	(i) 纳税年度末已发行股票的总数。▶________________					
	(ii) 如果所有权证均已执行，已发行股票的总数▶________________					
6	该公司是否已提交或是否需要提交 8918 表格，即重要顾问披露表，以披露任何需要披露的交易的信息？					
7	如果公司发行了具有原始发行折扣的公开发行债务工具，请选中此框 ▶________					
	如果选中，公司可能必须提交表格 8281，公开发行折扣发行工具的信息申报表					
8	如果公司（a）在选择成为 S 公司之前是 C 公司，或者该公司收购的资产的基础是参照某 C 公司持有人手中的资产基础（或任何其他财产的基础）确定的，和					
	(b) 未实现净内含收益超过以前年度确认的净内含收益，用未实现净内含收益减去以前年度确认的净内含收益并在此输入。请参阅说明 ▶ $________					
9	公司在纳税年度内是否有生效的对任何不动产贸易或业务或任何农业业务在 163（j）条下的选择？请参阅说明					
10	公司是否满足以下一项或多项？请参阅说明					
a	该公司拥有一个具有当前或上一年结转的超额商业利息费用的流转实体					
b	公司在当前纳税年度之前的 3 个纳税年度的总平均年总收入（根据第 448（c）条确定）超过 2 600 万美元，并且公司有商业利息费用					
c	公司是避税机构，且公司有商业利息费用					
	如果"是"，请填写并附上表格 8990					
11	公司是否同时满足以下两个条件？					

续表

附表 B	其他信息（见说明）		
a	该公司在纳税年度的总收入（见说明）少于 250 000 美元		
b	该公司在纳税年度结束时的总资产不到 250 000 美元		
	如果“是”，则公司无须填写附表 L 和 M－1		
12	在纳税年度，公司是否有任何非股东债务被取消、被免除或修改条款以减少债务本金？		
	如果“是”，请输入本金减少金额▶ $________________		
13	在纳税年度内，是否有合格 Subchapter S 子公司选择终止或撤销该身份？如果“是”，请参阅说明。		
14a	公司是否在 2021 年支付了任何需要提交 1099 表格的款项？		
b	如果“是”，公司是否提交或将提交所需的表格 1099？		
15	公司是否附上表格 8996 以证明其为合格机会基金？		
	如果“是”，请输入表格 8996 第 15 行中的金额 ▶ $________________		

1120－S 的附表 K 与合伙企业税报 1065 表的附表 K 作用相同，填报内容也几乎一致。附表 K 为 S 公司向股东传递的所得税相关信息，相关数据根据股东持股比例分配后填报在 K－1 表上并发给股东用于股东自身报税。1120－S 的附表 K 与 1065 表的附表 K 主要差异为 S 公司附表 K 上无自雇相关信息和按合伙人分类的净收益（损失）分析，其他内容与 1065 表的附表 K 完全一致，此处不再单独介绍其填报内容。

1120－S 的附表 L 为资产负债表信息，与合伙企业税报 1065 表的附表 L 内容完全一致，附表 M－1 为会计账面损益与税表损益的调整，与 1065 表的附表 M－1 内容完全一致，具体内容和填报方法可参阅合伙企业纳税实务相关部分。

1120－S 的附表 M－2 与合伙企业不同，其主要填报内容为累计调整账户、股东已纳税未分配的应纳税所得额、累计盈余及其他调整账户分析，因 S 公司需计算企业损益传递给股东纳税的情况等信息，故 M－2 主要通过将相关账户年初余额加或减本年的调整或调减项目减去分配后得到年末数据，具体内容如表 7－31 所示：

表 7-31

附表 M-2	累计调整账户、股东已纳税未分配的应纳税所得额、累计盈余及其他调整账户分析（见说明）				
		(a) 累计调整账户	(b) 股东已纳税的未分配应纳税所得额	(c) 累计收益和利润	(d) 其他调整账户
1	纳税年度初余额				
2	第1页第21行的常规收入				
3	其他调增				
4	第1页第21行的损失	( )			
5	其他调减	( )			( )
6	加总第1到5行				
7	分配				
8	纳税年度末余额。用第6行减去第7行				

（四）K-1 表填报

与合伙企业等其他流转实体相同，S 公司每年需将相关纳税信息通过 K-1 表传递给股东用于股东报税和纳税。S 公司的 K-1 与合伙企业的 K-1 主要内容基本相同，主要差异在于 S 公司 K-1 的企业信息和所有者（合伙人/股东）信息填报内容相比合伙企业更简单。

S 公司的 K-1 表第一部分和第二部分分别为公司信息和股东信息，第三部分为传递给股东的相关纳税信息。

第一部分和第二部分具体填报内容如表 7-32 所示：

表 7-32

第一部分	公司信息
A	公司的雇主识别号：________
B	公司名称、地址、城市、州和邮政编码
C	公司提交税报所在地区的 IRS 中心名称▶
D	公司的股份总数：纳税年度开始________，纳税年度结束________

续表

第二部分	股东信息
E	股东识别号码：
F	股东姓名、地址、城市、州和邮政编码
G	本年度分配百分比________%
H	股东股份数量：纳税年度开始________，纳税年度结束________
I	股东贷款：纳税年度开始________$，纳税年度结束________$

第三部分内容与合伙企业的 K－1 基本相同，具体如表 7－33 所示：

表 7－33

第三部分	股东在当年收入、抵扣、抵免和其他项目中的份额		
1	常规业务收入（亏损）	13	抵免
2	净租赁房地产收入（亏损）	14	如果勾选请附上附表 K－3。▶________
3	其他净租赁收入（亏损）	15	替代最低税（AMT）项目
4	利息收入	16	影响股东税基的项目
5a	普通股利	17	其他信息
5b	合格股息	18	________不止一项业务是在险目的的 *
6	特许权费		
7	净短期资本性收益（损失）		
8a	净长期资本性收益（损失）	19	________不止一项业务是被动业务活动目的的 *
8b	收藏品（28%）收益（损失）		
8c	未转回的第 1250 节收益		
9	净第 1231 节盈（亏）		
10	其他收入（损失）		
11	第 179 条扣除		
12	其他扣除		

五、税收多重管辖的处理

税收多重管辖（Multijurisdictional Taxes）一般指纳税人存在跨管辖区域的异地经营或来自其他税收管辖区的收益时面临受多个管辖区域税收管理机构管理的情况，包括跨国公司（含有海外分支机构的公司）面临的跨国税收管辖、有跨州业务的公司和个人面临的跨州征管、企业或个人同一笔收入面临的州和联邦所得税双重管辖等情况。

跨国税收管辖受不同国家税收征管制度和各国间税收监管机构合作情况影响，具体将在跨国税收处理专题中讨论。

企业或个人同一笔收入面临州和联邦所得税双重管辖时一般允许纳税人将一定金额的州和地方所得税额在申报联邦所得税时纳入抵扣处理。根据目前的税收法案，C 公司可以将所有已交的州或地方所得税用于抵扣联邦所得税应纳税收入，个人和个体户、合伙企业等流转实体在将州和地方所得税、财产税等纳入联邦所得税应税收入抵扣时可抵扣总额不得超过 1 万美元（个人如为已婚分开报税则限制为 5 000 美元），个人必须选择分项抵扣时才可享受上述抵扣政策。

有跨州业务的公司和个人面临的跨州征管情况相对复杂，各州制定了自身的征税标准，为避免双重征税或各州抢占征税资源形成不良竞争，联邦政府对各州征税范围进行了限制，本处将重点介绍该情况下各州征税的基本规则、联邦限制等情况。

（一）基本规则

除联邦所得税外，各州会针对本州居民或与该州有商业连结（Nexus）的企业征税，即各州对于跨州经营的收入征收州所得税的标准为商业连结。目前美国各州对连结的定义不同，多数州会将是否在该州取得收入或在该州有雇员、仓储、办公室、经营场所等作为连结的判断标准，一般可能被判定为发生连结的情况包括：在本州注册、拥有或租赁有形动产或房地产、推广生意、有雇员、做员工培训、接受或拒绝销售单、接受退货、提供客户服务（维修保养等）等。

当企业确认与州有连结后，企业需考虑其联邦收入总额中哪些会在不同州纳税，大多数州会要求使用分配（Allocation）或分摊（Apportionment）法确认企业应在本州纳税的收入金额，即税收暴露（Tax Exposure）。分配法即将净收入直接分配给某一个管辖州，一般用于投资收益、债务利息收入及部分资本性收益等非经营收入，大多数情况下会将非经营收入分摊至纳税人住所地所在州；分摊法则一般根据一定的计算原则以某一指标为基数按一定比例将总联邦收入分摊至不同的州，主要用于经营性收入的确认，分摊基础一般可选择在该州支付的工资、销售收入、产生经营收入的资产的价值等。对于法人公司和合伙企业来说，一般计算用的总联邦收入为联邦应税收入 + 净经营损失（NOL）抵扣 + 收到分红的抵扣（DRD），即不考虑 NOL 和 DRD 抵扣，也称 28 行收入。

一般情况下，当企业采用分摊法时，在本州应分摊的商业性收入 = 分摊因子 × 总商业性收入，分摊因子 =（本州财产和租赁费用总额/总资产 + 在本州支付的工资总额/总的工资 + 在本州的销售收入/总销售额）/3，对于在多数州有业务的集团型企业（也称受控纳税人，即 Controlled Taxpayer），大部分州对集团内转移定价不进行调整（联邦会根据公允价值调整），但也有部分州会根据情况对收入调整。

（二）联邦的限制

为保护企业利益，防止各州滥用地方法律对企业收入双重征税或抢占征税资源，联邦政府于 1959 年通过了《跨州收入法案》（Interstate Income Act，也称 Public Law 86 – 272），对各州征收所得税范围进行了限制。

根据该法案，若纳税人仅是在某一州做广告或简单地推销、推广（即在本州并非合同履行人，一般指在本州推广销售有形动产且订单会发到外州接受或拒绝且接受的订单会由外州的地点发货）等未超过相关标准的业务活动时，不允许州对其征收所得税，所有企业和个人均适用该保护条款。

以下情况不适用该法案：

（1）在本州注册的企业（合伙企业、LLC 不包括）。

（2）本州居民。

（3）除卖有形动产外的租赁、销售、处置资产或与无形资产有关的业务。

（4）各州征收销售税、使用税等。

对于纳税人来说，一旦涉及跨州经营或有来自不同州的收入时，应根据对应州的法律法规判断自身是否有州所得税纳税义务，多数州会要求应纳税金额超过一定额度的纳税人进行税款预缴且需按时申报年度州所得税税报，未预缴或按时报送税报的可能面临高额罚款。对于应纳税金额较小的纳税人可选择由付款机构进行代扣代缴当地州所得税以降低纳税风险。

第八章

热门专题

一、跨国业务税收处理

随着经济全球化发展的深入，各国跨国业务不断增多，企业和个人都有可能涉及跨国收入，相关的涉税处理一直是各国政府、跨国企业和个人关心的热点。本专题将分别从境外和境内两个角度讨论企业和个人可能涉及的跨国业务和相关所得税涉税处理原则。

企业或个人跨国业务涉税事项一般分为境外（Outbound）涉税事项和境内（Inbound）涉税事项。境外涉税事项指美国纳税人（企业或个人）在境外其他税收管辖区从事经营业务或取得收入涉及的美国纳税监管事项，境内涉税事项指外国人在美国境内经营或取得收入时需要面临的美国税收监管或纳税义务。

（一）境外涉税事项

当美国企业或个人在境外成立分部、子公司或通过其他形式在境外开展业务或投资于境外金融市场等均面临美国境内纳税监管，需根据相关税法规定履行报税或纳税义务。

1. 整体规则

在2017年《通胀与就业法案》（简称TCJA）颁布以前，美国并非对国际贸易集团或跨国企业全球收入即时征税，美国企业的海外分部（Branch）收支纳入总部一并报税处理，海外子公司（法人公司）的收入只有当其与美国贸易或经营有有效关联或者来源于美国的收入时才可直接纳入美国所得税处理，与美国贸易或经营无有效关联且非来源于美国的收入则仅当其分配给美国股东时才会以分红形式纳税，故大量美国企业在海外成立子公司并将全球利润转移至税率较低的海外子公司以递延美国所得税纳税义务。为打击企业通过在海外低税地区成立控股公司囤积未分配利润，1962 年通过的 Subpart F 规则要求特定类别的海外子公司（受控外国公司，简称 CFC）的合格美国股东将其特定类别的海外收入纳入当年所得处理，但并未对非 Subpart F 收入纳税事项进行规定，跨国公司通过不向美国母公司分红而将纳税义务递延的现象仍较为普遍。

2017 年通过的 TCJA 法案全面加强了对美国跨国企业海外收入的纳税征管，在延续原海外分部纳税管理原则基础上，对 CFC 公司的非 Subpart F 收入根据全球无形低税所得（Global Intangible Low - Taxed Income，简称 GILTI）规则纳入特定股东的年度所得征税，从而使 CFC 公司几乎所有收入均要纳入股东年度所得进行征税，避免了纳税义务递延问题。对于 CFC 公司累积的以前年度未汇回的非 Subpart F 收入自 2018 年度起视同汇回并一次性征收交易税。根据上述规则，自 2018 年度起，所有 CFC 公司未分配海外收入均已纳税，未来所有收入也将在当年直接纳入股东税表纳税，故 TCJA 规定此后美国 C 公司可以将其持有的海外公司（持有 10% 以上股份的海外法人公司）分配给美国股东的利润全额纳入抵扣。

为鼓励美国公司在本国研发并出口技术服务，IRC 第 250 节将允许美国 C 公司抵扣一部分（2025 年以前为 37.5%，2025 年以后为 21.875%）出口服务收入（FDII - Foreign-derived Intangible Income）从而使该类企业到 2025 年以前的收入的有效税率降至 13.125%，2025 年以后的有效税率降至 16.406%。FDII 收入包括公司向非美国人出售的用于海外的财产和向任何美国之外的客户或设备提供服务取得的收入。

对于非 C 公司的个人、S 公司、合伙企业、LLC 公司，则可以通过成立佣金制本土国际销售公司（Interest Charge - Domestic International Sales Corporation，简称 IC - DISC）享受相关优惠政策降低出口收入的税负。IC - DISC 是一个独立的 C 公司，一般由经营美国农产品、食品制造或分销出口业务的个人或流转实体成立，合格的 IC – DISC 公司免交联邦所得税，股东可以通过 IC – DISC 出口符合要求的货物并向 IC – DISC 支付佣金，由于佣金可以在出口单位（个人）税表上作为费用抵扣，同时 IC – DISC 公司佣金收入免税，未来该佣金以分红的方式向股东分配时仅需按各自单位的分红纳税规则缴税即可，从而达到降低出口利润税负的目的。IC – DISC 公司成立后需在第一个应税年度前 90 天内向 IRS 递交表 4876 – A 申请获得免税地位，申请时所有股东均需同意并签字，一旦申请成功，在未来公司申请撤销前均可享受免税待遇。

为防止美国和在美的跨国公司通过向海外低税地区的关联公司支付可在美国抵扣的费用来对外转移利润，第 59A 节规定了税基侵蚀和反滥用税（Tax – Base Erosion and Anti – abuse Tax），针对满足一定条件（跨国集团的成员企业之一；上个纳税年度末以前三年的平均年总收入不小于 5 000 万美元；税基侵蚀率大于 3%）的法人公司（不包括 S 公司、受监管的投资公司或房地产投资信托）的调整后应税收入征收 10%（2025 年以前，2025 年以后为 12.5%）的替代最低税。

2. 海外分部

海外分部为美国纳税人在海外设立的从事经营或贸易活动的，可以在税务上视同为美国纳税人一部分的经营组织，海外分部一般包括以下几种类型：

（1）在外国司法管辖区设有办事处或派遣人员或雇员以使其能被视为一个分部，但在外国司法管辖区内没有法人实体；

（2）在外国司法管辖区或国家内建立的被视为分部的法人实体；

（3）在外国司法管辖范围内成立法人实体或公司，并向美国 IRS 申请选择将该实体或公司在联邦所得税上视为海外排除实体（FDE）。

海外分部在税务上视同为美国纳税人的一部分，有独立的账务记录，在海外国缴税，分部所有者每年报税时将分部财务数据纳入自身税报合并税报，计算纳税义务，税率与美国正常企业所得税税率一致。

海外分部盈亏合并至美国纳税人税报后可将海外分部亏损用于抵扣纳税人其他盈利，降低合并纳税义务，但损失抵扣必须遵循双重合并损失规则（Dual Consolidated Loss Rules），即如果损失已经在海外法律下用于抵扣其应税收入了，则不得在当期抵扣美国纳税人其他来源的收入，受此规则限制的未抵扣损失可以无限期用于抵扣该海外分部未来的收入。

海外分部在海外已经缴纳的所得税可以作为抵免用于抵减美国所得税纳税义务，但相关抵免只能用于抵减海外分部产生的应纳美国所得税，不得用于抵减其他海外收入的纳税义务，未用完的抵免可以往前带一年，往后带 10 年。如果美国纳税人在纳税年度内所有海外分部合并形成损失的，该损失可以用于抵扣其他海外来源海外收入，若后续年度海外分部合并形成收益的，则该收益应被视为其他海外来源收入直至前期被抵扣的其他来源海外收入全部被转回，如果前期海外分部的损失抵减了来自美国的收入，则海外分部后期收入的 50% 将被视为来源于美国的收入。

海外分部向美国总部支付的分红、归还贷款本息等均不作为总部的收入纳税，但如果海外分部与总部因币种不同导致相关付款产生汇兑损益的应将其纳入总部收入处理。海外分部向总部付款时在海外缴纳的预扣税一般可作为在海外支付的税款并形成海外税抵免。

3. 受控外国公司—CFC

受控外国公司一般为注册和运营地与控制权所有者不在同一个税收管辖区或国家的法人公司。在美国税法下，受控外国公司指在纳税年度内任何一天美国股东直接或间接或推定合并拥有其总投票权或总股票价值的 50% 以上的外国公司，其中美国股东指直接或间接或推定持有海外法人公司 10% 或以上的总投票权的美国纳税人（包括美国本地的合伙人），TCJA 将其范围扩展为任何直接或间接或推定持有 CFC 10% 或以上的总投票权或总股票价值的美国纳税人。直接、间接或推定持有 CFC 10% 或以上总投票权或总股票价值的纳税人需每年向 IRS 报送相关企业收入等信息。

因旧的税法对受控外国公司利润在汇回美国前不征税，大量美国公司在海外低税国或免税地区设置公司并将利润转移至受控外国公司。为避免这种情况，美国政府于 1962 年颁布了 Subpart F 法案即受控外国公司相关法案，明确 CFC 挣得的任何 Subpart F 收入（即与 CFC 所在国没有或有极少经济联系的收入）若未汇回美国的则视同已汇回并缴纳美国所得税，已汇回部分已交税的无须再交。2017 年通过的 TCJA 对原有 Subpart F 相关征税规则做出了修改，即对原有 CFC 公司累积的未汇回美国的非 Subpart F 收入视同已分配给美国股东并一次性征收交易税，现金或现金等价物税率为 15.5%，流动资产为 8%，相关税款可在未来 8 年内分期支付，未来汇回收益时不再征税。此外，TCJA 法案还修改了美国股东的范围，并增加了对全球无形低税所得（GILTI）的征税要求。

4. Subpart F 收入

Subpart F 收入指 IRC 第 952 节下规定的 CFC 公司特定类型收入的加总，主要指 CFC 公司与其所在国没有或有极少经济联系的收入，一般包括保险收入、海外公司收入及非法收入。保险收入指 CFC 公司为其所在国以外的业务承保风险挣得的收入，海外公司收入指其他所有与 CFC 公司所在国没有或有极少经济联系的收入，主要包括：

（1）海外公司销售收入（Foreign Base Company Sales Income，简称 FBCSI）：当 CFC 从/向（或代表）关联方购买/出售有形动产，且该财产在 CFC 公司注册国以外加工、生产、建造、培植或提取，且该财产购买/出售是为在 CFC 公司注册国以外使用、消费或处置，则该财产的销售收入称为海外公司销售收入；

（2）海外公司服务收入（Foreign Based Company Services Income）：CFC 公司在所在国以外为或代表任何关联方提供技术、管理、工程、建筑、科学、技能、工业、商业或类似服务而获得的收入；

（3）海外个人控股公司收入（Foreign Personal Holding Company Income，简称 FPHCI）：包括 CFC 公司来自股息、利息、年金、租金、特许权费和财产处置的净收益等方面的收入。

非法收入包括非法贿赂（Illegal Bribes）、回扣（Kickbacks）或其他 1977 年《反海外腐败法案》（Foreign Corrupt Practices Act of 1977）规定的非法款项，及来自适用第 901（j）节的国家或地区的收入。

Subpart F 收入应在美国股东每年报税时纳入收入并缴纳所得税，Subpart F 收入计算相对复杂，需根据 CFC 公司业务和收入类型调整计算。CFC 公司在海外已交税款可以通过海外税抵免抵减 Subpart F 收入纳税义务，计算中应以纳税人在 CFC 公司中享有的权益份额为依据。

5. 全球无形低税所得—GILTI

持有 CFC 公司 10% 及以上股权的美国股东每年要针对其 CFC 公司的全球无形低税所得（GILTI）缴纳所得税，GILTI 其实为 CFC 公司的除 Subpart F 收入（一直是缴税的）以外的收入，该征税不考虑该所得是否已分配。该收入一般纳入美国股东的收入处理，在 2018 ~ 2025 年，法人公司可获得 GILTI 收入 50% 的抵扣，即只需将 50% 的 GILTI 纳入收入计算所得税，法人公司还可获得已支付外国企业所得税款最高 80% 的海外税抵免来抵减 GILTI 相关税收，但个人股东需将 GILTI 全额纳入收入处理，无法享受 GILTI 抵扣。

对于个人，需报送 5471 表（与特定外国公司相关的美国个人信息税报），每年将 GILTI 纳入个人收入，按个人所得税税率纳税，最高可达 37%，未来该公司分红时无须再纳税，但该法人公司在海外已经缴纳的税收将无法作为海外税抵免（FTC）纳入个人税表，个人将面临双重征税。

如果个人纳税人在报 5471 表的同时做了第 962 节选择（Section 962 election）按法人公司纳税，则其收入可按 21% 税率纳税，同时其可获得已支付外国企业所得税税款最高 80% 的海外税抵免来抵减 GILTI 相关税收。但问题是个人做了如此选择后海外公司未来分红给个人时个人需按分红收入缴纳个人所得税（合格分红税率为 15%），其已在海外支付的与分红相关的所得税可以形成海外税抵免。

如果个人提交表 8832（实体纳税分类选择表）选择成为排除实体（Disregarded Entity），报送附表 C 和表 8858，可申请根据投资所在国与美国签订的合算条约（Totalization Agreement）免除在美国缴纳自雇税的义务。该方法主要用于持有 CFC100% 股权且住在与美国有合算条约的国家（如加拿大、英国、德国等）的纳税人，此时其作为排除实体每年需要报表 8858 向 IRS 报送实体相关信息，同时在报送个人所得税报时将与 CFC 相关的收入纳入自雇收入在附表 C 中填报，此时需要按个人所得税率缴纳个人所得税，其相关收入可以享受海外挣得收入豁免（Foreign Earned Income Exclusion，2021 年最高豁免额为 10.87 万美元），同时可享受海外税抵免，对于未申请免除在美国缴纳自雇税义务的纳税人还需针对上述自雇收入缴纳自雇税。

GILTI 的计算公式如下：

GILTI = 测试收入（Tested Income）- 默认有形投入回报（Deemed Tangible Income Return，简称 DTIR）

测试收入 = CFC 的总收入 - 抵扣 - Subpart F 收入

DTIR = 10% × 合格商业资产投资（Qualified Business Asset Investment，简称 QBAI）

QBAI = 商业经营中使用的特定的可折旧资产投资

为防止纳税人隐瞒海外收入，2010 年通过的外国账户税收合规法案（The Foreign Account Tax Compliance Act，简称 FATCA）要求注册的外国金融机构和特定的非金融类外国实体向 IRS 报告美国账户持有人持有的外国资产或需要预扣税款的交易信息，同时也要求美国人向 IRS 报送满足要求的海外银行账户和海外资产情况。此外，国际经济合作发展组织（Organization for Economic Cooperation and Development，简称 OECD）也发布了要求其成员国金融机构间自动交换金融账户信息的共同申报准则（The Common Reporting Standard，简称 CRS）来打击跨国逃避税款等行为。

（二）境内（Inbound）涉税事项

不符合美国纳税人要求的外国人（非居民外国个人或外国企业等）在美国境内从事经营或贸易活动、投资活动等均可能产生在美国税法下的应税收入而需向美国 IRS 纳税或报税。当上述外国人在美国境内取得收入时，一般要判断其收入是否来源于美国，然后判断其收入所属类型，来源于美国的收入通常面临美国所得税纳税义务，常见的来源于美国的收入类型包括可确定的定期收入（Fixed，Determinable，Annual and Periodic Income，简称 FDAP 收入）和有效关联收入（Effectively Connected Income，简称 ECI）。FDAP 收入中与美国贸易或经营有效关联的将直接作为 ECI 处理，与美国贸易或经营无有效关联的（即不属于 ECI 的）要按 30% 税率在美国缴纳所得税，不可抵扣任何费用，该所得税采用代扣代缴方式缴纳，由费用支付方按交易总价款的30%直接代扣并缴纳至IRS，如收款方所在国与美国有税收协定的则按协定税率执行。ECI收入通常按美国企业、个人的所得税纳税规则进行处理，在将收入扣除抵扣额后采用累进税率制计算和缴纳所得税。为防止外国人偷逃税款，IRS规定了支付给外国人的款项（或收入）的预扣税和代扣代缴规则，要求款项支付方预扣一部分金额（通常为交易总价的30%）作为预扣税款代扣代缴至IRS，纳税人可根据不同类型收入的实际税负情况向IRS申请多退少补。

1. 纳税身份确认

根据IRS官网公布的美国税务角度的身份划分标准，涉税人员主要分为美国人（United States Persons）和外国人（Foreign Persons），美国人包括以下类型：

（1）美国公民或美国居民，美国居民包括非美国国籍但持有美国绿卡或满足居住测试的外国公民；

（2）美国本地合伙企业、法人公司、非外国遗产的遗产；

（3）美国法院能有效执行监管的信托、一个或一个以上美国人有权控制其实质决策的信托；

（4）其他非外国人。

原则上，美国人如果是企业的，应按前述企业所得税相关政策报税和缴税，如果是个人的应按前述个人所得税相关政策报税和缴税。

外国人包括：

（1）非居民外国个人；

（2）外国公司、外国合伙企业、外国信托、外国遗产；

（3）其他非美国人。

外国法人公司或合伙企业在美国的分部一般作为美国人处理。通常情况下，外国人需对其来自美国的FDAP和ECI收入报税和缴税，非美国来源收入原则上无须报税或缴税。

2. 收入来源确认

确定外国人与美国相关收入的来源是判断是否在美国有纳税义务的重要依据。收入来源的确定依据一般包括服务的提供地、商品销售地、货物生产地、财产所在地、卖方居住地等，根据 IRS 官网公布的来源地确认汇总表，目前主要收入类型的来源地确定依据如表 8 –1 所示：

表 8 –1

收入项目	来源确定依据
工资、薪金和其他报酬	服务提供地
商业收入 – 个人服务	服务提供地
商业收入 – 销售外购货物	出售地
商业收入 – 销售自制货物	生产地（可能需按美国和外国进行分摊）
利息	支付方居住地
分红	是否为美国公司，如果外国公司在分红宣告当年的前三年至少 25% 的总收入是与美国贸易或经营有效关联的其该分红属于来源于美国的收入
租金	财产所在地
特许权费 – 自然资源	财产所在地
特许权费 – 专利、版权等	财产使用地
销售房地产	财产所在地
销售动产	卖方主要纳税地（存在例外情况，详见 IRS 第 519 号公报第 2 章），法人公司出售动产（包括存货），则可归属于美国区域机构的销售收入产生的收益均为美国来源
养老金收入	挣得养老金对应的服务提供地
奖学金 – 助学金	付方居住地
销售自然资源	根据产品在出口港的市场公允价值分配，具体详见 IRC 第 1. 863 –1（b）相关规定

注：更多来源类型及各项收入来源确定依据可参见 IRS 第 519 号公报 – 外国人纳税指导（Publication 519，U. S. Tax Guide for Aliens）。

3. FDAP 收入

广义上的 FDAP 收入为除以下情况外的所有满足固定金额、可确定年度或定期支付条件的收入：

（1）出售房地产或动产取得的收益（包括市场折扣和期权费，但不包括原始折扣）；

（2）不包括在总收入中的收入项目，不考虑收入所有者的美国或外国身份，如免税市政债券利息和合格奖学金收入。

固定金额指在支付前已知对应固定收入的输入，可确定指如果金额是基于某一个基数计算的则其是可以随着基数调整计算出金额的，定期支付指金额支付有一定的时间规律，如按年、半年、季度或者固定某时间段内，满足该类特征的收入一般包括：个人服务的报酬（如佣金和演出收入）、股息、利息、原始发行折扣、养老金和年金、赡养费、不动产收入（如租金及除处置外的收益）、特许权费、奖学金和助学金、其他资助或奖项或奖励、每月支付或计提的销售佣金、单笔交易的佣金、作为 FDAP 收入的遗产或信托的可分配净收入（必须分配给非居民的外国受益人，或在纳税年度已支付或计提）、合伙企业的 FDAP 收入分配，或尽管没有实际分配，但已包含在外国合伙人的总收入中，租户根据租约向非居民外国人支付的或代其支付的税或抵押贷款利息或保险费等，向在美国展出的非居民艺术家颁发的奖励，支付给非美国居民的外国拳击手在美国职业拳击赛中的报酬，在美国举办的高尔夫锦标赛中向非居民外国职业选手颁发的奖品，当非居民外国艺人在美国有演出权利时支付与美国演出有关的费用。

狭义上的 FDAP 收入为不包括视为 ECI 的收入，主要因部分广义 FDAP 中的收入需根据 IRC 要求视为 ECI 处理，此外，通过资产使用测试（收入与为在美国从事贸易或经营而使用或持有的资产相关）和商业活动测试（在美国从事贸易或经营活动是该类收入实现的重要因素）的特定投资收入也应按 ECI 收入处理。本专题涉税事项中提到的 FDAP 收入为狭义上的 FDAP 收入。

FDAP 收入（狭义）应在取得时按 30% 税率在美国缴纳所得税，不可抵扣任何费用，分期付款并不改变 FDAP 收入性质。该所得税采用代扣代缴方式缴纳，由费用支付方按交易总价款的 30% 直接代扣并缴纳至 IRS，如收款方所在国与美国有税收协定的则按协定税率执行。

部分 FDAP 收入或交易类型在税收处理上相对复杂，具体如下：

（1）社安福利。

社安福利指针对长期缴纳社安税，62 岁或以上，或残疾、致盲的人员，可以获得退休金或残障补助或医疗服务等的福利。美国来源的 FDAP 包含 85% 的任何社安福利，该收入一般不符合税收协定中优惠税率的要求，即不可享受税收协定中的优惠税率。

（2）资本性收益。

外国人在美国出售与美国贸易或经营有效关联的任何财产产生的资本性收益应按 ECI 相关要求纳税，出售房地产需要按《1980 年外国人投资房地产税收法案》（简称 FIRPTA）要求缴纳预提税，出售其他与美国贸易或经营无有效关联的财产产生的资本性收益应按如下规则处理：

a. 在美国居住超过 183 天但仍为非居民外国人的人员。根据美国纳税人身份确认标准，满足在美国居住超过 183 天的外国人应作为美国税收居民处理，但在确定资本性收益纳税规则时，该居住规则不适用于外国留学生、访问学者和外国政府雇员，也即其即使居住超过 183 天但仍被视为非居民外国人。该类人员在美国交易资本性资产产生的净收益（来源于美国的所有资本性收益减去所有资本性损失）应按 30% 税率缴纳所得税，对于来自与美国有税收协定的外国人可按协定税率执行；

b. 在美国居住不超过 183 天的外国人。原则上该类外国人不属于美国纳税人，无须就在美国取得的资本性收益缴纳所得税，但以下收益除外：

ⅰ. 该收益与本年度内在美国的贸易或经营有效关联；

ⅱ. 处置保留经济利益的木材、煤炭或本地铁矿石等产生的收益，如林场或矿产所有者出售木材或矿产资源；

ⅲ. 出售或交换专利、版权及类似财产时收到的或有对价中的收益部分；

ⅳ. 特定的转让专利中所有实质性权利或某不可分割的权利产生的收益；

ⅴ. 出售或交换含原始发行折扣的债务工具产生的收益。

当外国人出售或交换与在美国贸易或经营无有效关联的资本性资产产生损益时，应在表 1040 – NR 的附表 NEC 中填报信息。当出售与在美国贸易或经营有效关联的资本性资产产生损益时，应单独在表 8949 上填报相关交易情况，并将汇总结果填报至 1040 或 1040 – NR 表的相应位置。

（3）保险赔付。

参保的非居民外国人因根据人寿保险条款在保单交付、到期时获得的美国来源收入属于 FDAP 收入，其收入金额等于赔付款减去投保成本。但是，外国人根据人寿保险合同条款收到的绝症患者或慢性病患者死前收到的某些赔付款项可能不需要纳税。本规则也适用于将合同规定的死亡抚恤金的任何部分出售或转让给死亡理赔提供方而收到的某些款项。

（4）赛马奖金。

赛马奖金属于 FDAP 收入，如果非居民外国赛马所有者提交的 W－8BEN（基于美国所得税预扣和报告目的的受益人外国身份确认表）表中没有明确相关纳税身份信息，且该奖金获得者在纳税年度内未参加或计划参加其他任何在美国的比赛，比赛组织方应在支付奖金时预扣 30% 作为税款。如果可获得的信息表明，赛马所有者在该纳税年度曾参加过美国的另一场赛马，那么该年度提交的 W－8BEN 表格将无效。如果奖金所有者向付款方提供 W－8ECI 表格（外国人关于收入与在美国的贸易或业务有效关联的证明），则付款方无须代扣代缴上述 30% 预扣税款，相关收入应纳入奖金获得者的年度收入中报税。

（5）竞业限制补偿。

外国人签署竞业限制承诺而获得的补偿属于 FDAP 收入，其来源地为竞业限制所在的区域，该补偿款应按要求由支付者代扣代缴所得税。

（6）签约报酬。

向职业运动员（如足球或曲棍球运动员）支付的用于限制其与其他任何球队谈判或加入其他球队的“签约”费用属于 FDAP 收入，该收入实质为签订不参加比赛的契约而支付的费用，来源地为放弃比赛的区域。如果该限制既包括美国的球队又有外国球队，相应收入可能部分来自美国，部分来自外国，来自美国的部分应进行代扣代缴所得税，如果无合理的来源地分配依据，则全部费用均应按美国收入处理，必须代扣代缴所得税。

4. ECI

通常情况下，当外国人在美国从事贸易或经营活动时，其所有来自美国的与从事该贸易或经营相关的收入均为 ECI（即有效关联收入），而无须考虑收入与在美国境内的贸易或经营活动是否相关。

满足 ECI 要求的最重要条件为在纳税年度内在美国从事贸易或经营活动，是否从事相关活动与活动的性质有关，特定情况下，部分来源于外国的收入也会被视同为 ECI，具体可参见 IRS 第 519 号公报。通常情况下，下列情况将被视为在美国从事贸易或经营活动：

（1）持有“F”、“J”、“M”或“Q”签证的，以非移民身份暂时居住在美国的外国人将被视为在美国从事贸易或经营活动，该类签证持有人获得的来自美国的奖学金、助学金中的应税部分应被视为与在美国从事贸易或经营活动有效关联；

（2）在纳税年度内任何时候在美国从事贸易或经营活动的合伙企业的外国合伙人将被视为在美国从事贸易或经营活动；

（3）在美国提供个人服务；

（4）在美国拥有和经营提供服务、销售产品或货物的业务的外国人将被视为在美国从事贸易或经营活动（除少量特殊情况外），此时无论其销售的货物购自美国还是外国，其销售利润均应视为与美国贸易或经营活动有效关联；

（5）出售或交换在美国的房地产（无论是否为资本性资产）权益而产生的损益将视同为在美国从事贸易和经营活动的收益而征收所得税；

（6）出租房地产的收入可作为 ECI 收入处理（如纳税人选择采用此处理方法）。

如果外国人在美国唯一的经营活动为通过美国当地中介或其他代理机构交易股票、证券或大宗商品（包括套期保值），则不应将其视为在美国从事贸易或经营活动。

有 ECI 收入的外国人应在将收入扣除允许的抵扣后按美国纳税人对应的所得税率缴纳所得税。凡是在纳税年度内在美国从事贸易或经营活动的外国人，不论年内是否获得与贸易或经营有关的收入，或是否有来源于美国的收入，或相关收入是否需要在美国纳税，均应向 IRS 报送税报 1040－NR（个人，企业为 1120－F）；对于在年度内未在美国从事贸易或经营活动但有获得需报告的来源于美国的收入，或需纳税美国收入未进行代扣代缴税款的，也应报送税报 1040 - NR（个人，企业为 1120 - F）。此外，对于外国人持股超过 25% 的美国公司或在美国从事贸易或经营活动的外国公司一般须根据公司类型和业务类型确定是否需要向 IRS 报送信息税表表 5472，报送与境外或境内关联方发生的需报告交易信息。

5. 预扣税规则

为防止外国人偷逃税款，IRS 第 515 号公告（Publication 515）中明确了美国个人或机构支付给非居民外国人、外国法人公司、外国合伙企业、外国信托或遗产、外国政府或国际组织等外国人的收入应根据要求预扣税款并代缴至 IRS。

需要进行预扣的收入一般为来自美国的收入，主要为 FDAP 收入、特定的房地产交易收入和其他税法明确需要预扣的收入，预扣比例通常为交易对价的 30%（特定房地产交易除外）。收入取得方一般须填报表 W - 8BEN（个人）或 W - 8BEN - E（实体）告知付款方其纳税身份等信息，付款方需在将预扣税款缴纳至 IRS 的同时向 IRS 报送表 1042 - S，填报外国人美国收入预扣税详细情况。

二、家族信托

（一）定义

随着社会经济的发展，高净值个人（个人拥有较高金额财富）数量逐渐增多，为将其个人主要资产与自身业务经营隔离或计划以较低成本将资产转移给后代，越来越多的高净值个人选择在生前成立各类家族信托。

家族信托一般指家庭成员作为委托人（Settlor）出于特定目的将自身拥有的金钱、财产交于托管人（Trustee）控制和管理，最终根据信托协议将资产及收益按一定原则分配给其他家庭成员，即受益人（Beneficiaries）。家庭信托在实质上属于信托的一种，只是在操作过程中人们会选择在不同的地区成立信托，设置不同类型的信托，以不同的方式向信托转移财产。

家族信托的受益人一般为家族成员，委托人可以在信托协议中明确信托存续期间受益人只能享受信托本金、收益或本金加收益，信托的终极受益人一般为信托清算时能获取所有剩余权益的受益人。根据受益人对信托资产的所有权不同可将家族信托分为全权信托（Discretionary）和固定信托（Fixed），全权信托的受益人在信托决定对其分配前不拥有信托资产本金和收益的法律所有权，固定信托的受益人在信托决定对其分配前可根据信托协议对特定信托资产享有特定权利，常见的家族一般均为全权信托。

（二）优劣势分析

家族信托拥有信托的全部优劣势，信托一旦成立，其将被视为一个独立的法人，资产所有权脱离委托人而归属于信托本身，除设立者信托外，信托自身需进行报税和缴税，成立家族信托的具体优劣势主要如下：

1. 优势

（1）保护特定家庭成员利益。

成立家族信托可根据委托人意愿在信托协议中明确未来信托资产的分配对象、周期、比例（或金额）、方式等内容，可在委托人去世后保护特定家庭成员的利益，防止其他家庭成员侵害其利益。

（2）债权人保护。

家族信托设立后，信托资产在分配给收益人前归属于信托本身，当委托人、受益人或托管人自身遭遇债务索赔时，原则上不得用信托资产用于偿还债务，但债务问题产生于信托设立之前或信托设立后特定期间内的将不受此限制。

（3）避免伴侣财产分割。

当委托人在与第三方进入婚姻或恋爱关系前将资产划入家族信托，则未来分手时该部分资产通常不属于双方共同资产，第三方无法分割该部分资产。

若委托人将资产直接赠与其子女，则当子女未来找到伴侣但最终分开时，其伴侣可能拥有半数财产的分配权，但委托人通过家族信托将资产传递给子女的，未来该资产不属于子女的夫妻共同财产，不在离婚财产分配范围中。

（4）一定程度上规避未来遗产法等法律变化风险。

设立家族信托可提前将委托人资产转移至信托实体，相关纳税义务可能在转移时即发生，能在一定程度上规避未来遗产或礼物税相关法律变动带来的多缴所得税的风险。

（5）规避收入/资产测试。

联邦或州政府设置的社会福利，如特定的纳税抵免、政府补助等通常要对申请人的收入、资产规模设置限制，即满足收入/资产测试的申请人才可申请到相关福利。根据目前的法律，家族信托所持有的资产在分配给受益人前，不在受益人收入/资产测试的考虑范围内，不影响受益人申请相关社会福利。

（6）保护遗产。

当纳税人通过遗嘱将资产传递给后代时，其无法保证后代能按委托人意愿持有或使用资产，且并非所有后代均有能力管理自身的财务，而设立家族信托可根据委托人意愿为后代设置好未来资产的投资和分配路径。此外，在特定情况下，法院可根据《1955 年家庭保护法案》修改委托人遗嘱，但无法修改委托人设立的信托条款。

（7）税收节省。

当委托人将资产直接赠与受益人时，超过免税额度的部分委托人将面临高额的礼物税或遗产税，且受益人获得资产后未来资产收益将纳入受益人收益纳税。通过家族信托将资产传递给受益人时，可通过特定的安排（如特定的不可撤销人寿保险信托、朝代信托、故意缺陷信托等）降低或免除资产转入信托时的礼物税，未来收益分配时可根据受益人收入情况调整分配节奏和金额，降低受益人综合税负。

（8）保密性。

家族信托并非公开注册的实体，信托协议属于个人信息受到法律保护，能有效保护高净值人群资产和家庭信息。

2. 劣势分析

（1）控制权丧失。

信托成立后，转入信托的资产所有权归属于信托，资产控制和管理权归属于受托人，虽然委托人可选择更换受托人，但其无法将资产作为自身资产处理。

（2）成本较高。

家族信托成立时一般需要设立一定的实体，履行注册等程序，在资产转入信托时往往需要根据信托架构的复杂性考虑中介费用及可能需缴纳的礼物税等费用。此外，信托运营期间需要支付信托管理费用、运营费用及信托自身的所得税等费用。

（3）未来法律风险。

家族信托设立时往往基于设立当时的监管法律，但后期所得税法等法律变化可能使设立时认为其可能带来的益处无法实现，但前期已投入成本等无法收回。

（4）伴侣财产分割风险。

对于有伴侣的人员，其家族信托设立时可能面临与伴侣的财产划分问题，同时需考虑受益者伴侣对信托收益的分配权等问题。

（三）运作逻辑和主要类型

家族信托的运作逻辑并不复杂，委托人确定设立家族信托的目的和时间后即可寻找合适的托管人来管理家族信托，托管人将根据信托协议要求运营和管理信托资产，履行信托报税和纳税义务，并根据协议要求向受益人分配信托本金或收益。不同参与者的关系如图 8－1 所示。

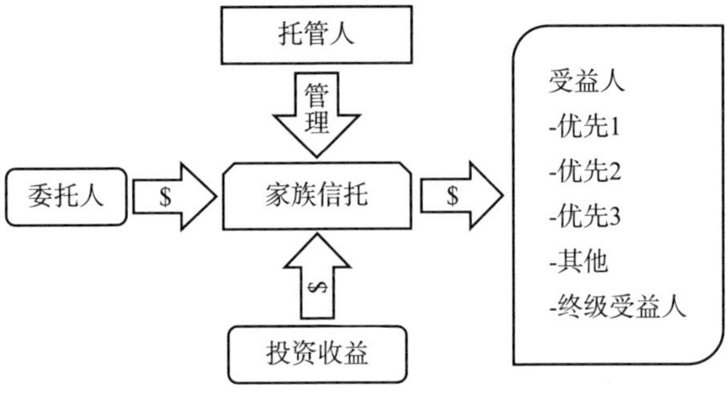

图 8－1　不同参与者的关系

如本书财产税部分所述，一般情况下委托人成立信托并向信托注入资产时可能面临高额遗产税纳税义务，信托自身运营时需要按税法要求报税、纳税或将纳税信息传递至委托人，信托分配时受益人取得的本金部分无须纳税，收益部分需缴纳所得税。特定类型的信托可能免除委托人向信托注入资产时的遗产税或礼物税，同时通过可撤销信托和不可撤销信托的设置和转换实现信托纳税义务的转移，实现低成本向后代传承财富，这便是大部分家族信托成立的主要目的之一。例如，非美国人可在生前通过设立外国设立者可撤销信托（Foreign Grantor Revocable Trust）将海外资产以免税的形式传递给美国受益人，外国设立者信托的委托人必须为非美国人（非美国公民、居民或绿卡持有者），当其将美国以外的资产（股权等）转移至该信托时，一般不会涉及美国礼物税等问题，海外资产在委托人在世期间将由委托人控制和管理，运营期间产生的收益将传给委托人在其自身税务管辖国纳税，无须在美国纳税，但美国来源的收入需在美国纳税。当委托人去世后，该可撤销信托自动转为不可撤销信托，信托财产全部传承给受益人，转换时其信托中的非美国资产将不会涉及遗产税或礼物税，转换后信托将成为非设立者信托，信托自身和受益人正常按美国所得税要求报税和纳税即可。

根据委托人设立信托的目的、地区、方式等不同，家族信托有很多种类型，且很多类型随着各国税法的变更而变革或消亡。在美国成立的家族信托，一般可分为非朝代信托和朝代信托（Dynasty Trust），非朝代信托一般因特定目的而成立，信托目的达成后信托资产将进行分配，信托注销，常见的非朝代信托包括遗嘱信托、保留年金信托、缺陷信托、合格个人居住信托、准公民信托、隔代转移税信托、生存信托、不可撤销人寿保险信托等；朝代信托一般为长期信托，可将财富传递至后代或后代的后代，不同州对朝代信托的年限要求不同，在内华达州设立的朝代信托最长可能运行 360 年，在特拉华州成立的朝代信托可无限期运行，加州的期限一般为 90 年，朝代信托通常为不可撤销信托，一旦成立后委托人即失去对资产的控制权也不得修改信托条款，信托资产将根据协议实现隔代传承，且不会产生财产转移相关税收，同时可通过各种方式对未来信托资金的使用进行限制，常见的朝代信托包括裁量信托（Discretionary Trust）、复委信托（Delegated Trust）、指示型信托（Directed Trust）等。一般情况下，非朝代信托亦可通过特定的协议安排，如设置额外的朝代信托架构实现资产的传承。本书将简单介绍几种常见家族信托。

1. 生存信托

生存信托（Living Trust），又称为 Inter Vivos，为委托人生前设立的信托，根据信托持续时间长短可划分为非朝代信托或朝代信托，时间较短的为非朝代信托。

委托人生前将资产（如房屋、银行账户、公司股票等）转入生存信托中，通过信托合约指定受托人和受益人，受托人对转入信托的资产拥有合法持有权，根据信托协议管理资产，并于协议条件达成时（如委托人去世）将资产转移给指定受益人。若委托人选择可撤销生存信托，则其生前对信托财产仍有控制权。

设立生存信托的主要目的为委托人生前确定遗产分配规则，避免未来耗时和昂贵的遗嘱认证程序，且确保未来遗产按委托人意愿分配，而不必通过法院来处理继承人之间的纠纷。生存信托也可以被认为是取代遗嘱的法律文件。

2. 授予人保留年金信托

授予人保留年金信托（Grantor Retained Annuity Trust，简称 GRAT）为不可撤销的赠与信托，常用于房地产规划或未上市股权规划，它使委托人可以以极少的税费或不缴纳赠与税的情况下将大量资产传递给下一代。

GRAT 一般通过创建一固定期限的不可撤销信托，将委托人资产转入信托，指定受托人和受益人，委托人保留在 GRAT 期限内向信托取回资产原始价值的权利，并约定信托将其资产的增值通过年金的方式支付给委托人，信托到期后，会将剩余资产转让给委托人指定的受益人，如果委托人在信托到期前去世，则资产成为该个人应税遗产的一部分。

3. 不可撤销人寿保险信托

不可撤销人寿保险信托（Irrevocable Life Insurance Trust，简称 ILIT）是用人寿保险单作为信托所持资产来构造的，在创建后不可撤销或修改的信托。

ILIT 一般由委托人设立信托，指定受托人和受益人，然后将资产或已有人寿保险合同转入信托，用该资产为委托人购买人寿保险或支付后期保费，待委托人去世后，人寿保险赔偿金会汇入信托，该部分赔偿金可以享受免税，受托人再根据信托合约将保险赔偿金用于购买资产或将其分配给受益人。若委托人为非美国籍则向信托注入资产时无须缴纳美国所得税（礼物税）。

值得注意的是，如果委托人将现有的人寿保险单转入 ILIT，则在未来 IRS 确认遗产时有一个三年的回溯期，若转入日期在三年内，IRS 可能将人寿保险赔偿纳入遗产进行征税。

4. 故意缺陷设立者信托

故意缺陷设立者信托（Intentionally Defective Grantor Trust，简称 IDGT）为委托人设立的设立者信托，可将受益人设置为委托人的子女或其他后代，委托人将资产转入信托，在委托人生前，信托资产运营产生的收益将直接传递给委托人缴税，信托自身无须纳税，待未来委托人去世后，信托资产可根据信托协议传递给受益人。IDGT 可通过一定的设计节省大量遗产税或礼物税。

常见的 IDGT 在注入资产时通过委托者向信托捐赠一部分种子资金并缴纳礼物税，同时向信托出售其主要资产并约定信托以分期付款方式支付交易对价和利息，未来资产增值时信托将获得越来越多的资金用于支付分期付款，委托人可用收到的分期付款资金支付信托资产增值产生的所得税。对于非美国籍设立者，可直接将资产捐赠给信托，无须缴纳遗产税或礼物税，且未来资产产生的非美国来源收入无须缴纳美国所得税。未来信托资产在委托者去世后不在委托者遗产范围内，可以节省大量遗产税。

5. 慈善信托

慈善信托（或称公益信托）是以实现社会慈善事业为目的，并以全社会或部分社会公众为受益人的信托。所谓慈善事业是指对社会有价值或有重要社会意义的事业，包括救济贫困、宗教，救助灾民，扶助残疾人，发展教育、科技、文化、艺术、体育、医疗卫生事业、发展环境保护事业、维护生态平衡等。

较为著名的慈善信托包括比尔盖茨及梅琳达基金会信托，目前该信托有效期限定为比尔盖茨及梅琳达去世后的20年，在此之前，受赠慈善机构每年都会收到捐款，当20年期满后，剩余的资产及所收利息将成为慈善机构财产，由于该信托为不可撤销信托，其运作不会受双方离婚的影响。慈善信托对委托人来说是一种延续其价值的方式，在委托人去世后，透过慈善信托实现其心愿及价值。

（四）成立步骤及报税要求

委托人成立信托前需明确自身纳税身份（是否为美国纳税人）、信托成立的目的、成立地点、类型，确认信托受益人等信息。

在美国成立信托整个程序大约需3~6个月时间，除确认上述信息外，委托人需寻找一个信托设立州的律师协助起草信托合约，并寻找合适的托管人。信托律师起草完合约后会与委托人讨论信托具体条文，经托管人（一般为银行或财富管理公司）同意后即可签署信托合约。信托合约签署完成后可立即向IRS申请信托雇主纳税人识别号（Employer Identification Number，简称EIN）及开立信托银行账户。此后，可成立信托所控制的实体（如LLC公司）并开立账户等进行资产接收。

如前所述，信托自身一般须履行报税义务，信托成立后应在规定时间报送联邦信托和遗产税报表1041和各州规定报税的税报。此外，IRS还要求存在与外国信托（美国法院无法管辖或美国人无法实质性控制其决策的信托）间交易的纳税人和年度内收到外国礼物（即给予人为非美国纳税人）总额超过一定金额（2021年和2022年为10万美元）的纳税人向IRS报送表3520汇报相关交易信息，未及时准确报送相关信息的将面临IRS处罚，最高处罚金额可达收到外国礼物金额的25%。

三、虚拟货币交易涉税事项

（一）定义

根据IRS定义，虚拟货币指可作为交易媒介、计量单元或储存价值的一种数字形式的货币（或价值），在某些情况下，其可以像“真正的”货币（如美国的硬币、纸币或其他任何国家发行的可在发行区域内使用的被指定为法定货币的交易媒介）一样流通，但其在美国并没有法定货币地位。数字货币是一种虚拟货币，其使用加密技术来验证和保障在发行者账簿上的以数字形式记录的交易，如区块链。与真实货币有同等价值，或扮演真实货币的替代角色的虚拟货币可以称为可兑换虚拟货币，比如比特币等。

（二）纳税义务

IRS 在近些年的报税表上添加了纳税人是否有虚拟货币交易的选项，如纳税人在年度内发生如下（包括但不限于）与虚拟货币相关的交易，均需在税表上标注并填报有关虚拟货币交易情况：

（1）出售商品或提供服务收到虚拟货币支付；

（2）无偿收到或支出虚拟货币但不符合无条件礼物（Bona Fide Gift）的要求；

（3）通过挖矿（Mining）或权益质押（Staking）而获得新的虚拟货币；

（4）因硬分叉（Hard Fork，重大协议升级的方式之一）而收到虚拟货币；

（5）用虚拟货币交换资产、商品或服务；

（6）出售虚拟货币或处置任何与虚拟货币相关的经济利益。

IRS 将虚拟货币视为一项财产，故纳税人购买、出售或交换虚拟货币将按财产税相关要求纳税，即可能产生资本性收益或损失，纳税人需要记录虚拟货币的交易情况以确定相关损益属于长期还是短期，并根据不同期限资本性损益对应税率进行纳税。如果纳税人以虚拟货币相关的活动为收入来源，则其收入应作为常规收入处理。

与常规交易证券不同，虚拟货币交易目前不适用假售回购规则，即投资人在出售前后 30 天内买入、卖出虚拟货币产生的损失可以纳入抵扣。

当纳税人发生虚拟货币相关交易时，除在其税报上标注外，还需要填报相应的附表，个人纳税者需要在报送表 1040 的同时，在表 8949 和附表

D 中填报相关交易损益情况。纳税人在虚拟货币交易平台交易虚拟货币或用虚拟货币购买商品或服务时，一般会收到平台出具的税表 1099 - B，如通过挖矿获得虚拟货币则可能收到税表 1099 - MISC，收到虚拟货币作为奖励的则可能收到税表 1099 - NEC，税表 1099 - B 可以作为个人纳税者填报资本性资产交易损益的依据，税表 1099 - MISC 和税表 1099 - NEC 可以作为纳税人填报经营性损益或自雇税时的依据。

（三）税收计算

如前所述，虚拟货币在税务上视为一项财产，买卖虚拟货币可能产生资本性收益或资本性损失，在计算其对应的所得税金额时往往先确定虚拟货币持有时间，然后通过卖价减去其调整后纳税基础计算出损益金额，最后根据损益性质和期限长短选择对应的税率计算所得税金额。值得注意的是，不是任何与虚拟货币相关的交易均需纳税，买入、接收合格捐赠等行为并不产生纳税义务，以下将根据常见的交易类型讨论对应的税收计算方法。

1. 买卖虚拟货币作为投资

纳税人买入或持有虚拟货币时无须纳税，即使虚拟货币价值发生涨跌变化，持有资产的纳税基础为买价加已纳税收益，未来出售时以销售价格减去持有期间的纳税基础得到出售的损益。若纳税人持有期间超过一年，则出售损益按长期资本性损益处理，持有期间未超过一年的损益按短期资本性损益处理。

2. 挖矿

当纳税人通过挖矿获取虚拟货币时，其收到的虚拟货币应按收到时的公允价值确认应税收入，相关收入信息通常会在纳税人收到的税表 1099 - NEC 上反映，并纳入纳税人自身税表计算和缴纳所得税。此外，以挖矿为主要收入来源的纳税人可能需缴纳自雇税。

3. 出售商品或提供服务收到虚拟货币付款

当纳税人出售商品或提供服务并收取虚拟货币作为对价时，应按交易时收到虚拟货币的市场公允价值确认收入，此时虚拟货币如现金、信用卡付款一样为一种支付手段。

4. 出售或以虚拟货币购买商品或服务

无论纳税人以何种方式取得虚拟货币，未来出售或使用虚拟货币购买商品或服务时，均视同出售该虚拟货币，一般须用出售价格或购买商品或服务的公允价值减去虚拟货币持有期间的纳税基础确认资本性收益或损失。

例如，纳税人1月份对外提供服务并收到1枚比特币作为报酬，收到时比特币价格为5 000美元，3个月后，其用该枚比特币购买了价值10 000美元的机票，纳税人首先应将1月份收到的比特币按价值5 000美元作为常规收入处理，在未来购买机票时应用机票公允价值10 000美元减去比特币取得成本5 000美元得到资本性收益5 000美元并纳入短期资本性收益处理。

5. 用一种虚拟货币交换另一种虚拟货币

当纳税人用持有的一种虚拟货币交换另一种虚拟货币时，应视同出售该种虚拟货币并用对价购买了另一种虚拟货币，故应用换入的虚拟货币在交易时的公允价值减去换出的虚拟货币在持有期间的纳税基础，并将差额确认为资本性收益或损失。换入的虚拟货币纳税基础为交换日的公允价值。

6. 参与“空投（Airdrop）”或“分叉（Fork）”

“空投”一般为新的虚拟货币发行时采用随机或按一定规则将新的虚拟货币分发给特定用户的方式，一般为免费分发。此时，收到虚拟货币的纳税人应按收到时该虚拟货币的公允价值确认收入。

“分叉”一般指对虚拟货币发行相关协议进行更改或升级从而得到更新后的虚拟货币或创建新的虚拟货币，分为硬分叉和软分叉，硬分叉主要要求所有用户对软件进行更新升级从而将原虚拟货币转化成新的虚拟货币，软分叉为通过向后兼容的软件升级方式更新虚拟货币，可能会产生新的虚拟货币。当分叉不产生新的虚拟货币时不涉及纳税义务，当分叉过程中搭配了空投等操作且纳税人获得了额外的虚拟货币，则应按获取的额外的虚拟货币公允价值确认常规收入。

7. 虚拟货币权益质押

权益质押（Staking）通常指将虚拟货币作为抵押物锁定，以保障某一区块链网络或智能合约协议的安全。权益质押的虚拟货币资产通常与 DeFi 流动性、收益奖励和治理权挂钩，即将通证锁定在某一区块链网络或协议中，以获得回报。权益质押获取的报酬与挖矿获取的虚拟货币处理方式相同，均按取得时的公允价值确认常规收入。

8. 用虚拟货币进行慈善捐助

虚拟货币捐赠一般被视为非现金捐赠，以捐赠日的公允价值为计量基础，与常规非现金捐赠处理方式相同。对于个人纳税者，当选择分项抵扣时，可以将捐赠给合格慈善机构的虚拟货币公允价值在限额内纳入抵扣，捐赠者无须就捐赠的虚拟货币确认资本性损益。

9. 丢失或被盗

纳税人持有的虚拟货币丢失或被盗时不能获得任何纳税抵扣。

10. 免税交易

如前所述，当纳税人买入虚拟货币或持有虚拟货币期间无须纳税，此外，纳税人可将虚拟货币投入传统 IRA 或罗斯 IRA 以获得收益的纳税递延。

四、平台经济涉税事项

随着互联网技术的发展，以互联网为依托的网络平台相关服务、贸易发展迅速，越来越多个人或企业通过在网络平台提供娱乐直播、销售货物、培训等服务获得收入，但因相关收入与常规工资、薪金不同，存在兼职性、来源广、交易笔数多、形式复杂等特点，很多人忽视了其相应的纳税义务问题。2022 年初，IRS 发布了提醒平台经济（Gig Economy）相关参与者按时履行纳税和报税义务的通知，并在 IRS 官网专门开设了平台经济纳税专题，指导纳税人就平台经济相关收入做好纳税和报税工作。

（一）定义

平台经济，也叫共享经济或参与经济，是人们根据消费者的需求，通过网络数字平台（如网站或 APP 应用）提供作业、服务或商品而挣得收入的一系列经济活动的总称。

在平台经济中，相关作业、服务或商品的提供方和平台均可获得相关收入，根据 IRS 规定，所有参与平台经济并获得收入（包括用现金、财产、商品、虚拟货币等支付的所有收入）的个人或企业均需根据税法要求缴纳所得税，而不论相关人员是否是兼职、临时性获得收入，也不论纳税人是否收到载有收入信息的 1099 – K、1099 – MISC、W – 2 等税表。

（二）平台工作涉税事项

平台工作指通过网络平台挣得收入，包括临时性参与或以此为主要收入来源。平台工作类型包括但不限于：

（1）通过平台为客户提供打车或送货服务；

（2）通过平台租赁或出租房产、设备等财产；

（3）通过平台为客户提供跑腿或完成其他指定任务；

（4）通过平台销售商品；

（5）通过平台提供创造性或专业性服务；

（6）通过平台提供其他临时性或根据需求提供的服务。

以雇员或自雇形式参与平台经济，其收入相关的涉税义务存在差异。

1. 雇员

雇员指纳税人作为某企业或其他雇主的员工参与平台经济并以雇主支付的薪酬作为主要收入来源。

纳税人以雇员身份参与平台经济取得收入与其他行业员工的工资、薪金相同，雇主应在发放工资时代扣代缴所得税，年度结束后向员工提供收入及代扣代缴信息表 W – 2，员工根据表 W – 2 及自身其他收入等情况按个人所得税政策相关要求缴税和报税。

2. 自雇

自雇指通过兼职、临时参与或与平台签订独立劳工合同（Independent Contractor）等方式参与平台经济并获取报酬的方式。自雇人员如收到的平台经济相关收入超过 400 美元则应履行报税义务，同时需根据个人所得税预缴要求缴纳预缴税款。

由于自雇人员可将自雇相关费用纳入抵扣，故纳税人应保存好纳税年度内相关费用的发票和做好自雇收入和支出的相关记录。此外，自雇人员应定期计算相关收入的预缴税义务，并按时缴纳预缴税。对于兼职人员，可在测算预缴税义务后填报表 W－4 将预缴税信息报送给雇主，要求雇主在原预缴税基础上多扣一些预缴税，对于签订独立劳工合同人员应在计算出预缴税金额后按季度预缴至 IRS 指定账户，预缴税款截止时间（如遇节假日则日期顺延）如表 8－2 所示：

表 8－2

收入期间	预缴税款截止时间
1 月 1 日至 3 月 31 日	4 月 15 日
4 月 1 日至 5 月 31 日	6 月 15 日
6 月 1 日至 8 月 31 日	9 月 15 日
9 月 1 日至 12 月 31 日	1 月 15 日

年度结束后，相关收入的付款方一般会给 IRS 和收款方提供税表 1099－K、税表 1099－MISC 或税表 W－2 等，纳税人应根据相关税表报送自身的年度税报，自雇人员可抵扣合格费用支出。

（三）网络平台涉税事项

网络平台指提供平台经济运行依赖的互联网交互平台，参与运营、推广或销售的企业或个人，网络平台作为雇主时应按劳工部要求做好员工管理，发放员工工资时做好代扣代缴工作，并及时向 IRS 和员工提供税表 1099 或 W－2，此外，平台自身需做好收入和费用的记录，根据自身纳税身份做好企业或个人所得税申报和缴税工作。

五、拜登《2022年降低通胀法案》

（一）背景

2022年8月12日，美国国会通过了《2022年降低通胀法》（The Inflation Reduction Act of 2022），并于8月16日由拜登总统签字成为正式法律。该法案内容涵盖税收、医疗和清洁能源等领域的改革，旨在通过降低财政赤字的方式降低通货膨胀，通过医药价格机制改革降低医药成本，同时加大美国清洁能源投资和补贴力度，力争到2030年实现碳排放量减少约40%。

该法案是此前民主党提出的《重建美好法》的修改版本。为了满足西弗吉尼亚州参议员乔·曼钦的要求，该法案删减和修改了许多《重建美好法》的内容，最终在民主党内部达成一致，并得到纽约州参议员查克·舒默和乔·曼钦的共同支持。该法案采用国会预算调和的形式，因此可以不受冗长辩论（Filibuster）的阻碍而直接进行投票，法案从2022年7月提出到最终签字生效仅耗时一个月。

（二）核心内容

该法案主要包括三大核心内容，即税收、医疗和能清洁能源改革。法案文本具体分为八个详细部分，每个部分为一个参议院委员会涉及的改革内容，具体包括财政委员会（Committee on Finance）、农业、营养及森林委员会（Committee on Nutrition, and Forestry）、银行、住房及城市事务委员会（Committee on Banking, Housing, and Urban Affairs）、商务、科学和交通委员会（Committee on Commerce, Science, and Transportation）、能源与自然资源委员会（Committee on Energy and Natural Resources）、环境与公共工程委员会（Committee on Environment and Public Works）、国土安全及政府事务委员会（Committee on Homeland and Government Affairs）、印第安人事务委员会（Committee on Indian Affairs）。

法案的核心思路为通过多种改革措施筹集约 7 370 亿美元，并将其中的约 4 370 亿美元资金投资于能源、环保、医疗和抗旱等领域，最终实现总财政赤字减少约 3 000 亿美元，具体资金项目分配情况如表 8－3 所示：

表 8－3

资金来源：	约 7 370 亿美元
15% 的企业最低税	筹集大约 2 220 亿美元
处方药定价改革	筹集大约 2 650 亿美元
IRS 加强税收征管	筹集大约 1 240 亿美元
1% 股票回购税	筹集大约 740 亿美元
流转实体损失抵扣限制延期	筹集大约 520 亿美元
资金支出：	约 4 370 亿美元
能源保障和环境保护	约投资 3 690 亿美元
平价医疗法案延期	约投资 640 亿美元
西部抗旱	约投资 40 亿美元
总财政赤字减少：	约 3 000 亿美元

1. 税收

税收改革是本次法案的核心，也是降低通胀措施中最主要的资金来源。本次税收改革的主要目的为弥补过往所得税法中高收入人群和超大规模企业避税的漏洞，通过加强对高收入人群的纳税征管、对上市公司股票回购征收消费税和对超大规模企业加征最低税来避免高收入人群、超大规模企业通过各种税法漏洞避税。

（1）企业最低税。

企业最低税又称企业替代最低税（Corporate Alternative Minimum Tax，简称 CAMT），指自 2023 年 1 月 1 日起，对过去连续三个纳税年度调整后财报净利润（Adjusted Financial Statement Income，简称 AFSI）平均值超过 10 亿美元的美国企业征收 15% 的最低税。上述企业不包括 Subpart S 公司、受监管的投资公司和房地产投资信托。对于有外国合伙人的跨国集团（至少有两个实体，其中至少一个为美国本地企业，另一个为外国企业，成员企业使用相同的财报标准且集团中的母公司或控股公司为外国公司）下的成员企业，在判断是否符合该纳税要求时，其必须是来自跨国集团所有成员企业的 AFSI 总和超过 10 亿美元，且来自美国法人公司、美国股东按比例享有的来自 CFC 的 AFSI、ECI 和特定合伙企业收入等总额超过 1 000 万美元。

企业在测算纳税义务时，需分别算出原所得税法下的联邦所得税纳税义务和根据本法案规定计算的替代最低税，并以两者金额中最高者作为实际纳税依据，企业财报必须满足美国 GAAP、美国证监会、IFRS 或其他财政部认可的准则要求。CAMT 等于 AFSI 乘以 15%，AFSI 为在企业财报净利润基础上调整后的净利润值，如果企业的财报以合并报表方式对外披露，则应使用合并报表数据进行调整。

AFSI 计算中的调整项目主要包括：

a. 调出不属于本纳税期间的利润数据；

b. 对于出具集团合并报表的企业，应将合并利润在成员企业间按合适的方法分摊；对于不在合并范围内的子公司，仅包括收到的分红和其他应纳入的损益项目；当纳税人为合伙企业合伙人之一时，仅包括合伙企业 AFSI 中归属于该合伙人的可分配份额；

c. 对于 CFC 的美国股东，计算时应先按 AFSI 计算方法计算出 CFC 的 AFSI，然后按持股比例计算归属于美国股东的金额，当所有 CFC 利润累积后形成亏损的，应往以后年度带，用于抵扣盈利年度的利润数据；对于拥有排除实体的纳税人，AFSI 应将排除实体的财报利润纳入计算，但纳入金额不得超过该排除实体单独列报时的金额；

d. 纳税人在计算 AFSI 时不考虑联邦所得税及外国税务机构或美国属地征收的所得税、战时税或超额利润税等，当纳税人选择不申报海外税抵免时则无须进行该调整；AFSI 计算时也不考虑在 IRC 第 48D（d）节和第 6417 节下相关选择产生的退税金额；

e. 对于有覆盖福利计划（Covered Benefit Plans）的纳税人，AFSI 应调出符合单一雇主资格的固定收益养老金计划支出、IRC 第 404A 节下合格外国计划支出和其他离职后固定收益计划支出等；

f. 当纳税人财报有净经营损失（NOLs）时，可以用于抵扣本年 AFSI 的金额为结转到本税年的累计财报净经营损失和在不考虑 IRC 第 56A（d）节允许的抵扣项目后的 AFSI 乘以 80% 后的金额两者中较低者；适用上述规则的净经营损失必须是自 2019 年 12 月 31 日后的税年产生的，可以无限往以后年度带。

上述调整的具体操作方法和其他可能涉及 ASFI 的调整需待 IRS 公布 2022 年度纳税相关指引后明确。

在缴纳 CAMT 时，纳税人可以享受海外税抵免，其金额等于纳税人支付或预提的且已纳入财报的海外税，加上纳税人按持股比例计算应分摊的由 CFC 支付或预提且已纳入其财报的海外税（但金额不得超过纳税人按持股比例分摊的 CFC 的净利润乘以 15%，超过部分可往后带 5 年）。

此外，该法案还限制了常规经营抵免金额，其抵免额不得超过 75% ×（纳税人净利润税减去 2. 5 万美元），净利润税等于纳税人常规美国联邦所得税义务（包括 BEAT）和 IRC 第 55 节征收的税（包括 CAMT）的加总。

（2）1% 股票回购税。

方案中规定，对于符合条件的上市公司自 2022 年 12 月 31 日后的股票回购交易，按回购股票公允价值的 1% 征收消费税，该税收将在股票回购当年纳入企业所得税报，但缴纳的税款不得作为企业所得税的抵扣或抵免项。

符合条件的上市公司指在美国证券交易所上市的美国国内公司和特定的代理外国公司（如存在满足 IRC 第 7874 节中规定的 60% 或 80% 持股测试的相关交易的外国公司），该类公司的股票回购包括非公开交易的股票在内的所有在外发行的股票回购。非上市公司、非法人公司和在外国上市的公司（不含代理外国公司）无须缴纳股票回购税。

股票回购指公司通过对外支付财产而从股东手中购入本公司股票的行为，判断股票回购时不考虑回购的股票未来用途。上市公司特定附属机构（上市公司直接或间接合并持有 50% 投票权或股权市值的子公司，或持有 50% 资本和收益分享权的合伙企业）购买上市公司股票将视同上市公司股票回购处理。

以下情况的股票回购不属于股票回购税征收范围：

a. 因企业内部组织结构调整需要且回购交易时股东不确认损益的股票回购；

b. 回购股票并缴存于雇主设立的退休计划、员工持股计划或相似的计划，且缴存数量与回购数量一致；

c. 纳税年度内回购股票总价值低于100万美元；

d. 受监管的投资公司或房地产投资信托回购股票；

e. 视同分红的股票回购。

（3）加强税收征管。

为加大税收征管力度，法案将向IRS提供资金用于更新税收征管系统，从而加大对富人所得税征收的执行力度。2021财年末，IRS的全职人员为7.8万名左右，该法案提出将在未来十年再增加8.7万名全职员工，用于加强对高收入人员的所得税表审核、税款收缴等工作，国会预算办公室预计IRS将在未来多收取2 030亿美元税款。不过IRS专员强调，税收征管加强不针对年收入在40万美元以下的居民或家庭进行。

此外，该法案还将前期关于企业超额经营损失抵扣额的限制相关规定延长2年，至2026年末，即企业不得无限制地将以前年度经营亏损用于抵扣当年所得税费用。

2. 医疗

医疗政策的改革主要通过降低处方药物价格和病人自付额支出来降低纳税人的医疗支出负担，具体内容包括：

（1）该法案要求联邦医疗保险和医疗补助服务中心（CMS）从2026年开始就医疗保险下某些处方药的价格进行谈判。具体来说，CMS必须就那些没有其他仿制药的品牌药品的最高价格进行谈判，这些药品占医保支出的比例最大。CMS必须协商2026年医疗保险处方药福利范围内的10种药物的价格，2027年医疗保险处方药福利范围内的15种药物的价格，2028年医疗保险处方药福利或医疗保险医药服务中的15种药物价格，2029年以及此后每年医疗保险处方药福利或医疗保险医药服务中的20种药物价格。

所选药物必须是最近12个月在联邦医疗保险处方药福利或联邦医疗保险医药服务项目下总支出最高的50种药物之一，并且必须已获得上市批准至少7年（药品）或11年。该法案不包括：①被批准用于治疗一种罕见疾病或状况的孤药；②血浆相关制品；③医疗保险年度支出（根据通货膨胀每年调整）不足2亿美元的药物。CMS必须与药品制造商就谈判价格达成协议，制造商必须提交有关成本和其他相关数据信息，不遵守谈判要求的制造商将受到行政处罚。

（2）要求制药商针对医疗保险医药服务项目下人均年支出大于等于100美元且价格涨速超过通胀的无仿制药的品牌药物向CMS提供回扣（Rebates），也即通胀差价退款，不履行该规定的制药商将面临行政处罚。

（3）该法案自2024年起取消了医疗保险处方药福利项目下超过年度自付额上限费用的受益人成本分担要求，并明确2025年病人处方药自付额上限为2 000美元（此后每年调整），且可以选择分期付款支付费用。同时自2023年起将糖尿病患者每月胰岛素自付上限调整为35美元。

（4）继续延期实施处方药回扣规定，将卫生与公众服务部（Department of Health and Human Services）基于联邦反回扣法制定的制药商相关回扣规定执行期推迟至2032年。

（5）为65岁以上老人提供免费疫苗。

3. 清洁能源

法案中清洁能源相关内容主要围绕保护美国能源安全、推广清洁电力降低碳排放、推广清洁燃料、加大偏远地区在能源环保等方面的投资、降低能源支出等方面展开。对于使用清洁能源或构建清洁能源相关设施设备的个人或企业给予纳税优惠政策，如税收抵免、补贴等。

该法案增加了纳税人购买清洁能源与电动汽车的纳税抵免范围和额度，购买新电动车最高可获得税收抵免7 500美元，购买二手电动车最高可获4 000美元抵免；对自购热泵或其他节能家电的给予补贴；对于在屋顶安装太阳能的给予安装支出30%的纳税抵免；此外，法案明确加大气候保护投资规模，到2030年，新铺设9.5亿块太阳能电板、12万台风力发电机、2 300家大型电池厂，改进农村清洁能源设施，力争减少碳排放量约40%。

第九章

报税监管及争议处理

一、对接税务局操作规则

考虑到纳税事项的复杂性，大多数美国企业或个人会选择专业的报税者（或机构）代表其报税及处理纳税相关的事项。为规范相关人员在与IRS对接时的操作程序，明确相关人员的职责、沟通文件的规范要求，财政部制定了230条例，即《对接IRS的业务操作管理规定》（Regulations Governing Practice Before the IRS），该条例主要包括四个方面内容，分别为对接IRS人员的监管规则、相关人员的职责和限制、违反规则的处罚和处罚操作程序。

对接IRS的业务指代表纳税人与税务局对接所做的任何事项，包括准备文件、填写材料、沟通交流、提供建议、代表客户参加会议等。代表客户对接IRS的人员一般称为执业者（Practitioners），包括从事上述业务的律师、会计师或报税师等，相关人员应取得税务局认可的业务执照。

（一）执业规则和限制

操作者在执业时必须具备必要的能力、知识等，可以通过学习、咨询他人等方式提高能力；在向IRS提交信息时，应做到及时、全面、准确，不得无故拖延；除非操作者从其善意角度认为该信息保密时，应毫无保留地向IRS披露相关信息，如果操作者无法提供IRS要求提供的信息，应及时告知IRS并提供可能的信息获取途径。

当操作者在寻找客户时，不得违反广告推销限制规则、收费规则和利益冲突规则，具体如下：

（1）在进行广告推销时不得进行错误陈述、有意误导或作出暗示性承诺，对于不愿被推销的顾客不得持续推销，对于用录音或电视广告进行推销的操作者，应将录音或广告复印件保留至少36个月，用邮件推销的，应记录沟通方，并将邮件复印件保留至少36个月。若推销时提供了书面收费标准，则每个收费项目应明确企业是否承担费用，书面收费标准公布后的30天内不得提高公布的价格标准。

（2）操作者不得向客户收取不合理费用，除以下情况外，不得向客户收取或有费用：

a. 代表顾客应对IRS检查或审计；

b. 代表顾客获得退款或减少罚金；

c. 代表顾客处理与IRS的诉讼。

（3）当操作者代表一个顾客可能会影响另一个顾客利益时将产生利益冲突，此时，操作者认为其能合理公正地执业、不被法律禁止且受影响的顾客书面同意情况下，仍然可以承接该业务。当操作者是前政府雇员时，其将受到如下限制：

a. 前雇员参与了特定的税务事项并涉及另一方，该雇员永远不能代表另一方来处理这一特定事项；

b. 前雇员在离职前一年内有官方责任处理一些特定企业的特定事项的，其离职后2年内不能代表该企业处理这些特定的事；

c. 前雇员离开一年内不能做基于影响政府政策规则等目的的报税等业务。

此外，操作者禁止直接或间接地从禁业的（Disbarred）、被开除的（Suspended）IRS前雇员处获得帮助或为其提供帮助。

若操作者为纳税人提供税务咨询，则应在涉及联邦所得税的事项中做到公平、正直，应与顾客充分沟通并了解顾客咨询的目的，操作中以事实为依据得出合理结论，向顾客表明结论的重要性及影响（好坏）。对于以企业为单位对外提供服务的，企业应采取合理措施确保所有员工都能按上述要求操作。

操作者在执业中，不得接收、背书或变现税务局给客户寄送的退税支票，不得为顾客提供任何公证业务，不得在邮件中写免责声明等条款。

（二）文件处理要求

对接税务局的文件主要包括税表和函件、承诺书等其他文件。操作者应合理判断顾客提供文件的可信度，合理审阅文件的完整性，合理保障文件的准确性，告知客户递交相关文件后可能面临的结果，并根据要求归还客户材料。

操作者在为纳税人准备或帮助准备、复核、报送税报等文件时应对文件的正确性保障做到尽职尽责。当操作者知道或应该知道税表存在缺乏合理的基础、不合理税务处理、故意低估应税义务或有意忽视相关税务规定等情况时，不得故意疏忽上述问题并签发或引导客户签发该类税表或其他文件。此外，操作者不得代理或建议顾客向 IRS 提交涉及如下情况的文件：

（1）文件涉及内容为顾客的琐碎事项；

（2）文件的目的为递延或妨碍联邦税法的执行；

（3）刻意忽略一些规章制度的文件，除非善意地认为客户提交的事项存在特殊性。

操作者可以合理、善意地信任和依赖客户提供的信息和材料而不进行二次验证，但不得忽略一些已知的不准确、不真实信息。对于有疑问的信息应向客户提出合理的询问，如果知晓客户没有遵守税法或遗漏一些信息，应通知客户存在这样的遗漏且告知遗漏信息可能面临的情况，但不得在未告知客户情况下为其修改或补充材料。

操作者应告知客户其向 IRS 提交某一报表、函件或其他文件后可能面临的后果，包括可能面临的处罚，并告知可能的免除处罚的途径。

当客户要求操作者归还其符合联邦税法义务相关要求的所有材料时操作者应立即归还。当双方存在收费纠纷时，原则上也不得扣押客户资料，部分州允许留存客户部分资料，但应必须提供客户查阅复印件的渠道。

（三）书面意见

操作者可针对一个或多个联邦税务事项（任何 IRC 的条款；IRS 对税法的解读；其他税务法律和法规等）向 IRS 提供书面意见或建议，但应满足如下要求：

（1）意见基于合理的事实和法律假设（含对未来事项的假设）；

（2）合理考虑知晓或应该知晓的所有相关的事实和情况；

（3）合理地鉴别和验证与意见相关的事实；

（4）不能依赖纳税人或前任雇员等的可能不合理的表述、陈述等信息；

（5）将相关事实与适用法律法规相联系；

（6）不要有侥幸心理，认为相关信息不会被检查或审计。

操作者在提交意见时可以将他人的意见作为依据，但必须满足如下条件：

（1）仅当他人的建议是合理的且依赖是考虑各种情况后的善意的行为时方可采纳；

（2）操作者知道或合理知道其他人是否有能力或缺乏提供该意见的能力或条件；

（3）操作者知道或应知道提供意见的人是否存在 230 条例中的利益冲突问题。

（四）合规管理

操作者应严格遵守 230 条例相关要求，从事相关服务的公司管理层应负责监督公司各项操作的合规性，同时建立合理的内部流程、规章制度确保公司及员工在操作中满足合规要求。

下列情况下，不满足合规要求的公司的主要管理者将面临处罚：

（1）管理者不愿意或故意忽视而未采取合理步骤确保企业有合适的流程；

（2）没有采取合理步骤确保公司的相关要求的程序被遵守或相关员工并未按要求履职；

（3）知道或应知道某个员工并未按 230 条例要求来操作而未对其采取纠正措施。

对于个人操作者，当操作者没有能力、声誉不好、未遵守 230 条例或故意误导顾客或潜在顾客时将面临处罚，处罚措施包括终止资格和罚款等，罚款金额一般不超过其代理的相关业务产生的收入。没有能力或声誉不好的情况包括：任何违反联邦税法的犯罪；不诚实或违反契约形成的犯罪；任何犯了联邦和州的重罪的人；向财政局及所属机构或雇员提供虚假或误导性信息；使用错误解读刻意欺骗或误导顾客或潜在顾客；刻意引导客户违反联邦税法；故意疏忽或渎职性提供错误意见等。

操作者在被禁止或暂停执业资格后，在被禁止或暂停后五年以后可申请恢复，如暂停期限小于五年可在暂停期结束后立即申请，此外，当 IRS 认为该操作者不太可能会再次违反 230 条例的规定或不会影响公众利益时可能会给予恢复身份。

二、对报税者监管要求

（一）报税者的定义

报税者一般指个人或雇用一个或一个以上的人根据 IRC 要求有偿为他人提供税表填报（包括税表全部或大部分内容）、申请退税服务的人或组织。报税者不包括只提供机械性帮助（如打字复印）、为雇主报税（雇主是 Preparer）、作为信托公司为别人报税（如托管人、管理者）、无偿为他人报税等情况的人或组织。根据是否在税报上签字，报税者分为签字报税者和非签字报税者，签字报税者会在税报上签字并承担主要责任，非签字报税者一般为在报税时承担大部分工作，但最终并不在税报上签字。

成为报税者一般要有相关的税务知识并向 IRS 申请取得报税者纳税识别号（Preparer Tax Identification Number，简称 PTIN）。报税者只有当有代表权时才能为客户报送和签发税表等文件，其有有限的权利来代表纳税人对接 IRS，根据 IRS 规定，只有注册的代理人（Enrolled Agent）、注册会计师（CPA）或律师才拥有代表权，此外，部分州（如加州、康涅狄格州、伊利诺伊州、马里兰州、内华达州、纽约州、俄勒冈州）要求报税者必须取得州颁发的许可才可在该州内提供报税服务。

值得注意的是，报税者与前述的操作者不同，报税者仅有有限的代表权，仅能代表客户报税、申请退税及处理相关事宜，而操作者拥有法律规定的所有代理权利，可以代表纳税人处理所有涉税事项。

（二）权威

报税者在对一项经济活动进行税务处理时需要有合理的依据，同时需要判断该项处理在被 IRS 挑战时最终被认可的概率。通常我们将一项税务处理的依据称为权威（Authority），其一般包括适用的 IRC 和其他监管规则、提议临时和永久的管理规定、收入规则、税收协定、官方的解释、法院裁决、个案处理规则、税务局发布的技术指导函、IRS 发布的行动方针、媒体的解读。不同权威有效性不同，有效性越高则按此权威进行税务处理被税务局挑战时最终被认可的概率越大。

一般情况下，根据一项纳税处理在被 IRS 挑战时最终被认可的可能性高低（或合适性），可将相关处理或其依据的权威分为不同等级，具体如表 9－1 所示：

表 9－1

等级	名称	合适性
1	将要（Will）	很合适，通常 90% 概率会被 IRS 认可
2	应该（Should）	很合适，通常 70% ~80% 概率会被认可
3	很有可能（More Likely than not）	合适，大于 50% 概率会被认可
4	实质性权威（Substantial Authority）	合适，40% 左右概率会被认可
5	现实可能成功（Realistic Possibility of Success）	合适，1/3 该类会被认可
6	合理基础（Reasonable Basis）	相对合适，20% 左右该类会被认可

续表

等级	名称	合适性
7	非草率的（Not Frivolous）	略合适，并非明显不合适， 仅特定情况会被认可
8	草率的（Frivolous）	明显不合适

（三）纳税义务确定

报税者在进行税务处理时应合理计算和确定纳税人的纳税义务，不得通过任何方式低估纳税人的纳税义务。常见的低估纳税义务情形包括：采用不合理税务处理低估纳税义务；故意或鲁莽（Willful or Reckless）地处理低估纳税义务；帮助和教唆纳税人低估纳税义务。

合理的纳税处理包括：

（1）未涉及避税实体（以逃避纳税为目的成立或运营的实体）或应报告交易的且有重大权威作为依据的税务处理，应报告交易为 IRS 确定的，交易有潜在可能性逃税（Evasion）或避税（Avoidance），通常包括五种交易：保密交易（Confidential Transactions）、合约保护的交易（Transactions with Contractual Protection）、亏损交易（Loss Transactions）、利益交易（Transactions of Interest）、清单上的交易（Listed Transactions），该类交易应上报 IRS 并填报特殊的表单；

（2）相关处理已被披露，不涉及避税实体和应报告交易且有合理基础的交易；

（3）与避税实体或应报告交易相关，但很有可能在法理依据上经得住挑战。

除上述以外的均为不合理税务处理。

报税者因采用不合理税务处理导致纳税人纳税义务被低估的，将会面临 IRS 的处罚，一般处以罚金 1 000 美元或 50% 报税收入两者中取大者。但因报税者故意或鲁莽的处理导致纳税义务被低估的，将针对每个被低估的税报进行处罚，罚金为 5 000 美元或 75% 该税报的报税收入中取大者。

同时满足以下三个条件时，报税者会被认定为帮助和教唆（Aiding and Abetting）纳税人低估纳税义务：

（1）帮助或教唆纳税人呈现一些文件来低估纳税义务；

（2）报税者知晓纳税人将该文件用于 IRC 下的重大的税务事项；

（3）报税者知晓其将导致纳税人比其他人低估纳税义务。

当 IRS 发现报税者存在帮助和教唆纳税人低估纳税义务时，将处以每个税报 1 000 美元罚款，对于企业报税者将处以 1 万美元罚款，此外，报税者可能面临刑事指控。

（四）尽职尽责要求

报税者在报送纳税材料时应做到尽职尽责，完整填报税表要求填报的信息，合理保存纳税记录，并向纳税人提供完整的税报复印件。当报税者出现错填、漏填信息等未尽职尽责事项时将面临 IRS 的处罚，具体如表 9 -2 所示：

表 9 -2

事项	处罚标准（2021 年度、2022 年度）
未向纳税人提供税报复印件	每份税报罚款 50 美元，每个纳税年度内罚款最高不超过 2.7 万美元
税报未签字	每份税报罚款 50 美元，每个纳税年度内罚款最高不超过 2.7 万美元
未填报税者纳税识别号 PTIN	每份税报罚款 50 美元，每个纳税年度内罚款最高不超过 2.7 万美元
未保存复印件或文件清单	每份税报罚款 50 美元，每个纳税年度内罚款最高不超过 2.7 万美元
税报有错误信息	每个错误罚款 50 美元，每个纳税年度内罚款最高不超过 2.7 万美元
背书或转让纳税人支票	每次罚款 545 美元
未尽职为纳税人申请税收优惠	每项遗漏（如纳税抵免等）罚款 545 美元

当报税者存在欺诈行为时，若欺诈是报税者实施的，则将面临联邦重罪（Felony）处罚，个人报税者将被处以最高 10 万美元（涉事企业报税者最高 50 万美元）罚款，并处以 3 年以下有期徒刑，同时需承担所有诉讼费用；若欺诈并非报税者实施，但其准备的税报中存在欺诈行为，报税者可能面临联邦轻罪（Misdemeanor Crime）处罚，个人报税者将被处以最高 1 万美元（涉事企业报税者最高 5 万美元）罚款，并处以 1 年以下有期徒刑。

（五）报税信息管理

纳税人的报税信息通常属于私密信息，报税者未经纳税人允许，错误使用或披露纳税人纳税信息将面临处罚，目前的处罚标准为每次罚款 250 美元，每个纳税年度内罚款最高不超过 1 万美元，但若相关行为被认定为获利性个人信息盗窃，报税者将面临每次 1 000 美元罚款，每个纳税年度内罚款最高不超过 5 万美元，涉及犯罪的可能面临刑事处罚。

当获得纳税人同意后，报税者可以使用和披露纳税人纳税信息，以下情况下报税者可在未征求纳税人同意的情况下对外披露信息：

（1）IRC 中规定的情形，或法院传票要求披露；

（2）在填报州税时使用联邦税报税信息；

（3）政府对报税者执业的质量检查或交叉复核。

三、对纳税人的监管要求

纳税人为承担最终报税或纳税义务的个人或企业，纳税人应根据税收相关法律要求报税和纳税，未及时报送税报或缴纳税款的将面临处罚，未真实、准确填报税务信息或向报税者提供虚假、错误信息的亦将面临处罚，存在欺诈行为的将面临刑事处罚。

适用于纳税人的常见处罚包括：

1. 未预缴税款处罚

纳税人未按时足额缴纳预缴税款的，将面临罚款，按少交金额、期限和相应利息计算，免交罚款的情况为：

（1）全年欠缴税款小于 1 000 美元；

（2）已缴纳税款超过本年税报上税款的 90% 或上年税报上税款的 100% 两者中较小金额。

2. 未填报税报处罚

如在规定（含已申请延期的）时间未提交税报，除非是有合理理由且并非有意忽视的，在逾期一个月以内按未交税款 5% 金额罚款，超过的，每超一个月加 5% 直到最高罚 25% 的未交税款。

如果未交税时间在 60 天内，有合理理由，则罚款金额应取 435 美元或 100% 应缴税款中取小者，如果纳税人不欠税，则不会有罚款，如果未缴纳税款和未填报税报罚款同时存在，则未缴纳税款的罚款可抵扣未填报税报的罚款。

合伙企业未按时填报税报或报送的信息不全，如无合理理由，则应按每月 210 美元乘以年内合伙人数量得出的金额进行罚款（不超过 12 个月）。

3. 未缴纳税款处罚

未按时缴纳的税款，有合理理由且不是故意的，晚交一个月内按 0. 5% 乘以应交税金罚款，超过一个月的按每月加 0. 5% 罚款，最多不超过 25% 乘以未缴税款金额；如果纳税人已填报税表，申请了延期付款计划并得到批准，则在付款计划期间内的未缴纳税款罚款金额为 0. 25% 乘以未缴税金额。

纳税人在收到 IRS 发送的税款催缴通知后十天内未支付税款的，则罚款金额为每月 1% 乘以未缴税金额，不足一月按比例计算。

4. 准确性相关的处罚

当纳税人报送的税报存在准确性相关问题时通常会面临处罚，如果因纳税人疏忽或忽视税法、重大低估、重大估值错误等原因导致纳税义务被低估，则将面临罚款处罚。

（1）疏忽（Negligence）指纳税人在准备税报时未合理尝试遵循税法

规定。忽视（Disregard）指纳税人粗心大意、不计后果或故意无视税收法律法规进行税务处理。常见的情况包括申报抵扣或抵免时并无合理的证明材料记录，未将1099表等信息表上的收入填入税报，未合理检查抵扣或抵免的准确性。疏忽或忽视税法导致少缴税款的，IRS将处以少缴税款20%金额的罚款；

（2）对于个人纳税人，重大低估指低估税款金额超过10%税表应显示税款或5 000美元中较大者，对于C公司，低估税款金额超过10%税表应显示税款或1 000万美元中取小者则为重大低估。因重大低估导致少缴税款的，IRS将处以少缴税款的20%金额的罚款。当纳税人的纳税处理有重大权威（除了逃避税等）或有合理基础且充分披露时，有可能会减免处罚。

（3）重大估值错误指纳税人在房产交易或申报财产损失时，申报的金额超过财产应有纳税基础的150%或相关交易定价超过正常定价的2倍。估值错误导致少交金额在5 000美元（企业为1万美元）以内可以不处罚，否则将处以少缴税款20%金额的罚款。当纳税人是善意的，且有合理的理由，或财产价值根据可靠估值机构的估值报告填写且纳税人已经善意的寻找市场可比价值时，可免除处罚，此外，对于捐赠资产的价值高估可免除处罚。

5. 欺诈处罚

当纳税人存在有意逃税或避税等欺诈行为时，将面临民事或刑事处罚，民事处罚为少缴税款75%金额的罚款，刑事处罚为10万美元以上（企业为50万美元）罚金或5年以下监禁或并罚，一般由税务局举证。

在特定情况，上述处罚可以申请免除，即当纳税人有合理的理由支持其税务处理或是善意的、非故意的忽略相关监管规定，或进行充分披露的情况下可以申请免除处罚。根据税务处理依据的权威性层次不同，免除处罚的操作原则如下：

（1）草率处理（Frivolous Position），即在被IRS挑战时最终被认可的可能性低于20%，如果该类处理是故意的，则不论是否披露，都不可以免除处罚；

（2）有合理基础，即在被 IRS 挑战时最终被认可的可能性大于 20%，当纳税人有合理的基础，少缴纳的税款不是重大的，即使没有披露也可以免除准确性相关处罚，如少缴纳的税款金额重大，仅在充分披露情况下才能免除处罚；

（3）实质性权威，即在被 IRS 挑战时最终被认可的可能性大于 40%，该情况下相关纳税处理若出现了对纳税义务的重大低估，即使没有披露，一般也可以免除准确性相关的处罚；

（4）很有可能，即在被 IRS 挑战时最终被认可的可能性大于 50%，此时若进行了充分披露，则相关的准确性处罚也可以免除。

当纳税人无法确定其税务处理依据所处的权威性层次，即不确定税务处理时，纳税人可以通过对不确定的税务处理进行披露来免除准确性相关处罚，具体如下：

（1）通过表 8275 披露不确定税务处理，避免准确性相关处罚，但忽视、忽略税务规定，或纳税壁垒下重大纳税义务低估则不能通过披露表 8275 免除处罚；

（2）填报合规情况报告（表 8275 - R），即披露与财政部规定相违背的税务处理，通常可免除处罚；

（3）披露需要报告的交易（表 8886），即根据 IRS 要求披露要求报告的交易信息，可免除相关处罚。

四、税务审计和申诉

（一）IRS 管理架构

IRS 为美国联邦政府的税务机构，隶属于美国财政部，受局长直接领导。IRS 局长由美国总统任命，一届任期为五年。IRS 负责征收税款以及执行美国国内税收法，该法构成了美国联邦成文税收法律的主体部分。IRS 的职责包括向纳税人提供税务相关帮助，以及调查并解决偷税漏税问题；同时，它还监管过许多补助计划，并负责患者保护与平价医疗法案部分内容的执行。

IRS 在局长领导下设行政与法律两大分部，三位副局长分别领导行政部门的三类工作。行政部门为：主管业务副局长领导对纳税申报的审计与检查、税款征收、监督免税以及在税收犯罪调查中与司法部门合作；主管政策与管理的副局长负责建立长期的财政管理计划，研究处理 IRS 的安全机密，监督税收出版物发行以及雇员培训；主管资料处理的副局长负责处理纳税申报资料，收集并统计背景资料，设计信息流通系统，监督检查 IRS 的计算机系统。法律部门由主任顾问负责，该部门根据国会通过的法令起草细则，对税法的特别案件发布公开或不公开的裁定，代表 IRS 在全国各地的法院参与诉讼。IRS 内部根据业务类型分设 4 大部门，分别为：大公司和国际业务部、小企业和自雇业务部、免税和政府实体部、工资与投资部，该四大部门共下辖 12 个主要办公室，分别为：申诉办公室、通信和联络办公室、刑事调查办公室、公平多样性与包容性办公室、首席法律顾问办公室、职业责任办公室、发起人调查办公室、隐私保护办公室、采购办公室、报税者办公室、纳税人体验办公室、吹哨人办公室。

IRS 总部只对征收工作给予概括性指导与指示，实际征收工作由在全国分设的地区税务局负责。地区税务局有权对征管中的问题作出决定而无须总局批准。地区局下设若干区局，直接进行税收征纳管理工作。由于美国实行主动申报缴纳个人所得税为主的税制，所以地区局以下实际工作主要是对纳税申报表予以审查。

（二）税务审计

美国纳税系统采用自我评估和自愿遵守的管理原则，即相信纳税人申报的信息真实性和有效性，但 IRS 同时会采取一系列措施对税报信息进行校验、匹配，对于存在较大疑问的税报会进行审计，从而维护税法的尊严。

当纳税人完成税报填报并提交 IRS 后，IRS 或其他州的财政部门可以依据税收法律法规对个人或企业的税报进行检查、审计。IRS 可以以各种理由要求对某一纳税人进行税务审计，可以采用各种不同方式和方法开展审计，审计后如果纳税人需要补税，纳税人可以选择同意税务局审计决定并支付税款，也可以不同意并申诉（Appeal）该决定，但申诉期间欠税款仍会被计息。

收到纳税人报送的税报后，IRS 一般会进行数据逻辑关系核查，核实税报上关联数据的一致性和关联关系，若发现关联数据难以匹配，则可能向纳税人发函要求说明或更改。除常规性数据核查外，IRS 会通过审计软件或有经验的人员筛选部分税报进行审计。IRS 通常会利用电脑判别函数系统（Discriminant Function System）对税报进行分类筛选，然后对税报进行评分，在评分基础上再进行人工筛选。

存在下列问题的税报通常较易被选中进行审计：

（1）上年审计发现重大缺陷的，且本年有申请退税；

（2）税报信息与其他来源信息不一致；

（3）过高的税务抵扣额，高于平均水平。

IRS 通常会对纳税人过去 3 年的税报进行审计，如果其发现税报中存在重大错误，也可能会增加审计年限，但通常不会对超过 6 年的税报进行审计。

当纳税人的税报被选中进行审计时，IRS 会通过邮件通知纳税人相关审计时间、期间、方式、下一步措施等信息，通常不会通过电话通知。审计方式通常包括邮件审计和现场审计，邮件审计要求纳税人在规定期限内回答审计问题或提交其要求的证明材料等信息；现场审计通常在 IRS 办公室、纳税人家中或 IRS 指定的税务中介处进行面对面审计，要求纳税人就有关税务事项进行说明或补充提供证明材料。

审计后，若相关疑问得到解决，纳税人不存在违法违规情况则审计结束，审计部门会出具相关证明文件。若纳税人需要对税报进行更改并补缴税款，当纳税人同意审计机构提出的更改要求时，应填写表 870，即申请放弃起诉等的权利，填写后原应补缴税款停止计息，纳税人根据要求补缴税款即可，审计案件关闭；如果审计问题没解决，即审计机构层面不能解决时，通常会出具一个差错评估材料，纳税人可以向 IRS 申诉部门申诉，要求更高级别的管理部门对税收争议事项进行判定，若争议属于税法灰色区域，则纳税人可能会与申诉部门达成妥协性处理方案，即在原有补缴金额基础上获得一定比例的豁免。

针对小企业主和自雇个人的审计问题，IRS 设置了快速处置机制，一般 40 天内解决税务争议，快速处置仅适用于法院判例无其他决定的事项，如果在规定期限内无法解决，纳税人可以申请通过常规的申诉通道进行申诉。

（三）申诉

当纳税人与税务审计机构在审计问题上难以达成一致意见时，可向 IRS 申诉部门提出申诉。申诉程序一般是纳税争议在提交法院进行判决前的问题解决机制，若申诉阶段达成一致意见，则相关案件了结，IRS 将无须投入人力物力应对后期的诉讼事项，故 IRS 通常尽量让争议事项在税务审计机构层面解决，实在无法解决的也希望能在申诉阶段解决。

当审计机构（通常为 IRS 聘请的税务审计中介）与纳税人就某一纳税争议难以达成一致意见时，IRS 会将审计机构出具的报告和一份初步通知信（Preliminary Notice，也可称 30 天通知信）发给纳税人，允许纳税人在收到通知信后的 30 天内向 IRS 申诉部门提出申诉，申诉会上纳税人可亲自或聘请代理人代表其与申诉官进行理论。

申诉部门一般会根据税收法律规定公正处理所有涉税争议。纳税人和争议部门都可以向 IRS 国家办公室征求建议，该办公室会根据争议内容和相关规定出具一份技术建议备忘录（Technical Advice Memorandum，简称 TAM），争议双方均可选择是否接受该建议处理争议。此外，联邦税务法院设有小案件管理部，处理涉税金额小于 5 万美元的小型纠纷案件，法院通常会根据纠纷情况削减一部分纳税义务，若纳税人和争议部门双方均认可，则任何一方均不得再行上诉。

通常情况下，若纳税人同意申诉部门的处理建议，则应填报表 870 - AD 来申请关闭涉税争议案件，欠缴税款自表格提交日起停止计息。

若纳税人认为其主张具有足够理由且不想在收到初步通知信后 30 天内进行申诉，可要求 IRS 直接出具缺陷通知（Notice of Deficiency，也可称 90

天通知信)，纳税人收到通知信后 90 天内可以去法院起诉，如无法提供缺陷通知书，法院将不予受理。起诉后法院将启动司法程序并进行庭审，最终判罚意见可能免除纳税人缴税义务，也可能维持税务部门的处理建议，或增加纳税义务并处以罚款等。

附　　表

一、主要税率表

1. 企业所得税税率表

表 10－1　　**企业所得税税率表**

适用年份：2021/2022　　单位：美元

应税收入	税率
> $0	21%

2. 个人所得税税率表

表 10－2　　**个人所得税税率表**　　单位：美元

税率	单身	一家之主	已婚合并报税	已婚分开报税
2021 年度应税收入区间和对应税率				
10.00%	0～9 950	0～14 200	0～19 900	0～9 950
12.00%	9 951～40 525	14 201～54 200	19 901～81 050	9 951～40 525
22.00%	40 526～86 375	54 201～86 350	81 051～172 750	40 526～86 375
24.00%	86 376～164 925	86 351～164 900	172 751～329 850	86 376～164 925
32.00%	164 926～209 425	164 901～209 400	329 851～418 850	164 926～209 425

续表

税率	单身	一家之主	已婚合并报税	已婚分开报税
2021 年度应税收入区间和对应税率				
35.00%	209 426 ~ 523 600	209 401 ~ 523 600	418 851 ~ 628 300	209 426 ~ 314 150
37.00%	over 523 600	over 523 600	over 628 300	over 314 150
2021 年度资本性收益、合格分红区间和对应税率				
0.00%	0 ~ 40 400	0 ~ 54 100	0 ~ 80 800	0 ~ 40 400
15.00%	40 401 ~ 445 850	54 101 ~ 473 750	80 801 ~ 501 600	40 401 ~ 250 800
20.00%	over 445 850	over 473 750	over 501 600	over 250 800
2022 年度应税收入区间和对应税率				
10.00%	0 ~ 10 275	0 ~ 14 650	0 ~ 20 550	0 ~ 10 275
12.00%	10 276 ~ 41 775	14 651 ~ 55 900	20 551 ~ 83 550	10 276 ~ 41 775
22.00%	41 776 ~ 89 075	55 901 ~ 89 050	83 551 ~ 178 150	41 776 ~ 89 075
24.00%	89 076 ~ 170 050	89 051 ~ 170 050	178 151 ~ 340 100	89 076 ~ 170 050
32.00%	170 051 ~ 215 950	170 051 ~ 215 950	340 101 ~ 431 900	170 051 ~ 215 950
35.00%	215 951 ~ 539 900	215 951 ~ 539 900	431 901 ~ 647 850	215 951 ~ 323 925
37.00%	over 539 900	over 539 900	over 647 850	over 323 925
2022 年度资本性收益、合格分红区间和对应税率				
0.00%	0 ~ 41 675	0 ~ 55 800	0 ~ 83 350	0 ~ 41 675
15.00%	41 676 ~ 459 750	55 801 ~ 488 500	83 351 ~ 517 200	41 676 ~ 258 600
20.00%	over 459 750	over 488 500	over 517 200	over 258 600

3. 遗产和信托所得税税率表

表 10－3　　遗产和信托所得税率表　　单位：美元

税率	2021 年度	2022 年度
应税收入区间和对应税率		
10.00%	0 ~ 2 650	0 ~ 2 750
24.00%	2 651 ~ 9 550	2 751 ~ 9 850
35.00%	9 551 ~ 13 050	9 851 ~ 13 450
37.00%	over 13 050	over 13 450

续表

税率	2021 年度	2022 年度
资本性收益、合格分红区间和对应税率		
0.00%	0 ~ 2 700	0 ~ 2 800
15.00%	2 701 ~ 13 250	2 701 ~ 13 700
20.00%	over 13 250	over 13 700

4. 个人所得税标准抵扣、抵免额

表 10 - 4　　个人所得税标准抵扣、抵免额　　单位：美元

类别	2021 年度	2022 年度
收入的标准抵扣额		
已婚合并报税	25 100	25 900
单身、已婚分开报税	12 550	12 950
一家之主	18 800	19 400
盲人或大于 65 岁	单身和一家之主为 1 700，已婚为 1 350	单身和一家之主为 1 750，已婚为 1 400
儿童/被抚养人纳税抵免		
儿童	2 000 每个儿童，最多可退款 1 400	2 000 每个儿童，最多可退款 1 500
合格被抚养人	每个被抚养人 500，不可退款	每个被抚养人 500，不可退款
抵押贷款利息抵扣		
前 2 套住房可抵扣利息的贷款上限	750 000	750 000
州和地方税抵扣上限		
所得税和财产税抵扣上限	10 000	10 000

5. IRA 相关限额

表 10-5　**IRA 相关限额**　单位：美元

类别	2021 年度	2022 年度
IRA 缴费上限		
小于 50 岁	6 000	6 000
50 岁及以上	7 000	7 000
IRA 可抵扣缴费额削减收入区间		
已婚合并报税	105 000 ~ 125 000 MAGI	109 000 ~ 129 000 MAGI
单身、一家之主	66 000 ~ 76 000 MAGI	68 000 ~ 78 000 MAGI
已婚分开报税	0 ~ 10 000 MAGI	0 ~ 10 000 MAGI
ROTH IRA 合格缴费削减收入区间		
已婚合并报税	198 000 ~ 208 000 MAGI	204 000 ~ 214 000 MAGI
单身、一家之主	125 000 ~ 140 000 MAGI	129 000 ~ 144 000 MAGI
已婚分开报税	0 ~ 10 000 MAGI	0 ~ 10 000 MAGI

6. 礼物和遗产税税率及免税额度

表 10-6　**礼物和遗产税税率及免税额度**　单位：美元

项目	2021 年度	2022 年度
年免税礼物额度	15 000	16 000
礼物和遗产税税率	40%	40%
遗产税终身免税额度	11 700 000	12 060 000
礼物税终身免税额度	11 700 000	12 060 000
给予非美国籍配偶的年免税礼物额	159 000	164 000

7. 教育相关抵扣

表 10-7　**教育相关抵扣**　单位：美元

类别	2021 年度	2022 年度
教育储蓄账户限额		
Coverdell 教育储蓄账户缴费限额	2 000	2 000

续表

类别	2021 年度	2022 年度
教育储蓄账户限额		
限额削减收入区间—已婚合并报税	190 000 ~ 220 000	190 000 ~ 220 000
限额削减收入区间—其他报税者	95 000 ~ 110 000	95 000 ~ 110 000
学生贷款利息抵扣限额		
年可抵利息额	2 500	2 500
可抵额削减收入区间—已婚合并报税	140 000 ~ 170 000 MAGI	145 000 ~ 175 000 MAGI
可抵额削减收入区间—其他报税者	70 000 ~ 85 000 MAGI	70 000 ~ 85 000 MAGI
终身学习抵免削减收入区间		
已婚合并报税	160 000 ~ 180 0000	160 000 ~ 180 0000
其他报税者	80 000 ~ 90 000	80 000 ~ 90 000
储蓄债券免税利息削减收入区间		
已婚合并报税	124 800 ~ 154 800 MAGI	128 650 ~ 158 650 MAGI
其他报税者	83 200 ~ 98 200 MAGI	85 800 ~ 100 800 MAGI

8. 社安相关税率及限额

表 10 – 8 **社安相关税率及限额** 单位：美元

项目	2021 年度	2022 年度
FICA		
社安税最高征税收入基数	142 800	147 000
FICA 税率—员工	7.65%	7.65%
FICA 税率—雇主	7.65%	7.65%
FICA 税率—自雇人员	15.30%	15.30%
额外医保税（单身收入高于 20 万美元，MFJ 高于 25 万美元时）		
针对超额挣得收入的额外税	0.90%	0.90%
针对净投资收入的额外税	3.80%	3.80%
退休福利		
退休人员年最高退休金	3 148	3 345
生活成本调整比率	1.30%	5.90%

续表

项目	2021 年度	2022 年度
退休后社安福利应纳税时对应的收入限额		
已婚合并报税—50% 应纳税	32 000 MAGI	32 000 MAGI
已婚合并报税—85% 应纳税	44 000 MAGI	44 000 MAGI
单身—50% 应纳税	25 000 MAGI	25 000 MAGI
单身—85% 应纳税	34 000 MAGI	34 000 MAGI

9. 替代最低税豁免金额及收入阈值

表 10 - 9　　替代最低税（AMT）豁免金额及收入阈值　　单位：美元

项目	2021 年度	2022 年度
AMT 豁免金额		
已婚合并报税或丧偶者	114 600	118 100
单身/一家之主	73 600	75 900
已婚分开报税	57 300	59 050
遗产和信托	25 700	26 500
适用 28% 税率的超额应税收入阈值		
已婚合并申报，单身/一家之主，遗产和信托	199 900	206 100
已婚分开报税	99 950	103 050
AMT 豁免削减阈值		
夫妻共同申报	1 047 200	1 079 800
单身/户主	523 600	539 900
已婚分开报税	523 600	539 900
遗产和信托	85 650	88 300

10. 标准里程费率表

表 10 - 10　　标准里程费率表

项目	2021 年度	2022 年度
商业经营相关	56 美分/英里	58.5 美分/英里
慈善相关	14 美分/英里	14 美分/英里
医疗和搬家相关	16 美分/英里	18 美分/英里

注：1 英里 =1.6 千米

二、主要税表英文原版（2021 年版）

（一）个人所得税

1. 1040 主表

Form **1040** Department of the Treasury—Internal Revenue Service (99)
U.S. Individual Income Tax Return **2021** OMB No. 1545-0074 IRS Use Only—Do not write or staple in this space.

Filing Status Check only one box.
☐ Single ☐ Married filing jointly ☐ Married filing separately (MFS) ☐ Head of household (HOH) ☐ Qualifying widow(er) (QW)
If you checked the MFS box, enter the name of your spouse. If you checked the HOH or QW box, enter the child's name if the qualifying person is a child but not your dependent ▶

Your first name and middle initial	Last name		**Your social security number**
If joint return, spouse's first name and middle initial	Last name		**Spouse's social security number**
Home address (number and street). If you have a P.O. box, see instructions.		Apt. no.	**Presidential Election Campaign** Check here if you, or your spouse if filing jointly, want $3 to go to this fund. Checking a box below will not change your tax or refund. ☐ **You** ☐ **Spouse**
City, town, or post office. If you have a foreign address, also complete spaces below.	State	ZIP code	
Foreign country name	Foreign province/state/county	Foreign postal code	

At any time during 2021, did you receive, sell, exchange, or otherwise dispose of any financial interest in any virtual currency? ☐ **Yes** ☐ **No**

Standard Deduction **Someone can claim:** ☐ You as a dependent ☐ Your spouse as a dependent
☐ Spouse itemizes on a separate return or you were a dual-status alien

Age/Blindness **You:** ☐ Were born before January 2, 1957 ☐ Are blind **Spouse:** ☐ Was born before January 2, 1957 ☐ Is blind

Dependents (see instructions):
If more than four dependents, see instructions and check here ▶ ☐

(1) First name　Last name	(2) Social security number	(3) Relationship to you	(4) ✔ if qualifies for (see instructions): Child tax credit	Credit for other dependents
			☐	☐
			☐	☐
			☐	☐
			☐	☐

Attach Sch. B if required.

1	Wages, salaries, tips, etc. Attach Form(s) W-2				1	
2a	Tax-exempt interest	2a		b Taxable interest	2b	
3a	Qualified dividends	3a		b Ordinary dividends	3b	
4a	IRA distributions	4a		b Taxable amount	4b	
5a	Pensions and annuities	5a		b Taxable amount	5b	
6a	Social security benefits	6a		b Taxable amount	6b	
7	Capital gain or (loss). Attach Schedule D if required. If not required, check here ▶ ☐				7	
8	Other income from Schedule 1, line 10				8	
9	Add lines 1, 2b, 3b, 4b, 5b, 6b, 7, and 8. This is your **total income** ▶				9	
10	Adjustments to income from Schedule 1, line 26				10	
11	Subtract line 10 from line 9. This is your **adjusted gross income** ▶				11	
12a	**Standard deduction or itemized deductions** (from Schedule A)	12a				
b	Charitable contributions if you take the standard deduction (see instructions)	12b				
c	Add lines 12a and 12b				12c	
13	Qualified business income deduction from Form 8995 or Form 8995-A				13	
14	Add lines 12c and 13				14	
15	**Taxable income.** Subtract line 14 from line 11. If zero or less, enter -0-				15	

Standard Deduction for—
- Single or Married filing separately, $12,550
- Married filing jointly or Qualifying widow(er), $25,100
- Head of household, $18,800
- If you checked any box under *Standard Deduction*, see instructions.

For Disclosure, Privacy Act, and Paperwork Reduction Act Notice, see separate instructions. Cat. No. 11320B Form **1040** (2021)

Form 1040 (2021) Page **2**

16	**Tax** (see instructions). Check if any from Form(s): **1** ☐ 8814 **2** ☐ 4972 **3** ☐ ______			16
17	Amount from Schedule 2, line 3			17
18	Add lines 16 and 17			18
19	Nonrefundable child tax credit or credit for other dependents from Schedule 8812			19
20	Amount from Schedule 3, line 8			20
21	Add lines 19 and 20			21
22	Subtract line 21 from line 18. If zero or less, enter -0-			22
23	Other taxes, including self-employment tax, from Schedule 2, line 21			23
24	Add lines 22 and 23. This is your **total tax** ▶			24
25	Federal income tax withheld from:			
a	Form(s) W-2	25a		
b	Form(s) 1099	25b		
c	Other forms (see instructions)	25c		
d	Add lines 25a through 25c			25d
26	2021 estimated tax payments and amount applied from 2020 return			26
27a	Earned income credit (EIC)	27a		
	Check here if you were born after January 1, 1998, and before January 2, 2004, and you satisfy all the other requirements for taxpayers who are at least age 18, to claim the EIC. See instructions ▶ ☐			
b	Nontaxable combat pay election 27b			
c	Prior year (2019) earned income 27c			
28	Refundable child tax credit or additional child tax credit from Schedule 8812	28		
29	American opportunity credit from Form 8863, line 8	29		
30	Recovery rebate credit. See instructions	30		
31	Amount from Schedule 3, line 15	31		
32	Add lines 27a and 28 through 31. These are your **total other payments and refundable credits** ▶			32
33	Add lines 25d, 26, and 32. These are your **total payments** ▶			33

If you have a qualifying child, attach Sch. EIC.

Refund

34	If line 33 is more than line 24, subtract line 24 from line 33. This is the amount you **overpaid**			34
35a	Amount of line 34 you want **refunded to you.** If Form 8888 is attached, check here ▶ ☐			35a
▶b	Routing number ▶c Type: ☐ Checking ☐ Savings			
▶d	Account number			
36	Amount of line 34 you want **applied to your 2022 estimated tax** ▶	36		

Direct deposit? See instructions.

Amount You Owe

37	**Amount you owe.** Subtract line 33 from line 24. For details on how to pay, see instructions ▶			37
38	Estimated tax penalty (see instructions) ▶	38		

Third Party Designee

Do you want to allow another person to discuss this return with the IRS? See instructions ▶ ☐ **Yes.** Complete below. ☐ **No**

Designee's name ▶ Phone no. ▶ Personal identification number (PIN) ▶

Sign Here

Under penalties of perjury, I declare that I have examined this return and accompanying schedules and statements, and to the best of my knowledge and belief, they are true, correct, and complete. Declaration of preparer (other than taxpayer) is based on all information of which preparer has any knowledge.

Your signature | Date | Your occupation | If the IRS sent you an Identity Protection PIN, enter it here (see inst.) ▶

Spouse's signature. If a joint return, **both** must sign. | Date | Spouse's occupation | If the IRS sent your spouse an Identity Protection PIN, enter it here (see inst.) ▶

Phone no. | Email address

Joint return? See instructions. Keep a copy for your records.

Paid Preparer Use Only

Preparer's name | Preparer's signature | Date | PTIN | Check if: ☐ Self-employed

Firm's name ▶ | Phone no.

Firm's address ▶ | Firm's EIN ▶

Go to *www.irs.gov/Form1040* for instructions and the latest information. Form **1040** (2021)

2. 1040 附表 1 ~ 附表 3

（1）附表 1。

SCHEDULE 1 (Form 1040) Department of the Treasury Internal Revenue Service	**Additional Income and Adjustments to Income** ▶ Attach to Form 1040, 1040-SR, or 1040-NR. ▶ Go to *www.irs.gov/Form1040* for instructions and the latest information.	OMB No. 1545-0074 **2021** Attachment Sequence No. **01**
Name(s) shown on Form 1040, 1040-SR, or 1040-NR		**Your social security number**

Part I Additional Income

1	Taxable refunds, credits, or offsets of state and local income taxes			1	
2a	Alimony received			2a	
b	Date of original divorce or separation agreement (see instructions) ▶				
3	Business income or (loss). Attach Schedule C			3	
4	Other gains or (losses). Attach Form 4797			4	
5	Rental real estate, royalties, partnerships, S corporations, trusts, etc. Attach Schedule E			5	
6	Farm income or (loss). Attach Schedule F			6	
7	Unemployment compensation			7	
8	Other income:				
a	Net operating loss	8a	( )		
b	Gambling income	8b			
c	Cancellation of debt	8c			
d	Foreign earned income exclusion from Form 2555	8d	( )		
e	Taxable Health Savings Account distribution	8e			
f	Alaska Permanent Fund dividends	8f			
g	Jury duty pay	8g			
h	Prizes and awards	8h			
i	Activity not engaged in for profit income	8i			
j	Stock options	8j			
k	Income from the rental of personal property if you engaged in the rental for profit but were not in the business of renting such property	8k			
l	Olympic and Paralympic medals and USOC prize money (see instructions)	8l			
m	Section 951(a) inclusion (see instructions)	8m			
n	Section 951A(a) inclusion (see instructions)	8n			
o	Section 461(l) excess business loss adjustment	8o			
p	Taxable distributions from an ABLE account (see instructions)	8p			
z	Other income. List type and amount ▶	8z			
9	Total other income. Add lines 8a through 8z			9	
10	Combine lines 1 through 7 and 9. Enter here and on Form 1040, 1040-SR, or 1040-NR, line 8			10	

For Paperwork Reduction Act Notice, see your tax return instructions. Cat. No. 71479F **Schedule 1 (Form 1040) 2021**

Schedule 1 (Form 1040) 2021 Page 2

Part II Adjustments to Income

11	Educator expenses			11	
12	Certain business expenses of reservists, performing artists, and fee-basis government officials. Attach Form 2106			12	
13	Health savings account deduction. Attach Form 8889			13	
14	Moving expenses for members of the Armed Forces. Attach Form 3903			14	
15	Deductible part of self-employment tax. Attach Schedule SE			15	
16	Self-employed SEP, SIMPLE, and qualified plans			16	
17	Self-employed health insurance deduction			17	
18	Penalty on early withdrawal of savings			18	
19a	Alimony paid			19a	
b	Recipient's SSN ▶				
c	Date of original divorce or separation agreement (see instructions) ▶				
20	IRA deduction			20	
21	Student loan interest deduction			21	
22	Reserved for future use			22	
23	Archer MSA deduction			23	
24	Other adjustments:				
a	Jury duty pay (see instructions)	24a			
b	Deductible expenses related to income reported on line 8k from the rental of personal property engaged in for profit	24b			
c	Nontaxable amount of the value of Olympic and Paralympic medals and USOC prize money reported on line 8l	24c			
d	Reforestation amortization and expenses	24d			
e	Repayment of supplemental unemployment benefits under the Trade Act of 1974	24e			
f	Contributions to section 501(c)(18)(D) pension plans	24f			
g	Contributions by certain chaplains to section 403(b) plans	24g			
h	Attorney fees and court costs for actions involving certain unlawful discrimination claims (see instructions)	24h			
i	Attorney fees and court costs you paid in connection with an award from the IRS for information you provided that helped the IRS detect tax law violations	24i			
j	Housing deduction from Form 2555	24j			
k	Excess deductions of section 67(e) expenses from Schedule K-1 (Form 1041)	24k			
z	Other adjustments. List type and amount ▶	24z			
25	Total other adjustments. Add lines 24a through 24z			25	
26	Add lines 11 through 23 and 25. These are your **adjustments to income.** Enter here and on Form 1040 or 1040-SR, line 10, or Form 1040-NR, line 10a			26	

Schedule 1 (Form 1040) 2021

（2）附表2。

SCHEDULE 2
(Form 1040)
Department of the Treasury
Internal Revenue Service

Additional Taxes

▶ Attach to Form 1040, 1040-SR, or 1040-NR.
▶ Go to *www.irs.gov/Form1040* for instructions and the latest information.

OMB No. 1545-0074
2021
Attachment Sequence No. 02

Name(s) shown on Form 1040, 1040-SR, or 1040-NR	Your social security number

Part I Tax

1	Alternative minimum tax. Attach Form 6251			1	
2	Excess advance premium tax credit repayment. Attach Form 8962			2	
3	Add lines 1 and 2. Enter here and on Form 1040, 1040-SR, or 1040-NR, line 17			3	

Part II Other Taxes

4	Self-employment tax. Attach Schedule SE			4	
5	Social security and Medicare tax on unreported tip income. Attach Form 4137	5			
6	Uncollected social security and Medicare tax on wages. Attach Form 8919	6			
7	Total additional social security and Medicare tax. Add lines 5 and 6			7	
8	Additional tax on IRAs or other tax-favored accounts. Attach Form 5329 if required			8	
9	Household employment taxes. Attach Schedule H			9	
10	Repayment of first-time homebuyer credit. Attach Form 5405 if required			10	
11	Additional Medicare Tax. Attach Form 8959			11	
12	Net investment income tax. Attach Form 8960			12	
13	Uncollected social security and Medicare or RRTA tax on tips or group-term life insurance from Form W-2, box 12			13	
14	Interest on tax due on installment income from the sale of certain residential lots and timeshares			14	
15	Interest on the deferred tax on gain from certain installment sales with a sales price over $150,000			15	
16	Recapture of low-income housing credit. Attach Form 8611			16	

(continued on page 2)

For Paperwork Reduction Act Notice, see your tax return instructions.　Cat. No. 71478U　**Schedule 2 (Form 1040) 2021**

Schedule 2 (Form 1040) 2021 Page 2

Part II Other Taxes *(continued)*

17	Other additional taxes:				
a	Recapture of other credits. List type, form number, and amount ▶	**17a**			
b	Recapture of federal mortgage subsidy. If you sold your home in 2021, see instructions	**17b**			
c	Additional tax on HSA distributions. Attach Form 8889	**17c**			
d	Additional tax on an HSA because you didn't remain an eligible individual. Attach Form 8889	**17d**			
e	Additional tax on Archer MSA distributions. Attach Form 8853	**17e**			
f	Additional tax on Medicare Advantage MSA distributions. Attach Form 8853	**17f**			
g	Recapture of a charitable contribution deduction related to a fractional interest in tangible personal property	**17g**			
h	Income you received from a nonqualified deferred compensation plan that fails to meet the requirements of section 409A	**17h**			
i	Compensation you received from a nonqualified deferred compensation plan described in section 457A	**17i**			
j	Section 72(m)(5) excess benefits tax	**17j**			
k	Golden parachute payments	**17k**			
l	Tax on accumulation distribution of trusts	**17l**			
m	Excise tax on insider stock compensation from an expatriated corporation	**17m**			
n	Look-back interest under section 167(g) or 460(b) from Form 8697 or 8866	**17n**			
o	Tax on non-effectively connected income for any part of the year you were a nonresident alien from Form 1040-NR	**17o**			
p	Any interest from Form 8621, line 16f, relating to distributions from, and dispositions of, stock of a section 1291 fund	**17p**			
q	Any interest from Form 8621, line 24	**17q**			
z	Any other taxes. List type and amount ▶	**17z**			
18	Total additional taxes. Add lines 17a through 17z			**18**	
19	Additional tax from Schedule 8812			**19**	
20	Section 965 net tax liability installment from Form 965-A	**20**			
21	Add lines 4, 7 through 16, 18, and 19. These are your **total other taxes.** Enter here and on Form 1040 or 1040-SR, line 23, or Form 1040-NR, line 23b			**21**	

Schedule 2 (Form 1040) 2021

（3）附表3。

SCHEDULE 3 (Form 1040) Department of the Treasury Internal Revenue Service	**Additional Credits and Payments** ▶ Attach to Form 1040, 1040-SR, or 1040-NR. ▶ Go to *www.irs.gov/Form1040* for instructions and the latest information.	OMB No. 1545-0074 2021 Attachment Sequence No. 03
Name(s) shown on Form 1040, 1040-SR, or 1040-NR		Your social security number

Part I　Nonrefundable Credits

1	Foreign tax credit. Attach Form 1116 if required			1	
2	Credit for child and dependent care expenses from Form 2441, line 11. Attach Form 2441			2	
3	Education credits from Form 8863, line 19			3	
4	Retirement savings contributions credit. Attach Form 8880			4	
5	Residential energy credits. Attach Form 5695			5	
6	Other nonrefundable credits:				
a	General business credit. Attach Form 3800	6a			
b	Credit for prior year minimum tax. Attach Form 8801	6b			
c	Adoption credit. Attach Form 8839	6c			
d	Credit for the elderly or disabled. Attach Schedule R	6d			
e	Alternative motor vehicle credit. Attach Form 8910	6e			
f	Qualified plug-in motor vehicle credit. Attach Form 8936 . . .	6f			
g	Mortgage interest credit. Attach Form 8396	6g			
h	District of Columbia first-time homebuyer credit. Attach Form 8859	6h			
i	Qualified electric vehicle credit. Attach Form 8834	6i			
j	Alternative fuel vehicle refueling property credit. Attach Form 8911	6j			
k	Credit to holders of tax credit bonds. Attach Form 8912 . . .	6k			
l	Amount on Form 8978, line 14. See instructions	6l			
z	Other nonrefundable credits. List type and amount ▶	6z			
7	Total other nonrefundable credits. Add lines 6a through 6z			7	
8	Add lines 1 through 5 and 7. Enter here and on Form 1040, 1040-SR, or 1040-NR, line 20			8	

(continued on page 2)

For Paperwork Reduction Act Notice, see your tax return instructions.　　Cat. No. 71480G　　**Schedule 3 (Form 1040) 2021**

Schedule 3 (Form 1040) 2021 Page 2

Part II Other Payments and Refundable Credits

9	Net premium tax credit. Attach Form 8962		9	
10	Amount paid with request for extension to file (see instructions)		10	
11	Excess social security and tier 1 RRTA tax withheld		11	
12	Credit for federal tax on fuels. Attach Form 4136		12	
13	Other payments or refundable credits:			
a	Form 2439	13a		
b	Qualified sick and family leave credits from Schedule(s) H and Form(s) 7202 for leave taken before April 1, 2021	13b		
c	Health coverage tax credit from Form 8885	13c		
d	Credit for repayment of amounts included in income from earlier years	13d		
e	Reserved for future use	13e		
f	Deferred amount of net 965 tax liability (see instructions)	13f		
g	Credit for child and dependent care expenses from Form 2441, line 10. Attach Form 2441	13g		
h	Qualified sick and family leave credits from Schedule(s) H and Form(s) 7202 for leave taken after March 31, 2021	13h		
z	Other payments or refundable credits. List type and amount ▶	13z		
14	Total other payments or refundable credits. Add lines 13a through 13z		14	
15	Add lines 9 through 12 and 14. Enter here and on Form 1040, 1040-SR, or 1040-NR, line 31		15	

Schedule 3 (Form 1040) 2021

3. 1040 附表 A ~ 附表 E。

（1）附表 A。

SCHEDULE A (Form 1040)

Department of the Treasury Internal Revenue Service (99)

Itemized Deductions

▶ Go to *www.irs.gov/ScheduleA* for instructions and the latest information.
▶ Attach to Form 1040 or 1040-SR.

Caution: If you are claiming a net qualified disaster loss on Form 4684, see the instructions for line 16.

OMB No. 1545-0074

2021

Attachment Sequence No. 07

Name(s) shown on Form 1040 or 1040-SR	Your social security number

Medical and Dental Expenses		**Caution:** Do not include expenses reimbursed or paid by others.				
	1	Medical and dental expenses (see instructions)	1			
	2	Enter amount from Form 1040 or 1040-SR, line 11 [2]				
	3	Multiply line 2 by 7.5% (0.075)	3			
	4	Subtract line 3 from line 1. If line 3 is more than line 1, enter -0-			4	
Taxes You Paid	5	State and local taxes.				
	a	State and local income taxes or general sales taxes. You may include either income taxes or general sales taxes on line 5a, but not both. If you elect to include general sales taxes instead of income taxes, check this box ▶ ☐	5a			
	b	State and local real estate taxes (see instructions)	5b			
	c	State and local personal property taxes	5c			
	d	Add lines 5a through 5c	5d			
	e	Enter the smaller of line 5d or $10,000 ($5,000 if married filing separately)	5e			
	6	Other taxes. List type and amount ▶	6			
	7	Add lines 5e and 6			7	
Interest You Paid Caution: Your mortgage interest deduction may be limited (see instructions).	8	Home mortgage interest and points. If you didn't use all of your home mortgage loan(s) to buy, build, or improve your home, see instructions and check this box ▶ ☐				
	a	Home mortgage interest and points reported to you on Form 1098. See instructions if limited	8a			
	b	Home mortgage interest not reported to you on Form 1098. See instructions if limited. If paid to the person from whom you bought the home, see instructions and show that person's name, identifying no., and address ▶	8b			
	c	Points not reported to you on Form 1098. See instructions for special rules	8c			
	d	Mortgage insurance premiums (see instructions)	8d			
	e	Add lines 8a through 8d	8e			
	9	Investment interest. Attach Form 4952 if required. See instructions	9			
	10	Add lines 8e and 9			10	
Gifts to Charity Caution: If you made a gift and got a benefit for it, see instructions.	11	Gifts by cash or check. If you made any gift of $250 or more, see instructions	11			
	12	Other than by cash or check. If you made any gift of $250 or more, see instructions. You **must** attach Form 8283 if over $500	12			
	13	Carryover from prior year	13			
	14	Add lines 11 through 13			14	
Casualty and Theft Losses	15	Casualty and theft loss(es) from a federally declared disaster (other than net qualified disaster losses). Attach Form 4684 and enter the amount from line 18 of that form. See instructions			15	
Other Itemized Deductions	16	Other—from list in instructions. List type and amount ▶			16	
Total Itemized Deductions	17	Add the amounts in the far right column for lines 4 through 16. Also, enter this amount on Form 1040 or 1040-SR, line 12a			17	
	18	If you elect to itemize deductions even though they are less than your standard deduction, check this box ▶ ☐				

For Paperwork Reduction Act Notice, see the Instructions for Forms 1040 and 1040-SR. Cat. No. 17145C **Schedule A (Form 1040) 2021**

（2）附表 B。

SCHEDULE B (Form 1040)

Department of the Treasury Internal Revenue Service (99)

Interest and Ordinary Dividends

▶Go to *www.irs.gov/ScheduleB* for instructions and the latest information.
▶Attach to Form 1040 or 1040-SR.

OMB No. 1545-0074

2021

Attachment Sequence No. 08

Name(s) shown on return | Your social security number

Part I Interest

(See instructions and the Instructions for Form 1040, line 2b.)

Note: If you received a Form 1099-INT, Form 1099-OID, or substitute statement from a brokerage firm, list the firm's name as the payer and enter the total interest shown on that form.

			Amount
1	List name of payer. If any interest is from a seller-financed mortgage and the buyer used the property as a personal residence, see the instructions and list this interest first. Also, show that buyer's social security number and address ▶	1	
2	Add the amounts on line 1	2	
3	Excludable interest on series EE and I U.S. savings bonds issued after 1989. Attach Form 8815	3	
4	Subtract line 3 from line 2. Enter the result here and on Form 1040 or 1040-SR, line 2b . . . . ▶	4	

Note: If line 4 is over $1,500, you must complete Part III.

Part II Ordinary Dividends

(See instructions and the Instructions for Form 1040, line 3b.)

Note: If you received a Form 1099-DIV or substitute statement from a brokerage firm, list the firm's name as the payer and enter the ordinary dividends shown on that form.

			Amount
5	List name of payer ▶	5	
6	Add the amounts on line 5. Enter the total here and on Form 1040 or 1040-SR, line 3b . . . . ▶	6	

Note: If line 6 is over $1,500, you must complete Part III.

Part III Foreign Accounts and Trusts

Caution: If required, failure to file FinCEN Form 114 may result in substantial penalties. See instructions.

	You must complete this part if you **(a)** had over $1,500 of taxable interest or ordinary dividends; **(b)** had a foreign account; or **(c)** received a distribution from, or were a grantor of, or a transferor to, a foreign trust.	Yes	No
7a	At any time during 2021, did you have a financial interest in or signature authority over a financial account (such as a bank account, securities account, or brokerage account) located in a foreign country? See instructions		
	If "Yes," are you required to file FinCEN Form 114, Report of Foreign Bank and Financial Accounts (FBAR), to report that financial interest or signature authority? See FinCEN Form 114 and its instructions for filing requirements and exceptions to those requirements		
b	If you are required to file FinCEN Form 114, enter the name of the foreign country where the financial account is located ▶		
8	During 2021, did you receive a distribution from, or were you the grantor of, or transferor to, a foreign trust? If "Yes," you may have to file Form 3520. See instructions		

For Paperwork Reduction Act Notice, see your tax return instructions. Cat. No. 17146N **Schedule B (Form 1040) 2021**

（3）附表 C。

SCHEDULE C (Form 1040)

Department of the Treasury Internal Revenue Service (99)

Profit or Loss From Business

(Sole Proprietorship)

▶ Go to *www.irs.gov/ScheduleC* for instructions and the latest information.

▶ Attach to Form 1040, 1040-SR, 1040-NR, or 1041; partnerships must generally file Form 1065.

OMB No. 1545-0074

2021

Attachment Sequence No. **09**

Name of proprietor	**Social security number (SSN)**
A Principal business or profession, including product or service (see instructions)	**B Enter code from instructions** ▶
C Business name. If no separate business name, leave blank.	**D** Employer ID number (EIN) (see instr.)
E Business address (including suite or room no.) ▶	
City, town or post office, state, and ZIP code	

F Accounting method: **(1)** ☐ Cash **(2)** ☐ Accrual **(3)** ☐ Other (specify) ▶

G Did you "materially participate" in the operation of this business during 2021? If "No," see instructions for limit on losses . ☐ Yes ☐ No

H If you started or acquired this business during 2021, check here . . . . ▶ ☐

I Did you make any payments in 2021 that would require you to file Form(s) 1099? See instructions . . . ☐ Yes ☐ No

J If "Yes," did you or will you file required Form(s) 1099? . . . . . ☐ Yes ☐ No

Part I Income

1	Gross receipts or sales. See instructions for line 1 and check the box if this income was reported to you on Form W-2 and the "Statutory employee" box on that form was checked . . . ▶ ☐	1	
2	Returns and allowances . . .	2	
3	Subtract line 2 from line 1 . . .	3	
4	Cost of goods sold (from line 42) . . .	4	
5	**Gross profit.** Subtract line 4 from line 3 . . .	5	
6	Other income, including federal and state gasoline or fuel tax credit or refund (see instructions) . . .	6	
7	**Gross income.** Add lines 5 and 6 . . . ▶	7	

Part II Expenses. Enter expenses for business use of your home **only** on line 30.

8	Advertising . . .	8		18	Office expense (see instructions) .	18	
9	Car and truck expenses (see instructions) . . .	9		19	Pension and profit-sharing plans .	19	
				20	Rent or lease (see instructions):		
10	Commissions and fees .	10		a	Vehicles, machinery, and equipment	20a	
11	Contract labor (see instructions)	11		b	Other business property . . .	20b	
12	Depletion . . .	12		21	Repairs and maintenance . . .	21	
13	Depreciation and section 179 expense deduction (not included in Part III) (see instructions) . . .	13		22	Supplies (not included in Part III) .	22	
				23	Taxes and licenses . . .	23	
				24	Travel and meals:		
14	Employee benefit programs (other than on line 19) .	14		a	Travel . . .	24a	
15	Insurance (other than health)	15		b	Deductible meals (see instructions) . . .	24b	
16	Interest (see instructions):			25	Utilities . . .	25	
a	Mortgage (paid to banks, etc.)	16a		26	Wages (less employment credits)	26	
b	Other . . .	16b		27a	Other expenses (from line 48) . .	27a	
17	Legal and professional services	17		b	**Reserved for future use** . . .	27b	

28	**Total expenses** before expenses for business use of home. Add lines 8 through 27a . . . ▶	28	
29	Tentative profit or (loss). Subtract line 28 from line 7 . . .	29	
30	Expenses for business use of your home. Do not report these expenses elsewhere. Attach Form 8829 unless using the simplified method. See instructions. **Simplified method filers only:** Enter the total square footage of (a) your home: ______ and (b) the part of your home used for business: ______ . Use the Simplified Method Worksheet in the instructions to figure the amount to enter on line 30 . . .	30	
31	**Net profit or (loss).** Subtract line 30 from line 29. • If a profit, enter on both **Schedule 1 (Form 1040), line 3,** and on **Schedule SE, line 2.** (If you checked the box on line 1, see instructions). Estates and trusts, enter on **Form 1041, line 3.** • If a loss, you **must** go to line 32.	31	
32	If you have a loss, check the box that describes your investment in this activity. See instructions. • If you checked 32a, enter the loss on both **Schedule 1 (Form 1040), line 3,** and on **Schedule SE, line 2.** (If you checked the box on line 1, see the line 31 instructions.) Estates and trusts, enter on **Form 1041, line 3.** • If you checked 32b, you **must** attach **Form 6198.** Your loss may be limited.	32a ☐ All investment is at risk. 32b ☐ Some investment is not at risk.	

For Paperwork Reduction Act Notice, see the separate instructions. Cat. No. 11334P **Schedule C (Form 1040) 2021**

Schedule C (Form 1040) 2021 Page 2

Part III **Cost of Goods Sold** (see instructions)

33 Method(s) used to value closing inventory: a ☐ Cost b ☐ Lower of cost or market c ☐ Other (attach explanation)

34 Was there any change in determining quantities, costs, or valuations between opening and closing inventory? If "Yes," attach explanation . . . ☐ Yes ☐ No

35	Inventory at beginning of year. If different from last year's closing inventory, attach explanation	35	
36	Purchases less cost of items withdrawn for personal use	36	
37	Cost of labor. Do not include any amounts paid to yourself	37	
38	Materials and supplies	38	
39	Other costs	39	
40	Add lines 35 through 39	40	
41	Inventory at end of year	41	
42	**Cost of goods sold.** Subtract line 41 from line 40. Enter the result here and on line 4	42	

Part IV **Information on Your Vehicle.** Complete this part **only** if you are claiming car or truck expenses on line 9 and are not required to file Form 4562 for this business. See the instructions for line 13 to find out if you must file Form 4562.

43 When did you place your vehicle in service for business purposes? (month/day/year) ▶ / /

44 Of the total number of miles you drove your vehicle during 2021, enter the number of miles you used your vehicle for:

a Business ______ b Commuting (see instructions) ______ c Other ______

45 Was your vehicle available for personal use during off-duty hours? . . . ☐ Yes ☐ No

46 Do you (or your spouse) have another vehicle available for personal use? . . . ☐ Yes ☐ No

47a Do you have evidence to support your deduction? . . . ☐ Yes ☐ No

b If "Yes," is the evidence written? . . . ☐ Yes ☐ No

Part V **Other Expenses.** List below business expenses not included on lines 8–26 or line 30.

48 **Total other expenses.** Enter here and on line 27a	48	

Schedule C (Form 1040) 2021

（4）附表 D。

SCHEDULE D (Form 1040)

Department of the Treasury Internal Revenue Service (99)

Capital Gains and Losses

▶ Attach to Form 1040, 1040-SR, or 1040-NR.
▶ Go to *www.irs.gov/ScheduleD* for instructions and the latest information.
▶ Use Form 8949 to list your transactions for lines 1b, 2, 3, 8b, 9, and 10.

OMB No. 1545-0074

2021

Attachment Sequence No. 12

Name(s) shown on return | **Your social security number**

Did you dispose of any investment(s) in a qualified opportunity fund during the tax year? ☐ **Yes** ☐ **No**
If "Yes," attach Form 8949 and see its instructions for additional requirements for reporting your gain or loss.

Part I **Short-Term Capital Gains and Losses—Generally Assets Held One Year or Less** (see instructions)

See instructions for how to figure the amounts to enter on the lines below. This form may be easier to complete if you round off cents to whole dollars.	(d) Proceeds (sales price)	(e) Cost (or other basis)	(g) Adjustments to gain or loss from Form(s) 8949, Part I, line 2, column (g)	(h) Gain or (loss) Subtract column (e) from column (d) and combine the result with column (g)
1a Totals for all short-term transactions reported on Form 1099-B for which basis was reported to the IRS and for which you have no adjustments (see instructions). However, if you choose to report all these transactions on Form 8949, leave this line blank and go to line 1b .				
1b Totals for all transactions reported on Form(s) 8949 with **Box A** checked				
2 Totals for all transactions reported on Form(s) 8949 with **Box B** checked				
3 Totals for all transactions reported on Form(s) 8949 with **Box C** checked				

4 Short-term gain from Form 6252 and short-term gain or (loss) from Forms 4684, 6781, and 8824 . .	**4**	
5 Net short-term gain or (loss) from partnerships, S corporations, estates, and trusts from Schedule(s) K-1	**5**	
6 Short-term capital loss carryover. Enter the amount, if any, from line 8 of your **Capital Loss Carryover Worksheet** in the instructions	**6**	( )
7 **Net short-term capital gain or (loss).** Combine lines 1a through 6 in column (h). If you have any long-term capital gains or losses, go to Part II below. Otherwise, go to Part III on the back	**7**	

Part II **Long-Term Capital Gains and Losses—Generally Assets Held More Than One Year** (see instructions)

See instructions for how to figure the amounts to enter on the lines below. This form may be easier to complete if you round off cents to whole dollars.	(d) Proceeds (sales price)	(e) Cost (or other basis)	(g) Adjustments to gain or loss from Form(s) 8949, Part II, line 2, column (g)	(h) Gain or (loss) Subtract column (e) from column (d) and combine the result with column (g)
8a Totals for all long-term transactions reported on Form 1099-B for which basis was reported to the IRS and for which you have no adjustments (see instructions). However, if you choose to report all these transactions on Form 8949, leave this line blank and go to line 8b .				
8b Totals for all transactions reported on Form(s) 8949 with **Box D** checked				
9 Totals for all transactions reported on Form(s) 8949 with **Box E** checked				
10 Totals for all transactions reported on Form(s) 8949 with **Box F** checked.				

11 Gain from Form 4797, Part I; long-term gain from Forms 2439 and 6252; and long-term gain or (loss) from Forms 4684, 6781, and 8824	**11**	
12 Net long-term gain or (loss) from partnerships, S corporations, estates, and trusts from Schedule(s) K-1	**12**	
13 Capital gain distributions. See the instructions	**13**	
14 Long-term capital loss carryover. Enter the amount, if any, from line 13 of your **Capital Loss Carryover Worksheet** in the instructions	**14**	( )
15 **Net long-term capital gain or (loss).** Combine lines 8a through 14 in column (h). Then, go to Part III on the back	**15**	

For Paperwork Reduction Act Notice, see your tax return instructions. Cat. No. 11338H **Schedule D (Form 1040) 2021**

Schedule D (Form 1040) 2021 Page 2

Part III **Summary**

16 Combine lines 7 and 15 and enter the result . . . . | 16 |

- If line 16 is a **gain,** enter the amount from line 16 on Form 1040, 1040-SR, or 1040-NR, line 7. Then, go to line 17 below.
- If line 16 is a **loss,** skip lines 17 through 20 below. Then, go to line 21. Also be sure to complete line 22.
- If line 16 is **zero,** skip lines 17 through 21 below and enter -0- on Form 1040, 1040-SR, or 1040-NR, line 7. Then, go to line 22.

17 Are lines 15 and 16 **both** gains?

☐ **Yes.** Go to line 18.

☐ **No.** Skip lines 18 through 21, and go to line 22.

18 If you are required to complete the **28% Rate Gain Worksheet** (see instructions), enter the amount, if any, from line 7 of that worksheet . . . . ▶ | 18 |

19 If you are required to complete the **Unrecaptured Section 1250 Gain Worksheet** (see instructions), enter the amount, if any, from line 18 of that worksheet . . . . ▶ | 19 |

20 Are lines 18 and 19 both zero or blank and are you not filing Form 4952?

☐ **Yes.** Complete the **Qualified Dividends and Capital Gain Tax Worksheet** in the instructions for Forms 1040 and 1040-SR, line 16. **Don't** complete lines 21 and 22 below.

☐ **No.** Complete the **Schedule D Tax Worksheet** in the instructions. **Don't** complete lines 21 and 22 below.

21 If line 16 is a loss, enter here and on Form 1040, 1040-SR, or 1040-NR, line 7, the **smaller** of:

- The loss on line 16; or
- ($3,000), or if married filing separately, ($1,500)

} . . . . | 21 | ( )

Note: When figuring which amount is smaller, treat both amounts as positive numbers.

22 Do you have qualified dividends on Form 1040, 1040-SR, or 1040-NR, line 3a?

☐ **Yes.** Complete the **Qualified Dividends and Capital Gain Tax Worksheet** in the instructions for Forms 1040 and 1040-SR, line 16.

☐ **No.** Complete the rest of Form 1040, 1040-SR, or 1040-NR.

Schedule D (Form 1040) 2021

（5）附表 E。

SCHEDULE E (Form 1040)
Department of the Treasury Internal Revenue Service (99)

Supplemental Income and Loss

(From rental real estate, royalties, partnerships, S corporations, estates, trusts, REMICs, etc.)
▶ Attach to Form 1040, 1040-SR, 1040-NR, or 1041.
▶ Go to *www.irs.gov/ScheduleE* for instructions and the latest information.

OMB No. 1545-0074
2021
Attachment Sequence No. **13**

Name(s) shown on return | **Your social security number**

Part I **Income or Loss From Rental Real Estate and Royalties** **Note:** If you are in the business of renting personal property, use **Schedule C.** See instructions. If you are an individual, report farm rental income or loss from **Form 4835** on page 2, line 40.

A Did you make any payments in 2021 that would require you to file Form(s) 1099? See instructions . . . . . . ☐ **Yes** ☐ **No**

B If "Yes," did you or will you file required Form(s) 1099? . . . . ☐ **Yes** ☐ **No**

1a	Physical address of each property (street, city, state, ZIP code)
A	
B	
C	

1b	Type of Property (from list below)	2 For each rental real estate property listed above, report the number of fair rental and personal use days. Check the **QJV** box only if you meet the requirements to file as a qualified joint venture. See instructions.		**Fair Rental Days**	**Personal Use Days**	**QJV**
A			A			☐
B			B			☐
C			C			☐

Type of Property:
1 Single Family Residence　3 Vacation/Short-Term Rental　5 Land　7 Self-Rental
2 Multi-Family Residence　4 Commercial　6 Royalties　8 Other (describe)

Income:	**Properties:**		**A**	**B**	**C**
3	Rents received	3			
4	Royalties received	4			
Expenses:					
5	Advertising	5			
6	Auto and travel (see instructions)	6			
7	Cleaning and maintenance	7			
8	Commissions.	8			
9	Insurance	9			
10	Legal and other professional fees	10			
11	Management fees	11			
12	Mortgage interest paid to banks, etc. (see instructions)	12			
13	Other interest.	13			
14	Repairs.	14			
15	Supplies	15			
16	Taxes	16			
17	Utilities.	17			
18	Depreciation expense or depletion	18			
19	Other (list) ▶	19			
20	Total expenses. Add lines 5 through 19	20			
21	Subtract line 20 from line 3 (rents) and/or 4 (royalties). If result is a (loss), see instructions to find out if you must file **Form 6198**	21			
22	Deductible rental real estate loss after limitation, if any, on **Form 8582** (see instructions)	22	( )	( )	( )

23a	Total of all amounts reported on line 3 for all rental properties	23a	
b	Total of all amounts reported on line 4 for all royalty properties	23b	
c	Total of all amounts reported on line 12 for all properties	23c	
d	Total of all amounts reported on line 18 for all properties	23d	
e	Total of all amounts reported on line 20 for all properties	23e	
24	**Income.** Add positive amounts shown on line 21. **Do not** include any losses	24	
25	**Losses.** Add royalty losses from line 21 and rental real estate losses from line 22. Enter total losses here .	25	( )
26	**Total rental real estate and royalty income or (loss).** Combine lines 24 and 25. Enter the result here. If Parts II, III, IV, and line 40 on page 2 do not apply to you, also enter this amount on Schedule 1 (Form 1040), line 5. Otherwise, include this amount in the total on line 41 on page 2 .	26	

For Paperwork Reduction Act Notice, see the separate instructions.　Cat. No. 11344L　**Schedule E (Form 1040) 2021**

Schedule E (Form 1040) 2021 | Attachment Sequence No. **13** | Page **2**

Name(s) shown on return. Do not enter name and social security number if shown on other side.	**Your social security number**

Caution: The IRS compares amounts reported on your tax return with amounts shown on Schedule(s) K-1.

Part II **Income or Loss From Partnerships and S Corporations** – **Note:** If you report a loss, receive a distribution, dispose of stock, or receive a loan repayment from an S corporation, you **must** check the box in column **(e)** on line 28 and attach the required basis computation. If you report a loss from an at-risk activity for which **any** amount is **not** at risk, you **must** check the box in column **(f)** on line 28 and attach **Form 6198.** See instructions.

27 Are you reporting any loss not allowed in a prior year due to the at-risk or basis limitations, a prior year unallowed loss from a passive activity (if that loss was not reported on Form 8582), or unreimbursed partnership expenses? If you answered "Yes," see instructions before completing this section . . . . . . ☐ **Yes** ☐ **No**

28	(a) Name	(b) Enter P for partnership; S for S corporation	(c) Check if foreign partnership	(d) Employer identification number	(e) Check if basis computation is required	(f) Check if any amount is not at risk
A			☐		☐	☐
B			☐		☐	☐
C			☐		☐	☐
D			☐		☐	☐

	Passive Income and Loss		Nonpassive Income and Loss		
	(g) Passive loss allowed (attach **Form 8582** if required)	(h) Passive income from **Schedule K-1**	(i) Nonpassive loss allowed (see **Schedule K-1**)	(j) Section 179 expense deduction from **Form 4562**	(k) Nonpassive income from **Schedule K-1**
A					
B					
C					
D					
29a Totals					
b Totals					

30	Add columns (h) and (k) of line 29a	30	
31	Add columns (g), (i), and (j) of line 29b	31	( )
32	**Total partnership and S corporation income or (loss).** Combine lines 30 and 31 . . .	32	

Part III **Income or Loss From Estates and Trusts**

33	(a) Name	(b) Employer identification number
A		
B		

	Passive Income and Loss		Nonpassive Income and Loss	
	(c) Passive deduction or loss allowed (attach **Form 8582** if required)	(d) Passive income from **Schedule K-1**	(e) Deduction or loss from **Schedule K-1**	(f) Other income from **Schedule K-1**
A				
B				
34a Totals				
b Totals				

35	Add columns (d) and (f) of line 34a	35	
36	Add columns (c) and (e) of line 34b	36	( )
37	**Total estate and trust income or (loss).** Combine lines 35 and 36 . . .	37	

Part IV **Income or Loss From Real Estate Mortgage Investment Conduits (REMICs)—Residual Holder**

38	(a) Name	(b) Employer identification number	(c) Excess inclusion from **Schedules Q,** line 2c (see instructions)	(d) Taxable income (net loss) from **Schedules Q,** line 1b	(e) Income from **Schedules Q,** line 3b

39	Combine columns (d) and (e) only. Enter the result here and include in the total on line 41 below	39	

Part V **Summary**

40	Net farm rental income or (loss) from **Form 4835.** Also, complete line 42 below	40	
41	**Total income or (loss).** Combine lines 26, 32, 37, 39, and 40. Enter the result here and on Schedule 1 (Form 1040), line 5 ▶	41	
42	**Reconciliation of farming and fishing income.** Enter your **gross** farming and fishing income reported on Form 4835, line 7; Schedule K-1 (Form 1065), box 14, code B; Schedule K-1 (Form 1120-S), box 17, code AD; and Schedule K-1 (Form 1041), box 14, code F. See instructions . .	42	
43	**Reconciliation for real estate professionals.** If you were a real estate professional (see instructions), enter the net income or (loss) you reported anywhere on Form 1040, Form 1040-SR, or Form 1040-NR from all rental real estate activities in which you materially participated under the passive activity loss rules	43	

Schedule E (Form 1040) 2021

（二）企业所得税表

1. 合伙企业

（1）1065 主表。

Form **1065** Department of the Treasury Internal Revenue Service

U.S. Return of Partnership Income

For calendar year 2021, or tax year beginning ______, 2021, ending ______, 20__.

▶ Go to *www.irs.gov/Form1065* for instructions and the latest information.

OMB No. 1545-0123

2021

A Principal business activity	Type or Print	Name of partnership	D Employer identification number
B Principal product or service		Number, street, and room or suite no. If a P.O. box, see instructions.	E Date business started
C Business code number		City or town, state or province, country, and ZIP or foreign postal code	F Total assets (see instructions) $

G Check applicable boxes: (1) ☐ Initial return (2) ☐ Final return (3) ☐ Name change (4) ☐ Address change (5) ☐ Amended return

H Check accounting method: (1) ☐ Cash (2) ☐ Accrual (3) ☐ Other (specify) ▶

I Number of Schedules K-1. Attach one for each person who was a partner at any time during the tax year ▶

J Check if Schedules C and M-3 are attached ▶ ☐

K Check if partnership: (1) ☐ Aggregated activities for section 465 at-risk purposes (2) ☐ Grouped activities for section 469 passive activity purposes

Caution: Include **only** trade or business income and expenses on lines 1a through 22 below. See instructions for more information.

Income	1a	Gross receipts or sales	1a			
	b	Returns and allowances	1b			
	c	Balance. Subtract line 1b from line 1a			1c	
	2	Cost of goods sold (attach Form 1125-A)			2	
	3	Gross profit. Subtract line 2 from line 1c			3	
	4	Ordinary income (loss) from other partnerships, estates, and trusts (attach statement)			4	
	5	Net farm profit (loss) (attach Schedule F (Form 1040))			5	
	6	Net gain (loss) from Form 4797, Part II, line 17 (attach Form 4797)			6	
	7	Other income (loss) (attach statement)			7	
	8	**Total income (loss).** Combine lines 3 through 7			8	
Deductions (see instructions for limitations)	9	Salaries and wages (other than to partners) (less employment credits)			9	
	10	Guaranteed payments to partners			10	
	11	Repairs and maintenance			11	
	12	Bad debts			12	
	13	Rent			13	
	14	Taxes and licenses			14	
	15	Interest (see instructions)			15	
	16a	Depreciation (if required, attach Form 4562)	16a			
	b	Less depreciation reported on Form 1125-A and elsewhere on return	16b		16c	
	17	Depletion **(Do not deduct oil and gas depletion.)**			17	
	18	Retirement plans, etc.			18	
	19	Employee benefit programs			19	
	20	Other deductions (attach statement)			20	
	21	**Total deductions.** Add the amounts shown in the far right column for lines 9 through 20			21	
	22	**Ordinary business income (loss).** Subtract line 21 from line 8			22	
Tax and Payment	23	Interest due under the look-back method—completed long-term contracts (attach Form 8697)			23	
	24	Interest due under the look-back method—income forecast method (attach Form 8866)			24	
	25	BBA AAR imputed underpayment (see instructions)			25	
	26	Other taxes (see instructions)			26	
	27	**Total balance due.** Add lines 23 through 26			27	
	28	Payment (see instructions)			28	
	29	**Amount owed.** If line 28 is smaller than line 27, enter amount owed			29	
	30	**Overpayment.** If line 28 is larger than line 27, enter overpayment			30	

Sign Here

Under penalties of perjury, I declare that I have examined this return, including accompanying schedules and statements, and to the best of my knowledge and belief, it is true, correct, and complete. Declaration of preparer (other than partner or limited liability company member) is based on all information of which preparer has any knowledge.

▶ Signature of partner or limited liability company member ▶ Date

May the IRS discuss this return with the preparer shown below? See instructions. ☐ Yes ☐ No

Paid Preparer Use Only	Print/Type preparer's name	Preparer's signature	Date	Check ☐ if self-employed	PTIN
	Firm's name ▶			Firm's EIN ▶	
	Firm's address ▶			Phone no.	

For Paperwork Reduction Act Notice, see separate instructions. Cat. No. 11390Z Form **1065** (2021)

（2）1065 附表。

a. 附表 B

Form 1065 (2021) Page 2

Schedule B Other Information

		Yes	No
1	What type of entity is filing this return? Check the applicable box: a ☐ Domestic general partnership b ☐ Domestic limited partnership c ☐ Domestic limited liability company d ☐ Domestic limited liability partnership e ☐ Foreign partnership f ☐ Other ▶		
2	At the end of the tax year:		
a	Did any foreign or domestic corporation, partnership (including any entity treated as a partnership), trust, or tax-exempt organization, or any foreign government own, directly or indirectly, an interest of 50% or more in the profit, loss, or capital of the partnership? For rules of constructive ownership, see instructions. If "Yes," attach Schedule B-1, Information on Partners Owning 50% or More of the Partnership		
b	Did any individual or estate own, directly or indirectly, an interest of 50% or more in the profit, loss, or capital of the partnership? For rules of constructive ownership, see instructions. If "Yes," attach Schedule B-1, Information on Partners Owning 50% or More of the Partnership		
3	At the end of the tax year, did the partnership:		
a	Own directly 20% or more, or own, directly or indirectly, 50% or more of the total voting power of all classes of stock entitled to vote of any foreign or domestic corporation? For rules of constructive ownership, see instructions. If "Yes," complete (i) through (iv) below		

(i) Name of Corporation	(ii) Employer Identification Number (if any)	(iii) Country of Incorporation	(iv) Percentage Owned in Voting Stock

		Yes	No
b	Own directly an interest of 20% or more, or own, directly or indirectly, an interest of 50% or more in the profit, loss, or capital in any foreign or domestic partnership (including an entity treated as a partnership) or in the beneficial interest of a trust? For rules of constructive ownership, see instructions. If "Yes," complete (i) through (v) below		

(i) Name of Entity	(ii) Employer Identification Number (if any)	(iii) Type of Entity	(iv) Country of Organization	(v) Maximum Percentage Owned in Profit, Loss, or Capital

		Yes	No
4	Does the partnership satisfy **all four** of the following conditions?		
a	The partnership's total receipts for the tax year were less than $250,000.		
b	The partnership's total assets at the end of the tax year were less than $1 million.		
c	Schedules K-1 are filed with the return and furnished to the partners on or before the due date (including extensions) for the partnership return.		
d	The partnership is not filing and is not required to file Schedule M-3 If "Yes," the partnership is not required to complete Schedules L, M-1, and M-2; item F on page 1 of Form 1065; or item L on Schedule K-1.		
5	Is this partnership a publicly traded partnership, as defined in section 469(k)(2)?		
6	During the tax year, did the partnership have any debt that was canceled, was forgiven, or had the terms modified so as to reduce the principal amount of the debt?		
7	Has this partnership filed, or is it required to file, Form 8918, Material Advisor Disclosure Statement, to provide information on any reportable transaction?		
8	At any time during calendar year 2021, did the partnership have an interest in or a signature or other authority over a financial account in a foreign country (such as a bank account, securities account, or other financial account)? See instructions for exceptions and filing requirements for FinCEN Form 114, Report of Foreign Bank and Financial Accounts (FBAR). If "Yes," enter the name of the foreign country ▶		
9	At any time during the tax year, did the partnership receive a distribution from, or was it the grantor of, or transferor to, a foreign trust? If "Yes," the partnership may have to file Form 3520, Annual Return To Report Transactions With Foreign Trusts and Receipt of Certain Foreign Gifts. See instructions		
10a	Is the partnership making, or had it previously made (and not revoked), a section 754 election? See instructions for details regarding a section 754 election.		
b	Did the partnership make for this tax year an optional basis adjustment under section 743(b) or 734(b)? If "Yes," attach a statement showing the computation and allocation of the basis adjustment. See instructions		

Form **1065** (2021)

Schedule B **Other Information** *(continued)*

		Yes	No
c	Is the partnership required to adjust the basis of partnership assets under section 743(b) or 734(b) because of a substantial built-in loss (as defined under section 743(d)) or substantial basis reduction (as defined under section 734(d))? If "Yes," attach a statement showing the computation and allocation of the basis adjustment. See instructions		
11	Check this box if, during the current or prior tax year, the partnership distributed any property received in a like-kind exchange or contributed such property to another entity (other than disregarded entities wholly owned by the partnership throughout the tax year) . . . ▶ ☐		
12	At any time during the tax year, did the partnership distribute to any partner a tenancy-in-common or other undivided interest in partnership property? . . .		
13	If the partnership is required to file Form 8858, Information Return of U.S. Persons With Respect To Foreign Disregarded Entities (FDEs) and Foreign Branches (FBs), enter the number of Forms 8858 attached. See instructions . . . ▶		
14	Does the partnership have any foreign partners? If "Yes," enter the number of Forms 8805, Foreign Partner's Information Statement of Section 1446 Withholding Tax, filed for this partnership . . . ▶		
15	Enter the number of Forms 8865, Return of U.S. Persons With Respect to Certain Foreign Partnerships, attached to this return . . . ▶		
16a	Did you make any payments in 2021 that would require you to file Form(s) 1099? See instructions . . .		
b	If "Yes," did you or will you file required Form(s) 1099? . . .		
17	Enter the number of Forms 5471, Information Return of U.S. Persons With Respect To Certain Foreign Corporations, attached to this return . . . ▶		
18	Enter the number of partners that are foreign governments under section 892 . . . ▶		
19	During the partnership's tax year, did the partnership make any payments that would require it to file Forms 1042 and 1042-S under chapter 3 (sections 1441 through 1464) or chapter 4 (sections 1471 through 1474)? . . .		
20	Was the partnership a specified domestic entity required to file Form 8938 for the tax year? See the Instructions for Form 8938		
21	Is the partnership a section 721(c) partnership, as defined in Regulations section 1.721(c)-1(b)(14)? . . .		
22	During the tax year, did the partnership pay or accrue any interest or royalty for which one or more partners are not allowed a deduction under section 267A? See instructions . . . If "Yes," enter the total amount of the disallowed deductions . . . ▶ $		
23	Did the partnership have an election under section 163(j) for any real property trade or business or any farming business in effect during the tax year? See instructions . . .		
24	Does the partnership satisfy one or more of the following? See instructions . . . a The partnership owns a pass-through entity with current, or prior year carryover, excess business interest expense. b The partnership's aggregate average annual gross receipts (determined under section 448(c)) for the 3 tax years preceding the current tax year are more than $26 million and the partnership has business interest. c The partnership is a tax shelter (see instructions) and the partnership has business interest expense. If "Yes" to any, complete and attach Form 8990.		
25	Is the partnership attaching Form 8996 to certify as a Qualified Opportunity Fund? . . . If "Yes," enter the amount from Form 8996, line 15 . . . ▶ $		
26	Enter the number of foreign partners subject to section 864(c)(8) as a result of transferring all or a portion of an interest in the partnership or of receiving a distribution from the partnership . . . ▶ Complete Schedule K-3 (Form 1065), Part XIII, for each foreign partner subject to section 864(c)(8) on a transfer or distribution.		
27	At any time during the tax year, were there any transfers between the partnership and its partners subject to the disclosure requirements of Regulations section 1.707-8? . . .		
28	Since December 22, 2017, did a foreign corporation directly or indirectly acquire substantially all of the properties constituting a trade or business of your partnership, and was the ownership percentage (by vote or value) for purposes of section 7874 greater than 50% (for example, the partners held more than 50% of the stock of the foreign corporation)? If "Yes," list the ownership percentage by vote and by value. See instructions. Percentage: By Vote By Value		
29	Is the partnership electing out of the centralized partnership audit regime under section 6221(b)? See instructions. If "Yes," the partnership must complete Schedule B-2 (Form 1065). Enter the total from Schedule B-2, Part III, line 3 ▶ If "No," complete Designation of Partnership Representative below.		

Designation of Partnership Representative (see instructions)

Enter below the information for the partnership representative (PR) for the tax year covered by this return.

Name of PR ▶			
U.S. address of PR ▶		U.S. phone number of PR ▶	
If the PR is an entity, name of the designated individual for the PR ▶			
U.S. address of designated individual ▶		U.S. phone number of designated individual ▶	

Form **1065** (2021)

b. 附表 K

Form 1065 (2021) Page 4

Schedule K — Partners' Distributive Share Items

Section	Line	Item	Line	Total amount
Income (Loss)	1	Ordinary business income (loss) (page 1, line 22)	1	
	2	Net rental real estate income (loss) (attach Form 8825)	2	
	3a	Other gross rental income (loss) — 3a		
	b	Expenses from other rental activities (attach statement) — 3b		
	c	Other net rental income (loss). Subtract line 3b from line 3a	3c	
	4	Guaranteed payments: a Services 4a; b Capital 4b		
		c Total. Add lines 4a and 4b	4c	
	5	Interest income	5	
	6	Dividends and dividend equivalents: a Ordinary dividends	6a	
		b Qualified dividends 6b; c Dividend equivalents 6c		
	7	Royalties	7	
	8	Net short-term capital gain (loss) (attach Schedule D (Form 1065))	8	
	9a	Net long-term capital gain (loss) (attach Schedule D (Form 1065))	9a	
	b	Collectibles (28%) gain (loss) — 9b		
	c	Unrecaptured section 1250 gain (attach statement) — 9c		
	10	Net section 1231 gain (loss) (attach Form 4797)	10	
	11	Other income (loss) (see instructions) Type ▶	11	
Deductions	12	Section 179 deduction (attach Form 4562)	12	
	13a	Contributions	13a	
	b	Investment interest expense	13b	
	c	Section 59(e)(2) expenditures: (1) Type ▶ (2) Amount ▶	13c(2)	
	d	Other deductions (see instructions) Type ▶	13d	
Self-Employment	14a	Net earnings (loss) from self-employment	14a	
	b	Gross farming or fishing income	14b	
	c	Gross nonfarm income	14c	
Credits	15a	Low-income housing credit (section 42(j)(5))	15a	
	b	Low-income housing credit (other)	15b	
	c	Qualified rehabilitation expenditures (rental real estate) (attach Form 3468, if applicable)	15c	
	d	Other rental real estate credits (see instructions) Type ▶	15d	
	e	Other rental credits (see instructions) Type ▶	15e	
	f	Other credits (see instructions) Type ▶	15f	
International Transactions	16	Attach Schedule K-2 (Form 1065), Partners' Distributive Share Items-International, and check this box to indicate that you are reporting items of international tax relevance ☐		
Alternative Minimum Tax (AMT) Items	17a	Post-1986 depreciation adjustment	17a	
	b	Adjusted gain or loss	17b	
	c	Depletion (other than oil and gas)	17c	
	d	Oil, gas, and geothermal properties—gross income	17d	
	e	Oil, gas, and geothermal properties—deductions	17e	
	f	Other AMT items (attach statement)	17f	
Other Information	18a	Tax-exempt interest income	18a	
	b	Other tax-exempt income	18b	
	c	Nondeductible expenses	18c	
	19a	Distributions of cash and marketable securities	19a	
	b	Distributions of other property	19b	
	20a	Investment income	20a	
	b	Investment expenses	20b	
	c	Other items and amounts (attach statement)		
	21	Total foreign taxes paid or accrued	21	

Form **1065** (2021)

Form 1065 (2021) Page 5

Analysis of Net Income (Loss)

1 Net income (loss). Combine Schedule K, lines 1 through 11. From the result, subtract the sum of Schedule K, lines 12 through 13d, and 21 1

2 Analysis by partner type:	(i) Corporate	(ii) Individual (active)	(iii) Individual (passive)	(iv) Partnership	(v) Exempt Organization	(vi) Nominee/Other
a General partners						
b Limited partners						

c. 附表 L

Schedule L	**Balance Sheets per Books**	Beginning of tax year		End of tax year	
	Assets	(a)	(b)	(c)	(d)
1	Cash				
2a	Trade notes and accounts receivable				
b	Less allowance for bad debts				
3	Inventories				
4	U.S. government obligations				
5	Tax-exempt securities				
6	Other current assets (attach statement)				
7a	Loans to partners (or persons related to partners)				
b	Mortgage and real estate loans				
8	Other investments (attach statement)				
9a	Buildings and other depreciable assets				
b	Less accumulated depreciation				
10a	Depletable assets				
b	Less accumulated depletion				
11	Land (net of any amortization)				
12a	Intangible assets (amortizable only)				
b	Less accumulated amortization				
13	Other assets (attach statement)				
14	Total assets				
	Liabilities and Capital				
15	Accounts payable				
16	Mortgages, notes, bonds payable in less than 1 year				
17	Other current liabilities (attach statement)				
18	All nonrecourse loans				
19a	Loans from partners (or persons related to partners)				
b	Mortgages, notes, bonds payable in 1 year or more				
20	Other liabilities (attach statement)				
21	Partners' capital accounts				
22	Total liabilities and capital				

d. 附表 M

Schedule M-1 **Reconciliation of Income (Loss) per Books With Income (Loss) per Return**

Note: The partnership may be required to file Schedule M-3. See instructions.

1	Net income (loss) per books		6	Income recorded on books this year not included on Schedule K, lines 1 through 11 (itemize):	
2	Income included on Schedule K, lines 1, 2, 3c, 5, 6a, 7, 8, 9a, 10, and 11, not recorded on books this year (itemize):		a	Tax-exempt interest $	
3	Guaranteed payments (other than health insurance)		7	Deductions included on Schedule K, lines 1 through 13d, and 21, not charged against book income this year (itemize):	
4	Expenses recorded on books this year not included on Schedule K, lines 1 through 13d, and 21 (itemize):		a	Depreciation $	
a	Depreciation $		8	Add lines 6 and 7	
b	Travel and entertainment $		9	Income (loss) (Analysis of Net Income (Loss), line 1). Subtract line 8 from line 5	
5	Add lines 1 through 4				

Schedule M-2 **Analysis of Partners' Capital Accounts**

1	Balance at beginning of year		6	Distributions: **a** Cash	
2	Capital contributed: **a** Cash			**b** Property	
	b Property		7	Other decreases (itemize):	
3	Net income (loss) (see instructions)				
4	Other increases (itemize):		8	Add lines 6 and 7	
5	Add lines 1 through 4		9	Balance at end of year. Subtract line 8 from line 5	

Form **1065** (2021)

e. 附表 K－1

651121

☐ Final K-1 ☐ Amended K-1 OMB No. 1545-0123

Schedule K-1 (Form 1065) **2021**

Department of the Treasury
Internal Revenue Service

For calendar year 2021, or tax year

beginning / / 2021 ending / /

Partner's Share of Income, Deductions, Credits, etc.

▶ See back of form and separate instructions.

Part I Information About the Partnership

A Partnership's employer identification number

B Partnership's name, address, city, state, and ZIP code

C IRS center where partnership filed return ▶

D ☐ Check if this is a publicly traded partnership (PTP)

Part II Information About the Partner

E Partner's SSN or TIN (Do not use TIN of a disregarded entity. See instructions.)

F Name, address, city, state, and ZIP code for partner entered in E. See instructions.

G ☐ General partner or LLC member-manager ☐ Limited partner or other LLC member

H1 ☐ Domestic partner ☐ Foreign partner

H2 ☐ If the partner is a disregarded entity (DE), enter the partner's:

TIN Name

I1 What type of entity is this partner?

I2 If this partner is a retirement plan (IRA/SEP/Keogh/etc.), check here ▶ ☐

J Partner's share of profit, loss, and capital (see instructions):

	Beginning	Ending
Profit	%	%
Loss	%	%
Capital	%	%

Check if decrease is due to sale or exchange of partnership interest . ▶ ☐

K Partner's share of liabilities:

	Beginning	Ending
Nonrecourse . . .	$	$
Qualified nonrecourse financing . . .	$	$
Recourse . . .	$	$

Check this box if item K includes liability amounts from lower tier partnerships ▶ ☐

L **Partner's Capital Account Analysis**

Beginning capital account	$
Capital contributed during the year . .	$
Current year net income (loss) . . .	$
Other increase (decrease) (attach explanation)	$
Withdrawals and distributions	$ ( )
Ending capital account	$

M Did the partner contribute property with a built-in gain (loss)?

☐ Yes ☐ No If "Yes," attach statement. See instructions.

N **Partner's Share of Net Unrecognized Section 704(c) Gain or (Loss)**

Beginning . . . . $

Ending . . . . $

Part III Partner's Share of Current Year Income, Deductions, Credits, and Other Items

1	Ordinary business income (loss)	14	Self-employment earnings (loss)
2	Net rental real estate income (loss)		
3	Other net rental income (loss)	15	Credits
4a	Guaranteed payments for services		
4b	Guaranteed payments for capital	16	Schedule K-3 is attached if checked . . . . . ▶ ☐
4c	Total guaranteed payments	17	Alternative minimum tax (AMT) items
5	Interest income		
6a	Ordinary dividends		
6b	Qualified dividends	18	Tax-exempt income and nondeductible expenses
6c	Dividend equivalents		
7	Royalties		
8	Net short-term capital gain (loss)		
		19	Distributions
9a	Net long-term capital gain (loss)		
9b	Collectibles (28%) gain (loss)		
		20	Other information
9c	Unrecaptured section 1250 gain		
10	Net section 1231 gain (loss)		
11	Other income (loss)		
12	Section 179 deduction	21	Foreign taxes paid or accrued
13	Other deductions		

22 ☐ More than one activity for at-risk purposes*

23 ☐ More than one activity for passive activity purposes*

*See attached statement for additional information.

For IRS Use Only

For Paperwork Reduction Act Notice, see the Instructions for Form 1065. www.irs.gov/Form1065 Cat. No. 11394R **Schedule K-1 (Form 1065) 2021**

2. C公司

（1）1120主表。

Form **1120** Department of the Treasury Internal Revenue Service

U.S. Corporation Income Tax Return

For calendar year 2021 or tax year beginning ________, 2021, ending ________, 20 ____

► Go to *www.irs.gov/Form1120* for instructions and the latest information.

OMB No. 1545-0123 **2021**

A Check if:	TYPE OR PRINT		
1a Consolidated return (attach Form 851) ☐		Name	B Employer identification number
b Life/nonlife consolidated return ☐		Number, street, and room or suite no. If a P.O. box, see instructions.	C Date incorporated
2 Personal holding co. (attach Sch. PH) ☐		City or town, state or province, country, and ZIP or foreign postal code	D Total assets (see instructions) $
3 Personal service corp. (see instructions) ☐			
4 Schedule M-3 attached ☐	E Check if: (1) ☐ Initial return (2) ☐ Final return (3) ☐ Name change (4) ☐ Address change		

Income	1a	Gross receipts or sales	1a	
	b	Returns and allowances	1b	
	c	Balance. Subtract line 1b from line 1a		1c
	2	Cost of goods sold (attach Form 1125-A)		2
	3	Gross profit. Subtract line 2 from line 1c		3
	4	Dividends and inclusions (Schedule C, line 23)		4
	5	Interest		5
	6	Gross rents		6
	7	Gross royalties		7
	8	Capital gain net income (attach Schedule D (Form 1120))		8
	9	Net gain or (loss) from Form 4797, Part II, line 17 (attach Form 4797)		9
	10	Other income (see instructions—attach statement)		10
	11	**Total income.** Add lines 3 through 10 ►		11
Deductions (See instructions for limitations on deductions.)	12	Compensation of officers (see instructions—attach Form 1125-E) ►		12
	13	Salaries and wages (less employment credits)		13
	14	Repairs and maintenance		14
	15	Bad debts		15
	16	Rents		16
	17	Taxes and licenses		17
	18	Interest (see instructions)		18
	19	Charitable contributions		19
	20	Depreciation from Form 4562 not claimed on Form 1125-A or elsewhere on return (attach Form 4562)		20
	21	Depletion		21
	22	Advertising		22
	23	Pension, profit-sharing, etc., plans		23
	24	Employee benefit programs		24
	25	Reserved for future use		25
	26	Other deductions (attach statement)		26
	27	**Total deductions.** Add lines 12 through 26 ►		27
	28	Taxable income before net operating loss deduction and special deductions. Subtract line 27 from line 11.		28
	29a	Net operating loss deduction (see instructions)	29a	
	b	Special deductions (Schedule C, line 24)	29b	
	c	Add lines 29a and 29b		29c
Tax, Refundable Credits, and Payments	30	**Taxable income.** Subtract line 29c from line 28. See instructions		30
	31	Total tax (Schedule J, Part I, line 11)		31
	32	Reserved for future use		32
	33	Total payments and credits (Schedule J, Part III, line 23)		33
	34	Estimated tax penalty. See instructions. Check if Form 2220 is attached ► ☐		34
	35	**Amount owed.** If line 33 is smaller than the total of lines 31 and 34, enter amount owed		35
	36	**Overpayment.** If line 33 is larger than the total of lines 31 and 34, enter amount overpaid		36
	37	Enter amount from line 36 you want: **Credited to 2022 estimated tax ►** **Refunded ►**		37

Sign Here

Under penalties of perjury, I declare that I have examined this return, including accompanying schedules and statements, and to the best of my knowledge and belief, it is true, correct, and complete. Declaration of preparer (other than taxpayer) is based on all information of which preparer has any knowledge.

► Signature of officer　　Date　　► Title

May the IRS discuss this return with the preparer shown below? See instructions. ☐ Yes ☐ No

Paid Preparer Use Only

Print/Type preparer's name	Preparer's signature	Date	Check ☐ if self-employed	PTIN
Firm's name ►			Firm's EIN ►	
Firm's address ►			Phone no.	

For Paperwork Reduction Act Notice, see separate instructions.　Cat. No. 11450Q　Form **1120** (2021)

（2）1120 附表。

a. 附表 C

Form 1120 (2021) Page 2

Schedule C	Dividends, Inclusions, and Special Deductions (see instructions)	(a) Dividends and inclusions	(b) %	(c) Special deductions (a) × (b)
1	Dividends from less-than-20%-owned domestic corporations (other than debt-financed stock)		50	
2	Dividends from 20%-or-more-owned domestic corporations (other than debt-financed stock)		65	
3	Dividends on certain debt-financed stock of domestic and foreign corporations		See instructions	
4	Dividends on certain preferred stock of less-than-20%-owned public utilities		23.3	
5	Dividends on certain preferred stock of 20%-or-more-owned public utilities		26.7	
6	Dividends from less-than-20%-owned foreign corporations and certain FSCs		50	
7	Dividends from 20%-or-more-owned foreign corporations and certain FSCs		65	
8	Dividends from wholly owned foreign subsidiaries		100	
9	**Subtotal.** Add lines 1 through 8. See instructions for limitations		See instructions	
10	Dividends from domestic corporations received by a small business investment company operating under the Small Business Investment Act of 1958		100	
11	Dividends from affiliated group members		100	
12	Dividends from certain FSCs		100	
13	Foreign-source portion of dividends received from a specified 10%-owned foreign corporation (excluding hybrid dividends) (see instructions)		100	
14	Dividends from foreign corporations not included on line 3, 6, 7, 8, 11, 12, or 13 (including any hybrid dividends)			
15	Reserved for future use			
16a	Subpart F inclusions derived from the sale by a controlled foreign corporation (CFC) of the stock of a lower-tier foreign corporation treated as a dividend (attach Form(s) 5471) (see instructions)		100	
b	Subpart F inclusions derived from hybrid dividends of tiered corporations (attach Form(s) 5471) (see instructions)			
c	Other inclusions from CFCs under subpart F not included on line 16a, 16b, or 17 (attach Form(s) 5471) (see instructions)			
17	Global Intangible Low-Taxed Income (GILTI) (attach Form(s) 5471 and Form 8992)			
18	Gross-up for foreign taxes deemed paid			
19	IC-DISC and former DISC dividends not included on line 1, 2, or 3			
20	Other dividends			
21	Deduction for dividends paid on certain preferred stock of public utilities			
22	Section 250 deduction (attach Form 8993)			
23	**Total dividends and inclusions.** Add column (a), lines 9 through 20. Enter here and on page 1, line 4			
24	**Total special deductions.** Add column (c), lines 9 through 22. Enter here and on page 1, line 29b			

Form **1120** (2021)

b. 附表 D

SCHEDULE D (Form 1120)
Department of the Treasury
Internal Revenue Service

Capital Gains and Losses

▶ Attach to Form 1120, 1120-C, 1120-F, 1120-FSC, 1120-H, 1120-IC-DISC, 1120-L, 1120-ND, 1120-PC, 1120-POL, 1120-REIT, 1120-RIC, 1120-SF, or certain Forms 990-T.
▶ Go to *www.irs.gov/Form1120* for instructions and the latest information.

OMB No. 1545-0123
2021

Name	Employer identification number

Did the corporation dispose of any investment(s) in a qualified opportunity fund during the tax year? . . . . . ▶ ☐ Yes ☐ No
If "Yes," attach Form 8949 and see its instructions for additional requirements for reporting your gain or loss.

Part I　Short-Term Capital Gains and Losses—Assets Held One Year or Less

See instructions for how to figure the amounts to enter on the lines below. This form may be easier to complete if you round off cents to whole dollars.	(d) Proceeds (sales price)	(e) Cost (or other basis)	(g) Adjustments to gain or loss from Form(s) 8949, Part I, line 2, column (g)	(h) Gain or (loss) Subtract column (e) from column (d) and combine the result with column (g)
1a Totals for all short-term transactions reported on Form 1099-B for which basis was reported to the IRS and for which you have no adjustments (see instructions). However, if you choose to report all these transactions on Form 8949, leave this line blank and go to line 1b				
1b Totals for all transactions reported on Form(s) 8949 with **Box A** checked				
2 Totals for all transactions reported on Form(s) 8949 with **Box B** checked				
3 Totals for all transactions reported on Form(s) 8949 with **Box C** checked				

4 Short-term capital gain from installment sales from Form 6252, line 26 or 37	4	
5 Short-term capital gain or (loss) from like-kind exchanges from Form 8824	5	
6 Unused capital loss carryover (attach computation)	6	( )
7 Net short-term capital gain or (loss). Combine lines 1a through 6 in column h	7	

Part II　Long-Term Capital Gains and Losses—Assets Held More Than One Year

See instructions for how to figure the amounts to enter on the lines below. This form may be easier to complete if you round off cents to whole dollars.	(d) Proceeds (sales price)	(e) Cost (or other basis)	(g) Adjustments to gain or loss from Form(s) 8949, Part II, line 2, column (g)	(h) Gain or (loss) Subtract column (e) from column (d) and combine the result with column (g)
8a Totals for all long-term transactions reported on Form 1099-B for which basis was reported to the IRS and for which you have no adjustments (see instructions). However, if you choose to report all these transactions on Form 8949, leave this line blank and go to line 8b				
8b Totals for all transactions reported on Form(s) 8949 with **Box D** checked				
9 Totals for all transactions reported on Form(s) 8949 with **Box E** checked				
10 Totals for all transactions reported on Form(s) 8949 with **Box F** checked				

11 Enter gain from Form 4797, line 7 or 9	11	
12 Long-term capital gain from installment sales from Form 6252, line 26 or 37	12	
13 Long-term capital gain or (loss) from like-kind exchanges from Form 8824	13	
14 Capital gain distributions (see instructions)	14	
15 Net long-term capital gain or (loss). Combine lines 8a through 14 in column h	15	

Part III　Summary of Parts I and II

16 Enter excess of net short-term capital gain (line 7) over net long-term capital loss (line 15)	16	
17 Net capital gain. Enter excess of net long-term capital gain (line 15) over net short-term capital loss (line 7)	17	
18 Add lines 16 and 17. Enter here and on Form 1120, page 1, line 8, or the applicable line on other returns	18	

Note: If losses exceed gains, see *Capital Losses* in the instructions.

For Paperwork Reduction Act Notice, see the Instructions for Form 1120.　　Cat. No. 11460M　　**Schedule D (Form 1120) 2021**

c. 附表J

Form 1120 (2021) Page 3

Schedule J **Tax Computation and Payment** (see instructions)

Part I—Tax Computation

1	Check if the corporation is a member of a controlled group (attach Schedule O (Form 1120)). See instructions ▶ ☐				
2	Income tax. See instructions			2	
3	Base erosion minimum tax amount (attach Form 8991)			3	
4	Add lines 2 and 3			4	
5a	Foreign tax credit (attach Form 1118)	5a			
b	Credit from Form 8834 (see instructions)	5b			
c	General business credit (attach Form 3800)	5c			
d	Credit for prior year minimum tax (attach Form 8827)	5d			
e	Bond credits from Form 8912	5e			
6	**Total credits.** Add lines 5a through 5e			6	
7	Subtract line 6 from line 4			7	
8	Personal holding company tax (attach Schedule PH (Form 1120))			8	
9a	Recapture of investment credit (attach Form 4255)	9a			
b	Recapture of low-income housing credit (attach Form 8611)	9b			
c	Interest due under the look-back method—completed long-term contracts (attach Form 8697)	9c			
d	Interest due under the look-back method—income forecast method (attach Form 8866)	9d			
e	Alternative tax on qualifying shipping activities (attach Form 8902)	9e			
f	Interest/tax due under section 453A(c) and/or section 453(l)	9f			
g	Other (see instructions—attach statement)	9g			
10	**Total.** Add lines 9a through 9g			10	
11	**Total tax.** Add lines 7, 8, and 10. Enter here and on page 1, line 31			11	

Part II—Reserved For Future Use

12	Reserved for future use	12	

Part III—Payments and Refundable Credits

13	2020 overpayment credited to 2021			13	
14	2021 estimated tax payments			14	
15	2021 refund applied for on Form 4466			15	( )
16	Combine lines 13, 14, and 15			16	
17	Tax deposited with Form 7004			17	
18	Withholding (see instructions)			18	
19	**Total payments.** Add lines 16, 17, and 18			19	
20	Refundable credits from:				
a	Form 2439	20a			
b	Form 4136	20b			
c	Reserved for future use	20c			
d	Other (attach statement—see instructions)	20d			
21	**Total credits.** Add lines 20a through 20d			21	
22	Reserved for future use			22	
23	**Total payments and credits.** Add lines 19 and 21. Enter here and on page 1, line 33			23	

Form **1120** (2021)

d. 附表 K

Form 1120 (2021) Page 4

Schedule K **Other Information** (see instructions)

		Yes	No
1	Check accounting method: a ☐ Cash b ☐ Accrual c ☐ Other (specify) ▶		
2	See the instructions and enter the:		
a	Business activity code no. ▶		
b	Business activity ▶		
c	Product or service ▶		
3	Is the corporation a subsidiary in an affiliated group or a parent-subsidiary controlled group?		
	If "Yes," enter name and EIN of the parent corporation ▶		
4	At the end of the tax year:		
a	Did any foreign or domestic corporation, partnership (including any entity treated as a partnership), trust, or tax-exempt organization own directly 20% or more, or own, directly or indirectly, 50% or more of the total voting power of all classes of the corporation's stock entitled to vote? If "Yes," complete Part I of Schedule G (Form 1120) (attach Schedule G)		
b	Did any individual or estate own directly 20% or more, or own, directly or indirectly, 50% or more of the total voting power of all classes of the corporation's stock entitled to vote? If "Yes," complete Part II of Schedule G (Form 1120) (attach Schedule G) .		
5	At the end of the tax year, did the corporation:		
a	Own directly 20% or more, or own, directly or indirectly, 50% or more of the total voting power of all classes of stock entitled to vote of any foreign or domestic corporation not included on **Form 851,** Affiliations Schedule? For rules of constructive ownership, see instructions. If "Yes," complete (i) through (iv) below.		

(i) Name of Corporation	(ii) Employer Identification Number (if any)	(iii) Country of Incorporation	(iv) Percentage Owned in Voting Stock

		Yes	No
b	Own directly an interest of 20% or more, or own, directly or indirectly, an interest of 50% or more in any foreign or domestic partnership (including an entity treated as a partnership) or in the beneficial interest of a trust? For rules of constructive ownership, see instructions. If "Yes," complete (i) through (iv) below.		

(i) Name of Entity	(ii) Employer Identification Number (if any)	(iii) Country of Organization	(iv) Maximum Percentage Owned in Profit, Loss, or Capital

		Yes	No
6	During this tax year, did the corporation pay dividends (other than stock dividends and distributions in exchange for stock) in excess of the corporation's current and accumulated earnings and profits? See sections 301 and 316		
	If "Yes," file **Form 5452,** Corporate Report of Nondividend Distributions. See the instructions for Form 5452.		
	If this is a consolidated return, answer here for the parent corporation and on Form 851 for each subsidiary.		
7	At any time during the tax year, did one foreign person own, directly or indirectly, at least 25% of the total voting power of all classes of the corporation's stock entitled to vote or at least 25% of the total value of all classes of the corporation's stock? .		
	For rules of attribution, see section 318. If "Yes," enter:		
	(a) Percentage owned ▶ and **(b)** Owner's country ▶		
	(c) The corporation may have to file **Form 5472,** Information Return of a 25% Foreign-Owned U.S. Corporation or a Foreign Corporation Engaged in a U.S. Trade or Business. Enter the number of Forms 5472 attached ▶		
8	Check this box if the corporation issued publicly offered debt instruments with original issue discount . . . . ▶ ☐		
	If checked, the corporation may have to file **Form 8281,** Information Return for Publicly Offered Original Issue Discount Instruments.		
9	Enter the amount of tax-exempt interest received or accrued during the tax year ▶ $		
10	Enter the number of shareholders at the end of the tax year (if 100 or fewer) ▶		
11	If the corporation has an NOL for the tax year and is electing to forego the carryback period, check here (see instructions) ▶ ☐		
	If the corporation is filing a consolidated return, the statement required by Regulations section 1.1502-21(b)(3) must be attached or the election will not be valid.		
12	Enter the available NOL carryover from prior tax years (do not reduce it by any deduction reported on page 1, line 29a.) . . . . ▶ $		

Form **1120** (2021)

Form 1120 (2021) Page 5

Schedule K **Other Information** *(continued from page 4)*

		Yes	No
13	Are the corporation's total receipts (page 1, line 1a, plus lines 4 through 10) for the tax year **and** its total assets at the end of the tax year less than $250,000?		
	If "Yes," the corporation is not required to complete Schedules L, M-1, and M-2. Instead, enter the total amount of cash distributions and the book value of property distributions (other than cash) made during the tax year ▶ $		
14	Is the corporation required to file Schedule UTP (Form 1120), Uncertain Tax Position Statement? See instructions		
	If "Yes," complete and attach Schedule UTP.		
15a	Did the corporation make any payments in 2021 that would require it to file Form(s) 1099?		
b	If "Yes," did or will the corporation file required Form(s) 1099?		
16	During this tax year, did the corporation have an 80%-or-more change in ownership, including a change due to redemption of its own stock?		
17	During or subsequent to this tax year, but before the filing of this return, did the corporation dispose of more than 65% (by value) of its assets in a taxable, non-taxable, or tax deferred transaction?		
18	Did the corporation receive assets in a section 351 transfer in which any of the transferred assets had a fair market basis or fair market value of more than $1 million?		
19	During the corporation's tax year, did the corporation make any payments that would require it to file Forms 1042 and 1042-S under chapter 3 (sections 1441 through 1464) or chapter 4 (sections 1471 through 1474) of the Code?		
20	Is the corporation operating on a cooperative basis?		
21	During the tax year, did the corporation pay or accrue any interest or royalty for which the deduction is not allowed under section 267A? See instructions		
	If "Yes," enter the total amount of the disallowed deductions ▶ $		
22	Does the corporation have gross receipts of at least $500 million in any of the 3 preceding tax years? (See sections 59A(e)(2) and (3))		
	If "Yes," complete and attach Form 8991.		
23	Did the corporation have an election under section 163(j) for any real property trade or business or any farming business in effect during the tax year? See instructions		
24	Does the corporation satisfy one or more of the following? See instructions		
a	The corporation owns a pass-through entity with current, or prior year carryover, excess business interest expense.		
b	The corporation's aggregate average annual gross receipts (determined under section 448(c)) for the 3 tax years preceding the current tax year are more than $26 million and the corporation has business interest expense.		
c	The corporation is a tax shelter and the corporation has business interest expense.		
	If "Yes," complete and attach Form 8990.		
25	Is the corporation attaching Form 8996 to certify as a Qualified Opportunity Fund?		
	If "Yes," enter amount from Form 8996, line 15 ▶ $		
26	Since December 22, 2017, did a foreign corporation directly or indirectly acquire substantially all of the properties held directly or indirectly by the corporation, and was the ownership percentage (by vote or value) for purposes of section 7874 greater than 50% (for example, the shareholders held more than 50% of the stock of the foreign corporation)? If "Yes," list the ownership percentage by vote and by value. See instructions		
	Percentage: By Vote By Value		

Form **1120** (2021)

e. 附表 L

Form 1120 (2021) Page **6**

Schedule L	**Balance Sheets per Books**	Beginning of tax year		End of tax year	
	Assets	**(a)**	**(b)**	**(c)**	**(d)**
1	Cash				
2a	Trade notes and accounts receivable				
b	Less allowance for bad debts	( )		( )	
3	Inventories				
4	U.S. government obligations				
5	Tax-exempt securities (see instructions)				
6	Other current assets (attach statement)				
7	Loans to shareholders				
8	Mortgage and real estate loans				
9	Other investments (attach statement)				
10a	Buildings and other depreciable assets				
b	Less accumulated depreciation	( )		( )	
11a	Depletable assets				
b	Less accumulated depletion	( )		( )	
12	Land (net of any amortization)				
13a	Intangible assets (amortizable only)				
b	Less accumulated amortization	( )		( )	
14	Other assets (attach statement)				
15	Total assets				
	Liabilities and Shareholders' Equity				
16	Accounts payable				
17	Mortgages, notes, bonds payable in less than 1 year				
18	Other current liabilities (attach statement)				
19	Loans from shareholders				
20	Mortgages, notes, bonds payable in 1 year or more				
21	Other liabilities (attach statement)				
22	Capital stock: **a** Preferred stock				
	b Common stock				
23	Additional paid-in capital				
24	Retained earnings—Appropriated (attach statement)				
25	Retained earnings—Unappropriated				
26	Adjustments to shareholders' equity (attach statement)				
27	Less cost of treasury stock		( )		( )
28	Total liabilities and shareholders' equity				

f. 附表 M

Schedule M-1 **Reconciliation of Income (Loss) per Books With Income per Return**

Note: The corporation may be required to file Schedule M-3. See instructions.

1	Net income (loss) per books		7	Income recorded on books this year not included on this return (itemize):	
2	Federal income tax per books			Tax-exempt interest $	
3	Excess of capital losses over capital gains				
4	Income subject to tax not recorded on books this year (itemize):				
5	Expenses recorded on books this year not deducted on this return (itemize):		8	Deductions on this return not charged against book income this year (itemize):	
a	Depreciation $		a	Depreciation $	
b	Charitable contributions $		b	Charitable contributions $	
c	Travel and entertainment $				
			9	Add lines 7 and 8	
6	Add lines 1 through 5		10	Income (page 1, line 28)—line 6 less line 9	

Schedule M-2 **Analysis of Unappropriated Retained Earnings per Books (Schedule L, Line 25)**

1	Balance at beginning of year		5	Distributions: **a** Cash	
2	Net income (loss) per books			**b** Stock	
3	Other increases (itemize):			**c** Property	
			6	Other decreases (itemize):	
			7	Add lines 5 and 6	
4	Add lines 1, 2, and 3		8	Balance at end of year (line 4 less line 7)	

Form **1120** (2021)

SCHEDULE M-3 (Form 1120)
(Rev. December 2019)
Department of the Treasury Internal Revenue Service

Net Income (Loss) Reconciliation for Corporations With Total Assets of $10 Million or More

▶ Attach to Form 1120 or 1120-C.
▶ Go to *www.irs.gov/Form1120* for instructions and the latest information.

OMB No. 1545-0123

Name of corporation (common parent, if consolidated return)	Employer identification number

Check applicable box(es): (1) ☐ Non-consolidated return (2) ☐ Consolidated return (Form 1120 only)
(3) ☐ Mixed 1120/L/PC group (4) ☐ Dormant subsidiaries schedule attached

Part I Financial Information and Net Income (Loss) Reconciliation (see instructions)

1a Did the corporation file SEC Form 10-K for its income statement period ending with or within this tax year?
☐ **Yes.** Skip lines 1b and 1c and complete lines 2a through 11 with respect to that SEC Form 10-K.
☐ **No.** Go to line 1b. See instructions if multiple non-tax-basis income statements are prepared.
b Did the corporation prepare a certified audited non-tax-basis income statement for that period?
☐ **Yes.** Skip line 1c and complete lines 2a through 11 with respect to that income statement.
☐ **No.** Go to line 1c.
c Did the corporation prepare a non-tax-basis income statement for that period?
☐ **Yes.** Complete lines 2a through 11 with respect to that income statement.
☐ **No.** Skip lines 2a through 3c and enter the corporation's net income (loss) per its books and records on line 4a.
2a Enter the income statement period: Beginning MM/DD/YYYY Ending MM/DD/YYYY
b Has the corporation's income statement been restated for the income statement period on line 2a?
☐ **Yes.** (If "Yes," attach an explanation and the amount of each item restated.)
☐ **No.**
c Has the corporation's income statement been restated for any of the five income statement periods immediately preceding the period on line 2a?
☐ **Yes.** (If "Yes," attach an explanation and the amount of each item restated.)
☐ **No.**
3a Is any of the corporation's voting common stock publicly traded?
☐ **Yes.**
☐ **No.** If "No," go to line 4a.
b Enter the symbol of the corporation's primary U.S. publicly traded voting common stock . . . . . ☐☐☐☐☐
c Enter the nine-digit CUSIP number of the corporation's primary publicly traded voting common stock . . . . . ☐☐☐☐☐☐☐☐☐

4a	Worldwide consolidated net income (loss) from income statement source identified in Part I, line 1 .	4a	
b	Indicate accounting standard used for line 4a (see instructions): (1) ☐ GAAP (2) ☐ IFRS (3) ☐ Statutory (4) ☐ Tax-basis (5) ☐ Other (specify)		
5a	Net income from nonincludible foreign entities (attach statement) . . .	5a	( )
b	Net loss from nonincludible foreign entities (attach statement and enter as a positive amount) . . .	5b	
6a	Net income from nonincludible U.S. entities (attach statement) . . .	6a	( )
b	Net loss from nonincludible U.S. entities (attach statement and enter as a positive amount) . . .	6b	
7a	Net income (loss) of other includible foreign disregarded entities (attach statement) . . .	7a	
b	Net income (loss) of other includible U.S. disregarded entities (attach statement) . . .	7b	
c	Net income (loss) of other includible entities (attach statement) . . .	7c	
8	Adjustment to eliminations of transactions between includible entities and nonincludible entities (attach statement) . . .	8	
9	Adjustment to reconcile income statement period to tax year (attach statement) . . .	9	
10a	Intercompany dividend adjustments to reconcile to line 11 (attach statement) . . .	10a	
b	Other statutory accounting adjustments to reconcile to line 11 (attach statement) . . .	10b	
c	Other adjustments to reconcile to amount on line 11 (attach statement) . . .	10c	
11	**Net income (loss) per income statement of includible corporations.** Combine lines 4 through 10 .	11	

Note: Part I, line 11, must equal Part II, line 30, column (a), or Schedule M-1, line 1 (see instructions).

12 Enter the total amount (not just the corporation's share) of the assets and liabilities of all entities included or removed on the following lines.

		Total Assets	Total Liabilities
a	Included on Part I, line 4 . . . ▶		
b	Removed on Part I, line 5 . . . ▶		
c	Removed on Part I, line 6 . . . ▶		
d	Included on Part I, line 7 . . . ▶		

For Paperwork Reduction Act Notice, see the Instructions for Form 1120. Cat. No. 37961C **Schedule M-3 (Form 1120) (Rev. 12-2019)**

3. S公司

（1）1120－S主表。

Form **1120-S** Department of the Treasury Internal Revenue Service

U.S. Income Tax Return for an S Corporation

▶ **Do not file this form unless the corporation has filed or is attaching Form 2553 to elect to be an S corporation.**
▶ **Go to *www.irs.gov/Form1120S* for instructions and the latest information.**

OMB No. 1545-0123 **2021**

For calendar year 2021 or tax year beginning ______, 2021, ending ______, 20 ___

A S election effective date	TYPE OR PRINT	Name	D Employer identification number
B Business activity code number (see instructions)		Number, street, and room or suite no. If a P.O. box, see instructions.	E Date incorporated
C Check if Sch. M-3 attached ☐		City or town, state or province, country, and ZIP or foreign postal code	F Total assets (see instructions) $

G Is the corporation electing to be an S corporation beginning with this tax year? See instructions. ☐ Yes ☐ No

H Check if: **(1)** ☐ Final return **(2)** ☐ Name change **(3)** ☐ Address change **(4)** ☐ Amended return **(5)** ☐ S election termination

I Enter the number of shareholders who were shareholders during any part of the tax year . . . . ▶

J Check if corporation: **(1)** ☐ Aggregated activities for section 465 at-risk purposes **(2)** ☐ Grouped activities for section 469 passive activity purposes

Caution: Include **only** trade or business income and expenses on lines 1a through 21. See the instructions for more information.

Income	1a	Gross receipts or sales	1a	
	b	Returns and allowances	1b	
	c	Balance. Subtract line 1b from line 1a		1c
	2	Cost of goods sold (attach Form 1125-A)		2
	3	Gross profit. Subtract line 2 from line 1c		3
	4	Net gain (loss) from Form 4797, line 17 (attach Form 4797)		4
	5	Other income (loss) (see instructions—attach statement)		5
	6	**Total income (loss).** Add lines 3 through 5 ▶		6
Deductions (see instructions for limitations)	7	Compensation of officers (see instructions—attach Form 1125-E)		7
	8	Salaries and wages (less employment credits)		8
	9	Repairs and maintenance		9
	10	Bad debts		10
	11	Rents		11
	12	Taxes and licenses		12
	13	Interest (see instructions)		13
	14	Depreciation not claimed on Form 1125-A or elsewhere on return (attach Form 4562)		14
	15	Depletion **(Do not deduct oil and gas depletion.)**		15
	16	Advertising		16
	17	Pension, profit-sharing, etc., plans		17
	18	Employee benefit programs		18
	19	Other deductions (attach statement)		19
	20	**Total deductions.** Add lines 7 through 19 ▶		20
	21	**Ordinary business income (loss).** Subtract line 20 from line 6		21
Tax and Payments	22a	Excess net passive income or LIFO recapture tax (see instructions)	22a	
	b	Tax from Schedule D (Form 1120-S)	22b	
	c	Add lines 22a and 22b (see instructions for additional taxes)		22c
	23a	2021 estimated tax payments and 2020 overpayment credited to 2021	23a	
	b	Tax deposited with Form 7004	23b	
	c	Credit for federal tax paid on fuels (attach Form 4136)	23c	
	d	Add lines 23a through 23c		23d
	24	Estimated tax penalty (see instructions). Check if Form 2220 is attached ▶ ☐		24
	25	**Amount owed.** If line 23d is smaller than the total of lines 22c and 24, enter amount owed		25
	26	**Overpayment.** If line 23d is larger than the total of lines 22c and 24, enter amount overpaid		26
	27	Enter amount from line 26: **Credited to 2022 estimated tax ▶** ______ **Refunded ▶**		27

Sign Here

Under penalties of perjury, I declare that I have examined this return, including accompanying schedules and statements, and to the best of my knowledge and belief, it is true, correct, and complete. Declaration of preparer (other than taxpayer) is based on all information of which preparer has any knowledge.

▶ Signature of officer | Date | ▶ Title

May the IRS discuss this return with the preparer shown below? See instructions. ☐ Yes ☐ No

Paid Preparer Use Only	Print/Type preparer's name	Preparer's signature	Date	Check ☐ if self-employed	PTIN
	Firm's name ▶			Firm's EIN ▶	
	Firm's address ▶			Phone no.	

For Paperwork Reduction Act Notice, see separate instructions. Cat. No. 11510H Form **1120-S** (2021)

（2）1120－S 附表。

a. 附表 B

Form 1120-S (2021) Page **2**

Schedule B **Other Information** (see instructions)

		Yes	No
1	Check accounting method: **a** ☐ Cash **b** ☐ Accrual **c** ☐ Other (specify) ▶		
2	See the instructions and enter the: **a** Business activity ▶ **b** Product or service ▶		
3	At any time during the tax year, was any shareholder of the corporation a disregarded entity, a trust, an estate, or a nominee or similar person? If "Yes," attach Schedule B-1, Information on Certain Shareholders of an S Corporation . .		
4	At the end of the tax year, did the corporation:		
a	Own directly 20% or more, or own, directly or indirectly, 50% or more of the total stock issued and outstanding of any foreign or domestic corporation? For rules of constructive ownership, see instructions. If "Yes," complete (i) through (v) below		

(i) Name of Corporation	(ii) Employer Identification Number (if any)	(iii) Country of Incorporation	(iv) Percentage of Stock Owned	(v) If Percentage in (iv) Is 100%, Enter the Date (if applicable) a Qualified Subchapter S Subsidiary Election Was Made

		Yes	No
b	Own directly an interest of 20% or more, or own, directly or indirectly, an interest of 50% or more in the profit, loss, or capital in any foreign or domestic partnership (including an entity treated as a partnership) or in the beneficial interest of a trust? For rules of constructive ownership, see instructions. If "Yes," complete (i) through (v) below		

(i) Name of Entity	(ii) Employer Identification Number (if any)	(iii) Type of Entity	(iv) Country of Organization	(v) Maximum Percentage Owned in Profit, Loss, or Capital

		Yes	No
5a	At the end of the tax year, did the corporation have any outstanding shares of restricted stock? If "Yes," complete lines (i) and (ii) below.		
	(i) Total shares of restricted stock ▶		
	(ii) Total shares of non-restricted stock ▶		
b	At the end of the tax year, did the corporation have any outstanding stock options, warrants, or similar instruments? If "Yes," complete lines (i) and (ii) below.		
	(i) Total shares of stock outstanding at the end of the tax year ▶		
	(ii) Total shares of stock outstanding if all instruments were executed ▶		
6	Has this corporation filed, or is it required to file, **Form 8918**, Material Advisor Disclosure Statement, to provide information on any reportable transaction?		
7	Check this box if the corporation issued publicly offered debt instruments with original issue discount . . . . ▶ ☐ If checked, the corporation may have to file **Form 8281**, Information Return for Publicly Offered Original Issue Discount Instruments.		
8	If the corporation **(a)** was a C corporation before it elected to be an S corporation **or** the corporation acquired an asset with a basis determined by reference to the basis of the asset (or the basis of any other property) in the hands of a C corporation, **and (b)** has net unrealized built-in gain in excess of the net recognized built-in gain from prior years, enter the net unrealized built-in gain reduced by net recognized built-in gain from prior years. See instructions . . . ▶ $		
9	Did the corporation have an election under section 163(j) for any real property trade or business or any farming business in effect during the tax year? See instructions		
10	Does the corporation satisfy one or more of the following? See instructions		
a	The corporation owns a pass-through entity with current, or prior year carryover, excess business interest expense.		
b	The corporation's aggregate average annual gross receipts (determined under section 448(c)) for the 3 tax years preceding the current tax year are more than $26 million and the corporation has business interest expense.		
c	The corporation is a tax shelter and the corporation has business interest expense. If "Yes," complete and attach Form 8990.		
11	Does the corporation satisfy **both** of the following conditions?		
a	The corporation's total receipts (see instructions) for the tax year were less than $250,000.		
b	The corporation's total assets at the end of the tax year were less than $250,000. If "Yes," the corporation is not required to complete Schedules L and M-1.		

Schedule B **Other Information** (see instructions) *(continued)*		Yes	No
12	During the tax year, did the corporation have any non-shareholder debt that was canceled, was forgiven, or had the terms modified so as to reduce the principal amount of the debt? If "Yes," enter the amount of principal reduction ▶ $		
13	During the tax year, was a qualified subchapter S subsidiary election terminated or revoked? If "Yes," see instructions		
14a	Did the corporation make any payments in 2021 that would require it to file Form(s) 1099?		
b	If "Yes," did the corporation file or will it file required Form(s) 1099?		
15	Is the corporation attaching Form 8996 to certify as a Qualified Opportunity Fund? If "Yes," enter the amount from Form 8996, line 15 ▶ $		

b. 附表 D

SCHEDULE D (Form 1120-S)
Department of the Treasury
Internal Revenue Service

Capital Gains and Losses and Built-in Gains

▶ Attach to Form 1120-S.
▶ Use Form 8949 to list your transactions for lines 1b, 2, 3, 8b, 9, and 10.
▶ Go to *www.irs.gov/Form1120S* for instructions and the latest information.

OMB No. 1545-0123
2021

Name | **Employer identification number**

Did the corporation dispose of any investment(s) in a qualified opportunity fund during the tax year? ▶ ☐ **Yes** ☐ **No**
If "Yes," attach Form 8949 and see its instructions for additional requirements for reporting your gain or loss.

Part I **Short-Term Capital Gains and Losses—Generally Assets Held One Year or Less** (see instructions)

See instructions for how to figure the amounts to enter on the lines below. This form may be easier to complete if you round off the cents to whole dollars.	**(d)** Proceeds (sales price)	**(e)** Cost (or other basis)	**(g)** Adjustments to gain or loss from Form(s) 8949, Part I, line 2, column (g)	**(h) Gain or (loss)** Subtract column (e) from column (d) and combine the result with column (g)
1a Totals for all short-term transactions reported on Form 1099-B for which basis was reported to the IRS and for which you have no adjustments (see instructions). However, if you choose to report all these transactions on Form 8949, leave this line blank and go to line 1b				
1b Totals for all transactions reported on Form(s) 8949 with **Box A** checked				
2 Totals for all transactions reported on Form(s) 8949 with **Box B** checked				
3 Totals for all transactions reported on Form(s) 8949 with **Box C** checked				

4	Short-term capital gain from installment sales from Form 6252, line 26 or 37	4	
5	Short-term capital gain or (loss) from like-kind exchanges from Form 8824	5	
6	Tax on short-term capital gain included on line 23 below	6	( )
7	**Net short-term capital gain or (loss).** Combine lines 1a through 6 in column (h). Enter here and on Form 1120-S, Schedule K, line 7 or 10	7	

Part II **Long-Term Capital Gains and Losses—Generally Assets Held More Than One Year** (see instructions)

See instructions for how to figure the amounts to enter on the lines below. This form may be easier to complete if you round off the cents to whole dollars.	**(d)** Proceeds (sales price)	**(e)** Cost (or other basis)	**(g)** Adjustments to gain or loss from Form(s) 8949, Part II, line 2, column (g)	**(h) Gain or (loss)** Subtract column (e) from column (d) and combine the result with column (g)
8a Totals for all long-term transactions reported on Form 1099-B for which basis was reported to the IRS and for which you have no adjustments (see instructions). However, if you choose to report all these transactions on Form 8949, leave this line blank and go to line 8b				
8b Totals for all transactions reported on Form(s) 8949 with **Box D** checked . .				
9 Totals for all transactions reported on Form(s) 8949 with **Box E** checked . .				
10 Totals for all transactions reported on Form(s) 8949 with **Box F** checked . .				

11 Long-term capital gain from installment sales from Form 6252, line 26 or 37	**11**	
12 Long-term capital gain or (loss) from like-kind exchanges from Form 8824	**12**	
13 Capital gain distributions (see instructions)	**13**	
14 Tax on long-term capital gain included on line 23 below	**14**	( )
15 **Net long-term capital gain or (loss).** Combine lines 8a through 14 in column (h). Enter here and on Form 1120-S, Schedule K, line 8a or 10	**15**	

For Paperwork Reduction Act Notice, see the Instructions for Form 1120-S. Cat. No. 11516V **Schedule D (Form 1120-S) 2021**

Part III **Built-in Gains Tax** (See instructions **before** completing this part.)

16 Excess of recognized built-in gains over recognized built-in losses (attach computation statement)	**16**	
17 Taxable income (attach computation statement)	**17**	
18 Net recognized built-in gain. Enter the smallest of line 16, line 17, or line 8 of Schedule B . . .	**18**	
19 Section 1374(b)(2) deduction	**19**	
20 Subtract line 19 from line 18. If zero or less, enter -0- here and on line 23	**20**	
21 Enter 21% (0.21) of line 20	**21**	
22 Section 1374(b)(3) business credit and minimum tax credit carryforwards from C corporation years	**22**	
23 **Tax.** Subtract line 22 from line 21 (if zero or less, enter -0-). Enter here and on Form 1120-S, page 1, line 22b	**23**	

Schedule D (Form 1120-S) 2021

c. 附表 K

Schedule K		Shareholders' Pro Rata Share Items			Total amount
Income (Loss)	1	Ordinary business income (loss) (page 1, line 21)		1	
	2	Net rental real estate income (loss) (attach Form 8825)		2	
	3a	Other gross rental income (loss)	3a		
	b	Expenses from other rental activities (attach statement)	3b		
	c	Other net rental income (loss). Subtract line 3b from line 3a		3c	
	4	Interest income		4	
	5	Dividends: a Ordinary dividends		5a	
		b Qualified dividends	5b		
	6	Royalties		6	
	7	Net short-term capital gain (loss) (attach Schedule D (Form 1120-S))		7	
	8a	Net long-term capital gain (loss) (attach Schedule D (Form 1120-S))		8a	
	b	Collectibles (28%) gain (loss)	8b		
	c	Unrecaptured section 1250 gain (attach statement)	8c		
	9	Net section 1231 gain (loss) (attach Form 4797)		9	
	10	Other income (loss) (see instructions) Type ▶		10	
Deductions	11	Section 179 deduction (attach Form 4562)		11	
	12a	Charitable contributions		12a	
	b	Investment interest expense		12b	
	c	Section 59(e)(2) expenditures Type ▶		12c	
	d	Other deductions (see instructions) Type ▶		12d	
Credits	13a	Low-income housing credit (section 42(j)(5))		13a	
	b	Low-income housing credit (other)		13b	
	c	Qualified rehabilitation expenditures (rental real estate) (attach Form 3468, if applicable)		13c	
	d	Other rental real estate credits (see instructions) Type ▶		13d	
	e	Other rental credits (see instructions) Type ▶		13e	
	f	Biofuel producer credit (attach Form 6478)		13f	
	g	Other credits (see instructions) Type ▶		13g	
International Transactions	14	Attach Schedule K-2 (Form 1120-S), Shareholders' Pro Rata Share Items—International, and check this box to indicate you are reporting items of international tax relevance ▶ ☐			
Alternative Minimum Tax (AMT) Items	15a	Post-1986 depreciation adjustment		15a	
	b	Adjusted gain or loss		15b	
	c	Depletion (other than oil and gas)		15c	
	d	Oil, gas, and geothermal properties—gross income		15d	
	e	Oil, gas, and geothermal properties—deductions		15e	
	f	Other AMT items (attach statement)		15f	
Items Affecting Shareholder Basis	16a	Tax-exempt interest income		16a	
	b	Other tax-exempt income		16b	
	c	Nondeductible expenses		16c	
	d	Distributions (attach statement if required) (see instructions)		16d	
	e	Repayment of loans from shareholders		16e	
	f	Foreign taxes paid or accrued		16f	

Form **1120-S** (2021)

Schedule K		Shareholders' Pro Rata Share Items *(continued)*		Total amount
Other Information	17a	Investment income	17a	
	b	Investment expenses	17b	
	c	Dividend distributions paid from accumulated earnings and profits	17c	
	d	Other items and amounts (attach statement)		
Reconciliation	18	**Income (loss) reconciliation.** Combine the amounts on lines 1 through 10 in the far right column. From the result, subtract the sum of the amounts on lines 11 through 12d and 16f	18	

d. 附表 L

Schedule L Balance Sheets per Books	Beginning of tax year		End of tax year	
Assets	(a)	(b)	(c)	(d)
1 Cash				
2a Trade notes and accounts receivable				
b Less allowance for bad debts	( )		( )	
3 Inventories				
4 U.S. government obligations				
5 Tax-exempt securities (see instructions)				
6 Other current assets (attach statement)				
7 Loans to shareholders				
8 Mortgage and real estate loans				
9 Other investments (attach statement)				
10a Buildings and other depreciable assets				
b Less accumulated depreciation	( )		( )	
11a Depletable assets				
b Less accumulated depletion	( )		( )	
12 Land (net of any amortization)				
13a Intangible assets (amortizable only)				
b Less accumulated amortization	( )		( )	
14 Other assets (attach statement)				
15 Total assets				
Liabilities and Shareholders' Equity				
16 Accounts payable				
17 Mortgages, notes, bonds payable in less than 1 year				
18 Other current liabilities (attach statement)				
19 Loans from shareholders				
20 Mortgages, notes, bonds payable in 1 year or more				
21 Other liabilities (attach statement)				
22 Capital stock				
23 Additional paid-in capital				
24 Retained earnings				
25 Adjustments to shareholders' equity (attach statement)				
26 Less cost of treasury stock		( )		( )
27 Total liabilities and shareholders' equity				

Form **1120-S** (2021)

e. 附表 M

Schedule M-1 **Reconciliation of Income (Loss) per Books With Income (Loss) per Return**
Note: The corporation may be required to file Schedule M-3. See instructions.

1	Net income (loss) per books		5	Income recorded on books this year not included on Schedule K, lines 1 through 10 (itemize):	
2	Income included on Schedule K, lines 1, 2, 3c, 4, 5a, 6, 7, 8a, 9, and 10, not recorded on books this year (itemize)		a	Tax-exempt interest $	
3	Expenses recorded on books this year not included on Schedule K, lines 1 through 12 and 16f (itemize):		6	Deductions included on Schedule K, lines 1 through 12 and 16f, not charged against book income this year (itemize):	
a	Depreciation $		a	Depreciation $	
b	Travel and entertainment $		7	Add lines 5 and 6	
4	Add lines 1 through 3		8	Income (loss) (Schedule K, line 18). Subtract line 7 from line 4	

Schedule M-2 **Analysis of Accumulated Adjustments Account, Shareholders' Undistributed Taxable Income Previously Taxed, Accumulated Earnings and Profits, and Other Adjustments Account** (see instructions)

		(a) Accumulated adjustments account	(b) Shareholders' undistributed taxable income previously taxed	(c) Accumulated earnings and profits	(d) Other adjustments account
1	Balance at beginning of tax year				
2	Ordinary income from page 1, line 21 . . .				
3	Other additions				
4	Loss from page 1, line 21	( )			
5	Other reductions	( )			( )
6	Combine lines 1 through 5				
7	Distributions				
8	Balance at end of tax year. Subtract line 7 from line 6				

Form **1120-S** (2021)

f. 附表 K－1

671121

☐ Final K-1 ☐ Amended K-1 OMB No. 1545-0123

Schedule K-1 (Form 1120-S) **2021**

Department of the Treasury
Internal Revenue Service

For calendar year 2021, or tax year

beginning / / 2021 ending / /

Shareholder's Share of Income, Deductions, Credits, etc.

▶ See separate instructions.

Part I Information About the Corporation

A Corporation's employer identification number

B Corporation's name, address, city, state, and ZIP code

C IRS Center where corporation filed return

D Corporation's total number of shares
Beginning of tax year . . . . . .
End of tax year . . . .

Part II Information About the Shareholder

E Shareholder's identifying number

F Shareholder's name, address, city, state, and ZIP code

G Current year allocation percentage . . . %

H Shareholder's number of shares
Beginning of tax year . . . . . .
End of tax year . . . .

I Loans from shareholder
Beginning of tax year . . . . . . $
End of tax year . . . . $

For IRS Use Only

Part III Shareholder's Share of Current Year Income, Deductions, Credits, and Other Items

1	Ordinary business income (loss)	13	Credits
2	Net rental real estate income (loss)		
3	Other net rental income (loss)		
4	Interest income		
5a	Ordinary dividends		
5b	Qualified dividends	14	Schedule K-3 is attached if checked . . . . ▶ ☐
6	Royalties	15	Alternative minimum tax (AMT) items
7	Net short-term capital gain (loss)		
8a	Net long-term capital gain (loss)		
8b	Collectibles (28%) gain (loss)		
8c	Unrecaptured section 1250 gain		
9	Net section 1231 gain (loss)	16	Items affecting shareholder basis
10	Other income (loss)		
		17	Other information
11	Section 179 deduction		
12	Other deductions		

18 ☐ More than one activity for at-risk purposes*
19 ☐ More than one activity for passive activity purposes*

* See attached statement for additional information.

For Paperwork Reduction Act Notice, see the Instructions for Form 1120-S. www.irs.gov/Form1120S Cat. No. 11520D Schedule K-1 (Form 1120-S) 2021